古典文獻研究輯刊

初 編

潘美月・杜潔祥 主編

第9冊

黃丕烈及其《百宋一廛賦注》研究

趙 飛 鵬 著

國家圖書館出版品預行編目資料

黃丕烈及其《百宋一廛賦注》研究／趙飛鵬著 — 初版 — 台北
縣永和市：花木蘭文化工作坊，2005〔民 94〕

目 1 + 194 面；19×26 公分（古典文獻研究輯刊 初編：第 9 冊）

ISBN：986-81154-6-9（精裝）

1.（清）黃丕烈－學術思想－目錄學 2. 藏書目錄－中國－清
（1644–1912）

018.875   94018843

ISBN 986-81154-6-9

9 789868 115460

古典文獻研究輯刊
初 編 第 九 冊   ISBN：986-81154-6-9

黃丕烈及其《百宋一廛賦注》研究

作　　者	趙飛鵬
主　　編	潘美月　杜潔祥
企劃出版	北京大學文化資源研究中心
出　　版	花木蘭文化工作坊
發 行 所	花木蘭文化工作坊
發 行 人	高小娟
聯絡地址	台北縣永和市中正路五九五號七樓之三
	電話：02-2923-1455／傳真：02-2923-1452
電子信箱	sut81518@ms59.hinet.net
初　　版	2005 年 12 月
定　　價	初編 40 冊（精裝）新台幣 62,000 元

黃丕烈及其《百宋一廛賦注》研究

趙飛鵬　著

作者簡介

趙飛鵬，1959 年出生於臺灣省基隆市，國立臺灣師範大學國文研究所碩士，國立臺灣大學中國文學研究所博士，曾任教於高中、專科學校、技術學院，現任國立成功大學中文系副教授。研究領域主要爲圖書文獻學、中國藏書史，並兼及訓詁學、印度佛教史、宗教哲學等之教學與研究。目前已發表之研究專著有三種，學術論文二十餘篇。

提　要

　　黃丕烈（1763～1825）號稱「有清藏書家第一」，其「士禮居」所藏宋本書，量多質精，爲世所公認。本書採用新方法，對黃氏之藏書史事與學術成就作深入探討。所謂新方法即通過對黃氏重要之目錄學著作──〈百宋一廛賦注〉作詳盡之箋證，或補充其未備，或引申其未詳；並以此爲基礎，進一步闡述黃氏在圖書文獻學方面之見解與貢獻。

目錄

第一章　緒　論

第一節　本論文之目的及方法

　　人類文化的發展，是由簡入繁的。就圖書的發展而言，從最早的結繩記事，到印刷術的普及，書籍形式不斷演進，對於歷史文化的影響也愈形重要。在這漫長的路途中，歷代的藏書家無疑佔有非常重要的地位，他們默默地貢獻出自己的心力，節衣縮食，梯航訪求，保存了大量的圖書文獻，爲每一個時代的學人，提供了豐富的研究資料。

　　藏書史上眾多藏書家中，清代的黃丕烈（蕘圃），可以說是其中極爲耀眼的一顆明星。當時的學者對他已極爲推崇，如王芑孫〈陶陶室記〉就說：

　　　　今天下好宋板書，未有如蕘圃者也。蕘圃非惟好之，實能讀之：於
　　其板本之後先、篇第之多寡、音訓之異同、字畫之增損，及其授受源流、
　　繙摹本末；下至行幅之疏密廣狹、裝綴之精粗敝好，莫不心營目視、條
　　分縷析。

這是稱讚蕘圃在學術上的成就，基礎在於對古書版本的精熟；王氏又云：

　　　　積晦明風雨之勤，奪男女飲食之欲，以沉冥其中，蕘圃亦自笑也〔註1〕。

則是說明蕘圃之所以有此成就，乃是專志不懈、犧牲奉獻於藏書事業而來。繆荃孫〈蕘圃藏書題識序〉也說：

　　　　至其兼及藏書印記、先輩佚聞，亦莫不精審確鑿。蓋其實事求是，蒐
　　亡剔隱，一言一句，鑒別古人所未到，而筆諸書。既非直齋之解題，亦非

<hr>

〔註1〕見《藏書紀事詩》（臺北：世界書局1980年）卷五「黃丕烈」條注引。

敏求之古董，能於書目中別開一派〔註2〕。

則是讚揚蕘圃所作藏書題識，其成就及價值，對後人影響甚大。

　　然而對如此重要的藏書家，歷來的學者，雖然經常引用其校書、題識的成果，對蕘圃本身的研究，卻稍嫌不足。據筆者所知，目前對黃蕘圃之學術研究較為全面者，只有封思毅先生的《士禮居黃氏學》〔註3〕，此書篇幅雖不大，然而對資料的爬梳整理，頗見精勤，分析蕘圃藏書、治學的見解，也時有創見。然其書中所引《蕘圃題識》，皆不標明卷數，又時有訛脫，不免疏漏之誤。其他學者的論述，如羅炳綿先生〈黃丕烈研究〉〔註4〕，分別從生平、人生觀、著作、收藏、與當時學者的關係、友朋等角度，探討蕘圃的成就，所得亦多。不過對蕘圃在目錄、版本方面的學術成就，稍嫌未能深入析論，甚至說：「平心而論，黃氏在學術上不見有何直接的貢獻。」（前言）似乎只重視蕘圃做為一個藏書家的重要性，恐怕是有些偏頗的。

　　本文嘗試用另一種方式，呈現蕘圃的學術風貌。也就是通過對蕘圃最重要的目錄學著作：〈百宋一廛賦注〉，儘量做周詳的箋證，從而了解蕘圃藏書、讀書、校書所運用的材料及方法，並加以分析歸納，專章敘述。從中也不難看出蕘圃收藏古籍善本的苦心與卓識，絕非嗜古佞宋的「賞鑑家」而已〔註5〕。

第二節　清代前期（1644～1774）私家藏書之發展及特色

　　我國歷代私人藏書的發展，到了清代，可說是到達了高峰。據近代學者統計，有清一代，私家藏書樓有五百多個，其中江、浙兩省就擁有其半〔註6〕。藏書家多集中於江、浙，可說是清代前期藏書史的第一個特色。而江、浙二省藏書風氣之綿延，則是由來已久，袁同禮〈清代私家藏書概略〉說：

　　　　清代私家藏書，除二、三家外，恆再傳而散佚，然輾轉流播，終不出
　　江南境外者幾二百年。

又說：

　　　　吳越之所以成為藏書中心點者，晚明實啟其端緒。山陰祁氏淡生堂、

〔註2〕《蕘圃藏書題識》（臺北：廣文書局1988年），頁3。

〔註3〕商務印書館〈岫廬文庫〉本，民國67年。

〔註4〕原載香港《新亞學術年刊》第四期，1962年。

〔註5〕清・洪亮吉《北江詩話》卷三，曾分藏書家為數等，並列黃氏為「賞鑑家」，後人辨正者實多。參見拙作〈洪亮吉藏書家有五等說考辨〉（《張以仁先生七十壽慶論文集》，1999年，頁753）。

〔註6〕譚卓垣《清代藏書樓發展史》（瀋陽：遼寧人民出版社1988年），頁37。

　　　江陰李氏得月樓、常熟趙氏脈望館、毛氏汲古閣、寧波范氏天一閣，皆不
　　　出江、浙之境也〔註7〕。
由此可以知道清代的藏書風氣，基本上是繼承了明末的餘緒。

　　其次，清代的藏書家，許多是家族式的經營、蒐集。或者父子相繼（如河南周
亮工、周在浚父子之「櫟園」）、祖孫相承（如海鹽張惟赤之「涉園」，至其曾孫宗松
時猶存）；或者兄弟攜手（如崑山徐乾學兄弟三人，俱有藏書之名）、叔姪同心（如
仁和趙信與其姪趙一清）。雖然明代已有常熟趙氏「脈望館」、山陰祁氏「淡生堂」
等為其前例，但入清以後，家族式的藏書樓仍相沿不絕，邁越前代。這一點，可說
是清代前期藏書史的第二個特色。

　　再者，明末以來興起嗜好宋版書的風氣，進入清代以後，更形變本加厲。如《書
林清話》卷十說：

　　　　　自錢牧齋、毛子晉先後提倡宋元舊刻，季滄葦、錢述古、徐傳是繼之。
　　　流於乾嘉，古刻愈稀，嗜書者眾，零篇斷葉，寶若球琳。蓋已成為一種漢
　　　石柴窯，雖殘碑破器，有不惜重貲以購者矣〔註8〕。
葉氏所言，頗能道出清代藏書家佞宋嗜宋之風。清初另一位藏書家孫從添（1692～
1767）也說：

　　　　　宋刻本書籍，傳留至今，已成稀世之寶。其未翻刻者，及不全者，即
　　　翻刻過而又不全者，皆當珍重之。吉光片羽，無不奇珍，豈可輕放哉〔註9〕？
則代表藏書家之心聲。

　　總之，藏書大家多集中於江浙地區；家族藏書樓超越前代；藏書家普遍重視宋
版書，這三項可說是清代藏書史之特色。

　　以下即依據前述之第一、二項特色為線索，略述清代前期的私家藏書發展大勢
〔註10〕，藉以呈顯黃丕烈在清代藏書史上的位置。

（1）常熟錢氏

　　清代江南藏書，可以溯源到明代末年，最著名的就是常熟錢氏家族。

　　錢謙益（1593～1664），字受之，號牧齋，又號蒙叟、東澗遺老、峨眉老衲、
石渠舊史等。江蘇常熟人，明末官至禮部尚書，降清後，曾任禮部侍郎。早年因特

〔註7〕袁同禮〈清代私家藏書概略〉（《圖書館學季刊》第一期），頁31。
〔註8〕《書林清話》卷十（臺北：世界書局1980年「藏書偏好宋元之癖」）。
〔註9〕《藏書紀要》（臺北：廣文書局1968年），頁18。
〔註10〕本文所用斷代，依照 昌師瑞卿、潘師美月《中國目錄學》之分期（臺北：文史哲出
　　　版社1986年），頁207。

殊機緣，得到明代著名藏書家劉鳳（子咸）「扆載閣」、錢允治（功甫）「懸磬室」、楊儀（五川）「七檜山房」、趙用賢（汝師）「脈望館」等四家所藏之書，又不惜重貲購求古本，「書賈絪載無虛日」。中年以後，建「拂水山房」以藏書，所藏可與皇室內府相等。晚年居「紅豆山莊」，取陶弘景《眞誥》：「絳雲仙姥下降」的故事〔註11〕，名其藏書樓爲「絳雲樓」。順治七年（1650）不幸燼於火，劫餘之書多歸其族孫錢曾，編有《絳雲樓書目》，其藏書多有題記，後人輯爲《絳雲樓題跋》。牧齋藏書，嗜藏古本，尤重宋刻，首開清人佞宋之風氣。

　　牧齋族從弟錢謙貞，亦富於藏書。謙貞（1593～1664），字履之，號耐翁。早歲棄舉子業，築「懷古堂」以奉母，又建「竹深堂」爲藏書之所。謙貞有子求赤，頗能繼承父業。

　　錢孫保（1624～？），字求赤，一名容保，號匿庵。承其父「懷古堂」藏書，又增益之。精於校讎，每讀書，必記起迄月日於卷末。嘗手評明代詩文，成《匿庵選本》。弟孫艾，雖年少，亦知愛書，常借他家異書抄錄，丹黃不去手。

　　牧齋有一族孫名裔肅（1589～1646），也頗知藏書，而其子遵王，更是繼牧齋之後江南一大藏書家。

　　錢曾（1629～1701），字遵王，號也是翁、貫花道人。少從曾叔祖錢謙益習版本目錄之學，及長，繼承其父裔肅之藏書，又得「絳雲樓」燼餘珍秘，加以不斷收購傳抄，遂成大家。尤重宋本，人稱「佞宋」〔註12〕。所藏總數達數十萬卷，建「述古堂」、「也是園」、「莪匿樓」等藏之。遵王不僅勤於蒐藏，亦精於鑑別，其畢生鑽研搜討之精華，匯粹於《讀書敏求記》四卷之中。後人研治版本目錄之學者，無不奉此書爲圭臬。遵王有子名沅〔註13〕，字楚殷，能傳父業，惜未幾下世，所珍藏者多歸季滄葦。

（2）秀水朱氏

　　朱彝尊（1629～1709），字錫鬯，號竹垞，又號鷗舫、金風亭長、小長蘆釣魚師等。康熙十八年（1679），舉博學鴻詞科，任翰林院檢討，入值南書房。以私帶書手入史館鈔書，被劾去官，嗜書之癖，由此可見。家有「曝書亭」、「潛采堂」等，

〔註11〕陶弘景（456-536），字通明，南朝丹陽秣陵人（今南京市）。幼有異操，善棋琴，工草隸。初爲齊諸王侍讀，永明十年（492），辭官歸隱句容山，自號「華陽隱居」。曾佐梁武帝開國，參與密勿，時號「山中宰相」。晚年主儒、釋、道三教合一之說，諡貞白先生。著有：《眞靈位業圖》、《眞誥》、《本草經集注》、《肘後百一方》等。

〔註12〕「佞宋」之名見於錢曾〈述古堂藏書目序〉。

〔註13〕《藏書紀事詩》卷四「錢裔肅」條注云：「昌熾案：遵王四子字序曰：東夏字思祚、東鎭字思烈、東漢字思光、東表字思勳，無名沅者，俟考。」

藏書達八萬餘卷。又精於目錄版本之學，撰《經義考》三百卷，爲專科書目之名著。其他著作有《日下舊聞》、《曝書亭集》、《明詩綜》、《詞綜》等。

　　朱稻孫（1682～1760），字稼翁，號芋陂，晚號娛村，竹垞之孫。雍正貢生，乾隆元年（1736）舉博學鴻詞，官通判。善書法，尤精小楷，繼承曝書亭藏書，又增益不少。曾取家藏之書以幫助清廷纂修《四庫全書》，著有《六峰閣詩集》、《煙雨樓志》等。

（3）泰興季氏

　　季振宜（1630～1674），字詵兮，號滄葦，江蘇泰興人。順治四年（1647）進士，授蘭溪令，歷官刑、戶兩部，擢御史。家本豪富，廣收圖書，尤多宋本、鈔本。著有《靜思堂詩集》。

　　案：葉昌熾《藏書紀事詩》卷四：「寫韻樓高敞綺窗，旋風葉葉捲成雙，滄州一臥何時起，善本連艫盡過江。」注引《讀書敏求記》：「吳彩鸞書《切韻》，余從延令季氏曾睹其眞蹟。逐葉翻看，展轉至末，仍合爲一卷，張邦基《墨莊漫錄》云旋風葉者即此，眞曠代之奇寶。」則季氏藏書之美富由此可知〔註14〕。

（4）崑山徐氏

　　徐乾學（1631～1694），字原一，號健庵，江蘇崑山人。康熙九年（1670）進士第三，官禮部侍郎、左都御史，以刑部尚書致仕。曾主持監修《明史》、《大清會典》、《一統志》等。自幼即喜收書，逮官至通顯，門生故舊遍天下，代爲搜羅，一時南北大家舊藏，多歸其有。築樓七楹，插架七十二櫥，凡數十萬卷，顏之曰：「傳是樓」。編有《傳是樓書目》，著有《讀禮通考》、《歷代宗廟考》、《資治通鑑後編》等。

　　徐秉義（1633～1711），字彥和，號果亭，乾學弟。康熙十二年（1683）進士第三名，授編修。歷官吏部侍郎、詹事府詹事、內閣學士，以禮部侍郎兼明史總裁官致仕。所藏編有《培林堂書目》，著有《明末忠烈紀實》。

　　徐元文（1634～1691），字公肅，號立齋，兄弟三人號稱「崑山三徐」。順治十六年（1659），進士第一，授翰林院修撰。歷官翰林院掌院學士、國子監祭酒，充經筵講官。以大學士、戶部尚書致仕。生平無他好，獨喜儲書，所積至萬餘卷，皆手自校勘，編有《含經堂書目》。

（5）吳縣顧氏

　　顧若霖，字雨時，號不淄道人，別署樂幽居士、可潛先生，吳縣人。博學多聞，喜聚異書，皆手自讎校，藏古之名，聞於吳中。若霖之子名自明，字明善，能承父志。

〔註14〕章鈺校證本《讀書敏求記》未見此條。

顧珊，號聽玉，若霖之孫。家有「試飲堂」，藏宋刊本甚多。其中宋本《吳郡志》，為黃蕘圃所得，為之題跋。聽玉之子名侍萱，號翔雲。

案：蕘圃稱顧若霖一支為「華陽橋顧氏」，又有「任蔣橋顧氏」，主人號竹君；「騎龍巷顧氏」，主人名至〔註15〕。都是吳縣顧氏的分支。

（6）長洲顧氏

顧階升，字步巖，長洲人。家故素封，獨無所慕，惟以收藏圖籍、法書、名畫自娛，家有「樂書齋」，所藏萬餘卷。又精鑑別，書估挾冊紛至其門，請求審定。

顧應昌（1735～1796），字殿舍，號桐井，因排行第五，又號五癡。階升長子，黃蕘圃嘗得其所藏宋刊《白氏文集》，乃述古堂舊物。其弟名應麟，號八愚，所藏亦富，蕘圃曾得其宋本《會稽三賦》。

應昌長子名純（1765～1832），字希翰，號南雅，嘉慶進士，官至通政司副使。為蕘圃好友，「百宋一廛」之名，即南雅所題。著有《滇南采風錄》、《思無邪堂詩文集》等。

案：此一支顧氏，蕘圃稱為「混堂巷顧氏」。

綜觀以上各家，或父子相傳，或兄弟共守，而其所藏，後來蕘圃皆有所得。據羅炳綿先生的歸納，及筆者的增補，蕘圃得書之來源，可列表如下：（出處有卷數者據《蕘圃藏書題識》，皆舉一例為證）

朝　代	藏書家	出　　　　　　處
明	趙琦美	卷九舊鈔本張光弼詩集
	趙宦光	賦注宋本說文繫傳
	李　詡	卷八校舊鈔寶晉英光集
	朱承爵	卷七宋刻本魚玄機詩集
	毛　晉	卷二宋咸平刊吳志
	吳　岫	卷六舊鈔本抱朴子
	文元發	卷十鈔校本吳都文粹
	文　彭	卷二宋刊諸葛忠武侯傳
	徐達左	卷八宋本司馬溫公集
	李如一	卷二明鈔本草莽私乘

〔註15〕見於《蕘圃藏書題識》卷三〈吳郡圖經續記〉，頁177。

清	錢　曾	卷一元刊本五服圖解
	錢　謙　益	卷二校宋本古列女傳
	季　振　宜	卷七宋本唐求詩集
	孫　從　添	刻藏書紀要序
	席　鑑	卷七葉夢得集
	陸　敕　先	卷四陸氏校本易林
	黃　錫　蕃	卷八宋本魏鶴山集
	呂　葆　中	卷九鈔校本藏春詩集
	劉　桐	卷十元刊本皇元風雅
	張　位	卷九鈔本義門小稿
	金　可　采	卷九句曲外史真居先生詩
	朱　文　游	卷一校宋本禮記鄭注
	李　鑑	卷三校本中吳紀聞
	袁　廷　檮	賦注皇朝編年綱目備要
	顧　之　逵	卷三校宋本中興館閣錄
	蔣　杲	卷十宋本三謝詩
	趙　懷　玉	卷十宋本聖宋文選
	金　德　輿	卷七宋刊本離騷集傳
	朱　叔　榮	賦注宋本迂齋崇古文訣

　　本文所要探究的主題：〈百宋一廛賦注〉（以下均簡稱〈賦注〉），即可說是反映了清代前期（1644～1774）江浙私家藏書業績的總結。

第三節　〈賦〉及〈賦注〉之作者

　　〈賦注〉，顧廣圻撰賦，黃丕烈作注。本節先簡介二人生平。

　　顧廣圻（1766～1835），元和人（今江蘇蘇州市）。字千里，號澗蘋，一號鑑平，署思適居士，又別署遁翁、無悶子、一雲散人等。據其自述，為陳、黃門侍郎顧野

王〔註16〕之三十五世孫。生於乾隆三十一年（1766），父、祖兩代皆業醫，少孤多病，然而未嘗一日廢書。從同郡張白華（思孝）遊，並讀書於程世詮家。程氏富藏書，由是得遍覽之，學者稱「萬卷書生」。不事科舉業，嘉慶元年（1796），年三十，始爲諸生。繼受學於吳縣江艮庭（聲）門下，盡得惠氏（棟）遺學，通經學、小學，時有過人之見。如其論小學云：「《說文》一書，不過爲六書指示發凡，原非字義盡於此。」力攻戴震「六書體用」之說，以爲「六者皆造字之本，其五盡見於《說文》，惟假借不盡見於《說文》。」欲廣採經典傳注、三史舊讀、諸子辭賦、碑版遺文，作〈假借長編〉以窮源通變而未果。張舜徽稱之曰：「余謂此乃千里卓見，爲昔人所未道者。苟循是求之，亦講明訓詁之一道〔註17〕。」

此外，顧千里尤精目錄校讎之學，家故貧，常以爲人校刻古書維生。其論古書訛舛，細若毛髮、棼如亂絲，一經剖析，焕然心開而目明，當時名流多相推重。如其從兄顧之逵（字抱沖）亦邃於學，富收藏，顏曰「小讀書堆」，千里一一爲之訂正藏書，並刻宋本《列女傳》。又曾爲孫淵如（星衍）刻宋本《說文》、《古文苑》、《唐律疏義》；爲張古餘（敦仁）刻撫州本《禮記》、嚴州本《單疏儀禮》、《鹽鐵論》；爲黃丕烈刻天聖本《國語》、《戰國策》；爲胡果泉（克家）刻宋本《文選》、元本《通鑑》；爲秦敦甫（恩復）刻《揚子法言》、《駱賓王集》、《呂衡州集》；爲吳山尊刻《晏子春秋》、《韓非子》。每一書刻竟，綜其所正訂者，爲考異或校勘記附於後，咸稱精確。阮文達（元）校刻十三經，亦延聘同輯校勘記。又治漢學者，往往輕視宋學，而千里獨服膺焉，遍讀先儒語錄，摘其切近者爲《遯翁苦口》一卷，亦可見其非默守考據者流。道光十五年（1835）歿，年七十。藏書之所名爲「思適齋」，乃有取於《北史·邢邵傳》：「日思誤書，亦是一適〔註18〕。」之語。

顧氏遺文，於身後由其孫瑞清編爲〈思適齋集〉二十卷行世。藏書印記有：「一雲散人」、「廣圻審定」、「顧澗蘋藏書」、「顧澗蘋手校」、「顧千里經眼記」等。

黃丕烈（1763～1825），江蘇長洲人（今蘇州市）。字紹武，一字承之，號蕘圃（一作蕘夫），又號復翁、佞宋主人等〔註19〕。先世居福建莆田，至蕘圃之父耐庵公，始遷居吳門。

〔註16〕顧野王（519～581），字希馮，南朝吳郡人。初仕梁，爲太學博士，與王褒同爲宣城王賓客。入陳，官黃門侍郎、光祿卿，卒贈祕書監、右衛將軍。著有：《玉篇》、《輿地志》、《續洞冥記》等。

〔註17〕張舜徽《清人文集別錄》卷十二，頁345。

〔註18〕見《北史·邢邵傳》。

〔註19〕據羅炳綿先生之統計，蕘圃之室名有二十四個，別號多達三十四個（羅氏原稱三十二個，誤）。

　　蕘圃自少讀書，即務求精純，發爲文章，必以六經爲根砥。其自云作文態度：
「若夫繁文眾詞，自我作古，冀博善讀書之名，而其意不在書，余雖不敏，亦未忍
爲此態也〔註20〕。」嘗倣宋人《春秋類對》之法，摘經語集爲駢四儷六之文，以類
相從，裒然成編。後來作〈百宋一廛賦〉，蓋有所本。年十九，補諸生，乾隆戊申（五
十三年、1788）舉於鄉。禮闈數上不售，乃居家，以讀書校讎爲事。性孝慈，丁外
艱，父柩在堂，會不戒於火，將及寢，撫棺大慟，誓以身殉，火竟滅。蕘圃之性情，
約略可見。乾隆五十四年（1789）秋，於張秋塘處，見《天下郡國利病書》稿本三
十四冊，心甚羨之，開始立志收書。冬，借朱氏「滋蘭堂」藏沈寶硯校本《揚子法
言李注》十卷，手錄之，並題跋於後〔註21〕，這是蕘圃爲古書題跋之始。

　　嘉慶六年（1801），以舉人大挑一等，用爲知縣，籤發直隸。以路遠不欲就，
援例納貲議敘，改六部主事，未幾辭歸。

　　計蕘圃一生，幾未曾任官，故家貲不富，《藏書題識》中常言及家中困窘之狀。
如卷十〈元本東坡樂府〉：「近年無力購書，遇宋元刻又不忍釋手，必典質借貸而購
之，未免室人交偏讁我矣。故以賣書爲買書。」是則蕘圃之藏書，較之挾雄厚財力
以從事者，實更爲難得！

　　嘉慶七年（1802），蕘圃於縣城東之縣橋巷，構築新居，歲杪遷入。其「百宋
一廛」即建於此。顧廣圻有詞贈之，云：「痛乎風俗，爲求田問舍，消磨人物！甕聚
醯雞褌處蝨，抵死苦尋籬壁。向後悲前，猶今視昔，恥更憑誰雪。撓之難濁，此君
殊復豪傑！」

　　嘉慶八年（1803）除夕，始有「祭書」之會，其後幾每年皆舉行。沈士元〈祭
書圖說〉云：「黃君紹甫，家多藏書，自嘉慶辛酉至辛未，歲常祭書於讀未見書齋，
後頗止。丙子除歲，又祭於士禮居，前後皆爲之圖。夫祭之爲典，鉅且博矣，世傳
賈島於歲終，舉一年所得詩祭之，未聞有祭書者，祭之自紹甫始〔註22〕。」九年
（1804），顧廣圻撰〈百宋一廛賦〉成，蕘圃自注之。道光五年（1825），因生計日
絀，特開設「滂喜齋」書籍舖，買賣書籍以維生。八月，病歿，年六十三。

　　蕘圃有子三人：長子玉堂（字嶼伯）、次子某，皆早卒；三子壽鳳，字桐叔（一
作同叔），精篆刻，道光二十九年（1849）卒。孫三人：美鍌（字秉剛）、美鏐（號
飲魚）、美鎬。

〔註20〕見《蕘圃刻書題識》〈刻陸敕先校宋本焦氏易林後序〉。

〔註21〕「滋蘭堂」爲朱奐藏書樓名，奐字文游，吳縣人。喜藏書，精鑑別，與惠棟爲摯友。
　　　　蕘圃自云得其舊藏凡數十種。

〔註22〕《藏書紀事詩》卷五「黃丕烈紹甫」條注引。

綜觀蕘圃一生，生當乾、嘉承平之時，京師人文薈萃，吳門書坊興盛，形成藏書家蒐書的有利環境。加之蕘圃本身嗜書成癖，每云「惜書不惜錢」，於是「書肆中人，無不以士禮居為歸宿。」終成「有清一代，藏書家第一」〔註23〕。

〔註23〕見葉德輝《書林餘話》卷下，引日本武內義雄之說。

第二章　與〈賦注〉相關之目錄學問題

第一節　著錄古書之部類與流傳

　　〈百宋一廛賦〉是蕘圃藏書的記錄之一，其中所著錄之古書，大抵皆爲宋本，凡一百一十七種，附見一種。其詳目具列如下：（按四部分類之次序重新排列）

　　《易學啓蒙》二卷
　　《張先生校正楊寶學易傳》二十卷，淳熙戊申（十五年、1188）刊本
　　《儀禮鄭氏注》十七卷，嚴州本
　　《儀禮疏》五十卷，景德官本
　　《周禮鄭氏注》存秋官二卷，宋刊大字本
　　《禮記鄭氏注》存九卷，宋刊大字本
　　《春秋經傳杜氏集解》存十六卷，相臺岳氏本
　　《春秋經傳杜氏集解》存二十三卷，宋刊小字本
　　《春秋經傳杜氏集解》存十八卷，宋刊中字本
　　《春秋穀梁傳注疏》二十卷，南宋附音監本
　　《爾雅疏》十卷
　　《說文解字》十五卷，宋刊小字本
　　《說文繫傳》存十一卷
　　《說文繫傳》十五卷，錢楚殷鈔本
　　《龍龕手鑑》四卷，覆刊統和十五年（997）本
　　《史記集解》一百三十卷，宋刊蜀大字本
　　（附不全本一種一卷）

《漢書》一百卷，北宋景祐二年（1035）刊本

《後漢書》存十五卷，北宋覆刊景祐本

《後漢書》（兩部），嘉定戊辰（元年、1208）蔡琪刊不全本

《後漢書》（兩部），南宋建安劉元起刊不全本

《吳志》二十卷

《舊唐書》存六十七卷

《皇朝編年備要》三十卷

《皇朝編年綱目備要》存二十卷

《歷代紀年》存九卷（紹興間刊本）

《通鑑釋文》三十卷

《袁氏通鑑紀事本末撮要》八卷

《戰國策》三十三卷，剡川姚氏刊本

《中興館閣錄》十卷、《續錄》十卷

《東家雜記》二卷

《古列女傳》七卷續一卷，建安余氏勤有堂刊本

《漢丞相諸葛忠武侯傳》一卷

《吳郡圖經續記》三卷，紹興甲寅（四年、1134）刊本

《吳郡志》五十卷，紹定間刊本

《咸淳臨安志》存八十三卷

《嚴州圖經續志》十卷

《荀子》二十卷，熙寧間刊本

《新序》十卷

《文中子》十卷

《道德經》二卷，建安虞氏刊本

《南華真經》十卷，南宋刊本

《列子張湛注》八卷

《淮南鴻烈解》二十一卷，宋刊小字本

《顏氏家訓》七卷，淳熙台州公庫本

《愧郯錄》十五卷

《鑑誡錄》十卷，小字重雕本

《重雕改正湘山野錄》三卷續一卷

《揮麈後錄》存五卷

《圖畫見聞志》六卷

《茅亭客話》十卷

《硯史》一卷

《書小史》十卷

《忘憂清樂集》不分卷

《梅花喜神譜》不分卷

《夷堅志》兩種存廿一卷

《類說》存三種，紹興六年（1136）刊本

《三歷撮要》一卷

《傷寒要旨》二卷，乾道辛卯（七年、1171）刊本

《衛生家寶產科備要》八卷，淳熙甲辰（十一年、1184）刊本

《重校正活人書》存三卷

《儒門事親》存二十一葉

《十便良方》存十卷，慶元乙卯（元年、1195）刊本

《新雕孫眞人千金方》存二十卷

《外臺秘要方》存一卷

《離騷集傳》一卷

《陶淵明集》十卷，宣和六年（1124）刊本

《李太白文集》三十卷，元豐三年（1080）臨川晏氏刊本

《新刊校定集注杜詩》存五十五葉，寶慶乙酉（元年、1225）重刊淳熙本

《王右丞文集》十卷，宋刊麻沙本

《孟浩然詩集》三卷，宋刊元印本

《昌黎先生文集》存六卷，宋刊大字本

《昌黎先生集》存十卷，宋刊小字本

又一部存兩卷

《朱文公校昌黎先生集》存三十卷

《白氏文集》存十七卷，宋刊小字本

《劉夢得文集》存四卷

《劉文房文集》存六卷

《孟東野詩集》十卷，北宋刊小字本

《陸宣公奏草》存四卷，宋刊小字本

《會昌一品制集》存十卷

《詠史詩注》三卷

《唐山人詩》一卷、《魚玄機詩》一卷，《甲乙集》十卷、《許丁卯集》二卷、
《朱慶餘集》一卷，以上宋刊書棚本唐人詩集五種

《溫國文正司馬公文集》八十卷

《王十朋會稽三賦注》不分卷，宋刊大字本

《李學士新注孫尚書內簡尺牘》十六卷

《石林奏議》十五卷，南宋開禧丙寅（二年、1206）刊本

《渭南文集》五十卷，嘉定十三年（1220）刊本

《劍南詩稿》存十卷，淳熙十四年（1187）刊本

《友林乙稿》一卷（又覆刊本一種）

《梁溪文集》存三十八卷

《伊川擊壤集》存四卷

《乖崖先生文集》存六卷，淳熙乙巳（十二年、1185）刊本

《西山先生真文忠公文集》五十五卷

《鶴山先生大全集》一百卷，淳熙己酉（十六年、1189）刊本

《豫章黃先生文集》存十七卷

《豫章黃先生外集》存六卷

《山谷黃先生大全詩注》存十八卷

《義豐文集》存五十八葉，淳祐戊申（八年、1248）刊本

《侍郎葛公歸愚集》存九卷

《欒城前後集》存廿一卷

《周益公集》存六十九卷

《參寥子詩集》十二卷

《北山小集》四十卷，乾道年間刊本

《三謝詩》一卷，嘉泰甲子（四年、1204）刊本

《竇氏聯珠集》一冊，淳熙五年（1178）刊本

《才調集》十卷

《唐僧宏秀集》存八卷

《唐百家詩選》存十一卷

《萬首唐人絕句》存三十六卷

《唐文粹》一百卷，紹興九年（1139）刊本

《聖宋文選》三十二卷，宋刊小字本

《雲莊四六餘話》不分卷

《迂齋先生標注崇古文訣》存十八卷

以上合計一一七種，附見一種。

其次，蕘圃之藏書，在其生前即有部分散出。《蕘圃藏書題識》卷二：

> 此北宋精刊景祐本《漢書》，爲余百宋一廛中史部之冠，藏篋中三十
> 來年矣，非至好不輕示人。郡中厚齋都轉（案：即汪士鐘之父汪文琛，號厚齋）
> 崇儒重道，知天必昌大其後以振家聲，余又何敢自秘所藏，獨寶其寶耶？
> 君家當必有能讀是書者，敢以鎮庫之寶報贈爲預兆云。

又卷十〈優古堂詩話跋〉：

> 余所藏宋元佳刻，大半散佚，唯舊鈔名校，尚有一二小品存諸篋衍。
> 近來爲餬貧計，取而估值求售。

此跋作於道光五年（1825），時蕘圃已六十三歲，是年八月即謝世。可知蕘圃之藏書於其生前已散出甚多。又卷四〈三曆撮要跋〉：

> 數年來〈廛賦〉盛行於時，遂有按籍以求者。

則可知〈百宋一廛賦〉在蕘圃晚年已成他人求書之依據矣。

〈賦注〉所著錄各書，部分之流傳與下落，今尚可得而考之，茲分述如下，俾明瞭蕘圃藏書之散佚情況，並可爲研治清代藏書史之參考。

一、《竇氏聯珠集》

趙宗建《舊山樓藏書記》：

> 此書歸士禮居，後爲吾郡龐昆圃所得，由龐歸於罟里村瞿氏鐵琴銅
> 樓，遭庚申之變，不知何時流落於外。閱二十年，忽見於書賈之手，遂爲
> 予所得。鏤版之精，宋槧中亦不多見。遍查各書目俱不載，惟雉皋季氏目
> 中載有此書，未知即此本否。可見流傳希有，謂爲世間孤本亦宜，予藏書
> 以此爲壓卷〔註1〕。

案：趙宗建（1827～1900），字次侯，一字次公，號非昔居士，常熟人。三世以義俠聞，咸豐初，以太常博士就試京師，罷歸。太平軍起，在家召集鄉勇以拒之。事定，侍郎宋公以功入奏，有旨嘉獎，賜孔雀翎。家有「舊山樓」，藏書七百餘種，尤多鈔本、稿本，如司馬光《資治通鑑》手稿、朱熹《大學章句》稿本等，皆罕見之珍籍。民國二十七年（1938），由丁祖蔭家流出之《也是園

〔註 1〕《舊山樓藏書記》（附於《舊山樓書目》之後，成文出版社 1978 年《書目類編》本第 34 冊），頁 77。

古今雜劇》二百三十餘種，即原藏於趙氏〔註2〕。

《讀書敏求記》卷四、《鐵琴銅劍樓藏書目錄》卷二十三著錄此書。今藏北京圖書館。

二、胡曾〈詠史詩〉

張元濟《涉園序跋集錄》：

> 此從宋本影寫原書，先藏士禮居黃氏，繼入琳琅書室胡氏，後為吾友顧鶴逸所得。

案：胡珽（1822～1861），字心耘，號琳琅主人，浙江仁和人。僑居吳中，累官至太常寺博士。與其父樹聲俱以好貯宋元版書著名，家有「琳琅秘室」，所藏甚富。曾選刊《琳琅秘室叢書》四集三十種，著有《石林燕語集辨》、《懶真子錄集證》等。

顧麟士（1865～1930），字鶴逸，一字西津，號晉叔、諤一，別署西津漁父、一峰亭長等。吳縣人（今蘇州市），清末藏書家顧文彬之孫。工詩善畫，家有「過雲樓」，所藏書畫，甲於吳中。又曾得到莫友芝遺藏，遂知名於世。

張元濟（1867～1959），字筱齋，號菊生，浙江海鹽人。光緒十八年進士，授翰林院庶吉士。二十年改刑部主事，翌年充總理衙門章京。創辦通藝學堂，倡言維新。二十四年，因參與變法被革職，入南洋公學。二十八年，加入商務印書館，自此督導、主持該館近六十年，對清末民初之教育、學術有重大貢獻。光緒三十年，曾自費創設「涵芬樓」，民國十五年，改成東方圖書館，抗戰初期燬於兵火。民國三十七年，當選中央研究院第一屆院士。其藏書樓名為「涉園」，儲藏鄉邦文獻、先世舊藏甚富。

三、《參寥子詩集》

張元濟《涉園序跋集錄》：

> 此為宋刻，每卷次行均有「法孫法穎編」五字。舊為黃子羽所藏，嗣入於延令書室、傳是樓，後為士禮居所得，其後輾轉歸於涵芬樓〔註3〕。

案：此書今存北京圖書館。

四、《吳志》

陸心源《儀顧堂題跋》卷二：

> 卷中有百宋一廛、士禮居、黃丕烈印、蕘圃、汪士鐘閬源真賞各印，

〔註2〕蘇精《近代藏書三十家》（傳記文學出版社 1982 年），頁 82。
〔註3〕與前引文並見《涉園序跋集錄》（臺灣商務印書館 1979 年），頁 210、頁 220。

後有蕘圃跋，即〈百宋一廛賦〉所謂「孤行吳志，冊數仍六」者也。

案：汪士鐘，字閬源，一字春霆，清、長洲人。其家兩世以販布爲業，故雄於貲，建「藝芸精舍」，廣蒐宋元刊本及四庫未收之書。吳中藏書大家，如黃丕烈、周錫瓚、袁廷檮、顧之逵等之所藏，多歸其有，一時甲於東南。太平天國之亂，藏書盡散，入於楊、瞿二家者爲多。

五、《石林奏議》

陸心源《儀顧堂題跋》卷四：

《石林奏議》十五卷，即〈百宋一廛賦〉中所謂：「脈石林之奏議，鬱剝落而生芒」者也。

案：北京圖書館藏有光緒十一年皕宋樓影宋刻本。

六、《咸淳臨安志》

陸心源《儀顧堂題跋》卷四：

《咸淳臨安志》一百卷，前有潛說友自序，宋刊宋印本，即〈百宋一廛賦〉所謂：「臨安百卷，分豆剖瓜，海鹽常熟，會叢竹垞」（案：賦作薈萃）者也。後有黃蕘圃四跋，述得書源流甚詳。黃歸於汪閬源，汪歸於郁泰峰，光緒八年歸于皕宋樓。吳兔床拜經樓所藏刊本二十卷、影抄七十五卷，今歸杭州丁松生大令；徐健庵傳是樓藏本，後歸高江村，乾嘉間爲鮑以文所得，歸之孫氏，今歸山東楊氏海源閣。

案：郁松年，字萬枝，號泰豐，一作泰峰，清、上海人。道光二十五年恩貢生，家富於財，構「宜稼堂」以貯書。凡宋人典籍，無不悉力購求。編有《宜稼堂書目》，並輯刻《宜稼堂叢書》行於世。

高士奇（1644～1703），字澹人，號江村，一號瓶廬，賜號竹窗。清、平湖人。以善書工詩，見知於康熙，賜進士出身，官詹事府少詹事、禮部侍郎。後以結黨營私，與明珠同時被黜。所藏書畫甚富，編有《江村書畫目》一卷。

丁丙（1832～1899），字松生，一字嘉魚，號松存，浙江錢塘人。同治三年，以左宗棠之薦，以知縣用，未赴。時太平天國之亂初定，杭州「文瀾閣」《四庫全書》散佚，丙與其兄申極力搜訪補抄，十得八九。其家三代俱嗜藏書，以「八千卷樓」爲名。至松生兄弟，尤竭力收儲，所藏達二十萬卷，爲晚清四大藏書家之一。宣統三年，其書售與政府，爲江南國學圖書館之基礎，今併入南京圖書館。編有《善本書室藏書志》、《武林掌故叢編》等。

皕宋樓所藏蕘圃藏本，今存日本「靜嘉堂文庫」。

七、《唐女郎魚玄機詩》一卷

潘宗周《寶禮堂宋本書錄‧集部》：

此爲南宋書棚本，鐫印俱精，先後爲朱子儋、項墨林所藏，黃蕘圃得
之，倍加珍重。

案：潘宗周（1867～1939），字明訓，廣東南海人（今屬廣州市），少時供職英
商洋行，任工務局總辦。後結交楊守敬、朱祖謀等，始知古籍版刻門徑，而立
志收書。生平喜藏宋版，數十年間共得宋本一百零四種。袁克文（寒雲）所藏
十之七八爲其所得，此《魚玄機詩》即得自袁氏。周氏又嘗得到孤本宋刊《禮
記》，顏其室曰「寶禮堂」，張元濟爲其編成《寶禮堂宋本書錄》。民國四、五
十年間，其後人將所藏盡數捐贈北京圖書館。

朱承爵（1480～1527），字子儋，號左庵、舜城漫士、磐石山樵等。明‧江陰
人。善畫，爲文亦有思致，其藏書之所名存餘堂、行素齋、集瑞齋等。

又案：《蕘圃藏書題識》卷七《魚玄機詩集》跋，稱子儋有以愛妾交換宋版《漢書》
之事，疑爲朱大韶（吉士）之誤，詳見《藏書紀事詩》卷三。

八、《傷寒要旨》二卷

潘宗周《寶禮堂宋本書錄‧子部》：

檢諸家書目，惟連江陳氏世善堂有之，他家無著錄者，故黃氏誇爲奇
物。蕘圃跋稱同時刊行者，尚有《洪氏集驗方》，黃氏兼而有之，自詡罕
秘。《集驗方》今藏鐵琴銅劍樓，是書則歸余插架。

此書今存北京圖書館。

案：「世善堂」，明‧陳第藏書之所。第（1541～1617）字季立，號一齋，福建
連江人。武將出身，嘗遊俞大猷幕。學通五經，尤長於詩、易，又精研古音之
學，開清人治古音之風。喜藏書，不佞宋元，遇書輒購，所藏二千餘種，達萬
餘卷。編有《世善堂藏書目》，著有《毛詩古音考》、《屈宋古音義》、《寄心集》、
《一齋詩集》等。

九、《附音春秋穀梁傳注疏》二十卷

見瞿鏞《鐵琴銅劍樓藏書目錄》卷五，今藏北京圖書館。

十、《戰國策》三十三卷

潘宗周《寶禮堂宋本書錄‧史部》：

此即四庫著錄宋姚宏校正之漢高誘注本也。黃蕘圃得宋槧本，定爲梁
溪高氏所刊，影寫精刻，題曰：剡川姚氏本。錢竹汀序謂：行款點畫，一

仍其舊，其中烏焉魚豕審知訛踳者，別爲札記，綴於卷末，而不肯移易隻
字云云。取與是本對勘，絲毫無異。

此書今藏北京圖書館。

十一、《聖宋文選》殘本

潘宗周《寶禮堂宋本書錄・集部》：

《菦圃藏書題識》有宋刻二部，一得之常州趙味辛所，一得之常熟舊
家中，有舊時鈔補，仍缺卷七至十一。當即此本，特此殘缺更多耳。卷端
有汪士鐘藏印而無黃氏印記，然可決爲士禮居舊物。

案：趙味辛即趙懷玉，詳見第六章第 145 頁。

十二、其他見於《寶禮堂宋本書錄》者，尚有：

《禮記》鄭注二部

《事類賦》三十卷

《重雕改正湘山野錄》三卷《續錄》一卷

《揮麈錄》三卷

《孟浩然詩集》三卷

《重校鶴山先生大全文集》一百卷

《友林乙稿》一卷

《聖宋文選》存五卷

《迂齋先生標注崇古文訣》存十卷

十三、見於《北京圖書館善本書目》者：

《禮記鄭氏注》存九卷

《禮記集說》一百六十卷〔註4〕

《春秋經傳集解》存二十三卷

《龍龕手鑑》四卷

《史記集解》一百三十卷

《漢書注》一百卷

《舊唐書》存六十九卷〔註5〕

《歷代紀年》存九卷

紹興刊本《戰國策注》三十三卷

〔註 4〕該館《善本書目》經部頁 17 注云：「劉捐」，當亦菦圃生前流出者。
〔註 5〕同上註，史部頁 10，未注明菦圃校。

《東家雜記》二卷〔註5〕

《新序》十卷

《洪氏集驗方》五卷〔註6〕

《衛生家寶產科備要》八卷

《愧郯錄》十五卷

《類說》存三卷

《沖虛至德真經注》八卷

《離騷集傳》一卷

《孟浩然詩集》三卷

《白氏文集》存十七卷

《劉夢得文集》存四卷

《劉文房文集》存六卷

《朱慶餘詩集》一卷

《甲乙集》十卷

《乖崖先生文集》十二卷

《溫國文正公文集》八十卷

《會稽三賦注》一卷

《唐文粹》一百卷

十四、又據繆荃孫輯《蕘圃藏書題識》及王欣夫輯《蕘圃藏書題識續》所注，蕘圃
　　　所藏流傳於清末民初各藏書家之情況如下表：（僅記部數）

藏書家	經 部	史 部	子 部	集 部	合 計
吳興張氏	3	7	13	21	44
歸安陸氏	1	1	1	1	4
松江韓氏	3	10	12	19	44
聊城楊氏	4	19	45	31	99
歸安姚氏	1	2	6	7	16
項城袁氏	1	1		2	4

〔註 5〕同上註，史部頁 49。注：丁福保先生捐。

〔註 6〕同上註，子部頁 25。注：洪遵輯。遵，邁兄。

吳興劉氏	1	1		2	4
常熟瞿氏		5	15	4	24
江陰繆氏		6	9	10	25
揭陽丁氏		1			1
吳興蔣氏		2		3	5
南陵徐氏		1	1		2
錢塘丁氏			10	10	20
吳縣潘氏			3	5	8
吳縣葉氏			1		1
貴池劉氏			1	4	5
常熟翁氏			3		3
上元宗氏			2	1	3
錢塘汪氏			1		1
海鹽張氏			1	2	3
會稽章氏			1		1
長洲章氏				1	1
上元鄧氏			1	3	4
長沙葉氏			1	3	4
崑山趙氏			1	1	2
常熟趙氏				1	1
海昌蔣氏				1	1
武進盛氏				1	1
東莞莫氏		1			1
元和顧氏			2	1	3
吳興周氏		1	1	1	3
常熟丁氏			1	7	8
吳縣吳氏			1		1
上　海　市				1	1

涵 芬 樓	1		1	4	6
國學圖書館			3	1	4
山東圖書館			1		1
廠　　肆				1	1
總　　計	15	59	137	149	509

（以上所列乃包含〈百宋一廛賦〉以外者）

綜合上述，蕘圃藏書之流傳經過大致可列表如下：

士禮居－藝芸精舍┬宜稼堂－海源閣－寶禮堂－北京圖書館
　　　　　　　　└鐵琴銅劍樓┬群碧樓－中研院
　　　　　　　　　　　　　　├適園－中央圖書館
　　　　　　　　　　　　　　└皕宋樓－靜嘉堂

第二節　〈賦注〉對前人書目之引用

清儒王鳴盛嘗云：「目錄之學，學中第一要緊事，必從此問途，方能得其門而入。」又云：「凡讀書，最切要者目錄之學。目錄明，方可讀書，不明，終是亂讀〔註7〕。」指出目錄之學對研究學術之重要性。蕘圃雖自稱佞宋，又云「予喜聚書，必購舊刻，昔人佞宋之譏，有同情焉〔註8〕。」但絕非藏而不讀之人。

王芑孫云：

今天下好宋板書，未有如蕘圃者也。蕘圃非惟好之，實能讀之。其於板本之後先、篇第之多寡、音訓之異同、字畫之增損；及其授受源流、繙摹本末，下至行幅之疏密廣狹、裝綴之精粗敝好，莫不心營目視，條分縷析〔註9〕。

而如此成績之基礎，首要當在熟悉前人書目之記錄。蕘圃嘗自謂：「余喜蓄書，於目錄尤所留意〔註10〕。」即可證之。

茲先將〈賦注〉中引用之書目列表如下：（括號中為引用次數）

〔註7〕《十七史商榷》卷一。
〔註8〕《蕘圃藏書題識》卷七殘宋本《白氏文集》。
〔註9〕王芑孫〈陶陶室記〉，《藏書紀事詩》卷五引。
〔註10〕士禮居刊〈延令宋板書目・跋〉。

晁公武《郡齋讀書志》（5）

趙希弁《郡齋讀書後志》（3）

陳振孫《直齋書錄解題》（15）

王應麟《玉海》〈藝文部〉（2）

王應麟《困學紀聞》（1）

馬端臨《文獻通考》〈經籍考〉（3）

毛晉《汲古閣秘本書目》（4）

錢曾《讀書敏求記》（10）

錢曾《述古堂藏書目》（2）

朱彝尊《潛采堂宋元本書目》（1）

錢謙益《絳雲樓題跋》（1）

季滄葦《延令宋版書目》（5）

何焯《義門讀書記》（3）

錢大昕《補元史藝文志》（1）

錢大昕《竹汀先生日記抄》（2）

以上所列，《困學紀聞》、《義門讀書記》與《竹汀日記抄》雖非書目，但對於考證版本，為重要之佐證，故仍列之。另據羅炳綿氏之統計，《蕘圃藏書題識》中引用之書目，除上列幾種外，尚有《得月樓書目》、《孝慈堂書目》等二十七種。可見蕘圃借重前人書目之程度〔註11〕。

其次，由蕘圃引用書目之次數，可以看出他最常用、最重視的，當即《直齋書錄解題》與《讀書敏求記》，另外，《汲古閣秘本書目》、《延令宋版書目》引用次數亦多。對於前二者，應是因其皆是解題書目，為考證版本所必資；後二者則是清初以來著錄宋版書較詳者，蕘圃以「佞宋」為志，當然必須問津於斯。士禮居刊本《延令宋板書目》跋云：

> 余喜蓄書，於目錄尤所留意。晁、陳兩家之外，近惟《讀書敏求記》敘述原委，最為詳悉。向得《汲古閣秘本書目》，以為得未曾有，業已付梓。今春閒居無聊，檢敝麓中有《季滄葦藏書目》一冊，其詳載宋元板刻，以至抄本，幾於無所漏略。余閱《述古堂藏書目》序有云：「舉家藏宋刻之重複者，折閱售之泰興季氏」，是季氏之書半出錢氏，而古書面目較諸錢氏所記更詳。於今滄葦之書已散失殆盡，每從他處得之，證諸此目，若

〔註11〕〈黃丕烈研究〉，頁379。

合符節。

《蕘圃藏書題識》卷二有云：

> 此《歷代紀年》，述古堂舊物也。按：是書傳布絕少，故知之者頗希，
> 余素檢《讀書敏求記》，留心述古舊物，故裝潢式樣，一見即知。

蕘圃又常利用王蓮涇《孝慈堂書目》以求書：

> 《孝慈堂書目》分門類編，敘次頗詳。以之求蓮涇所藏，雖久散之本，
> 按其冊數之多寡、紙色之黃白，幾如析符之復合。可知書籍貴有源流，非
> 漫言藏也已〔註12〕。

可證蕘圃對前人書目之重視，在於考察書籍流傳經過。

再者，蕘圃引用前人書目，亦非一味服從，對於前人的錯誤或疏失，時時提出糾正。如其對《讀書敏求記》即不無微詞。前舉《歷代紀年》〈賦注〉云：

> 《敏求記》但言紹興壬子樂清包履常爲之鋟木以傳，不及自序之有無
> 并所缺卷，是其疏略也。

《題識》卷二所言較詳：

> 然遵王所記，不甚了了。即如此書，首缺第一卷，並未標明。其云始
> 之以正統，而後以最歷代年號終焉，似首尾完善矣。然十卷之外，又有最
> 國朝典禮五葉，此附錄於本書而記未之及，何耶？

此爲指正《敏求記》對版本狀況之記載不夠確實。

又《忘憂清樂集》〈賦注〉云：

> 載足本《讀書敏求記》中，稱爲《李逸民棋譜》二卷，非也。

《蕘圃藏書題識續》卷二：

> 余以爲遵王所題《李逸民棋譜》二卷，實有二誤：論其書名之誤，一
> 證諸古；論其卷數之誤，一驗諸今。馬貴與《通考》云：《忘憂清樂集》
> 一卷，陳氏曰：棋待詔李逸民撰集。今此書有徽宗御製詩，首句云：忘憂
> 清樂在枰棋，其下云：前御書院棋待詔賜緋李逸民重編。則李逸民撰集之
> 《忘憂清樂集》，疑即此矣。至於卷數，今雖不全，然其間有云上者、中
> 者、下者，則此書爲一卷分上中下，其非二卷可知矣。

此則爲糾正遵王著錄書名、卷數之誤。

〔註12〕《孝慈堂書目》有《觀古堂書目叢刻》本。

第三節　黃蕘圃之目錄學見解與著作

蕘圃有關目錄之著作，除《百宋一廛賦注》之外，尚有下列各書：

一、《百宋一廛書錄》

蕘圃自序云：

> 十餘年來，究心載籍，欲仿宋人晁、陳兩家例，輯錄題識，名曰：《所見古書錄》。究苦擇焉而不精，語焉而不詳，故遷延未成。適因遷居東城縣橋，重理舊籍，特裒集宋刻本，彙藏一室，先成簿記，謂之《百宋一廛書錄》（廛本廛字）。此百種中，完者半、缺者半，皆世所罕祕者。

此書尚有其他名稱，如《蕘圃藏書題識》卷六宋刻本《湘山野錄》云：

> 癸亥春，輯《百宋一廛書目》，重閱此，其去裝潢已越六年矣。

癸亥（嘉慶八年）正作〈百宋一廛書錄自序〉之時，必同一書而異名。又卷一宋刻《毛詩傳箋》殘本：

> 後之得是書者，殆將由百宋一廛之簿錄，而沿流溯源乎？

所稱〈簿錄〉，應當亦指是書而言。

此書有民國二年張鈞衡刻《適園叢書》本；民國四年上海石竹山房石印本。

二、《求古居宋本書目》

《續修四庫全書提要》史部：

> 自毛晉、錢謙益崇尚宋元，動誇秘笈，丕烈繼而集其大成。先以所得宋本書百餘種，於嘉慶九年屬顧廣圻爲〈百宋一廛賦〉，自注刊行。復於十七年並續得宋本，編爲是目，雖殘帙亦載焉。據其自題云：〈百宋一廛賦〉後所收，俱登此目；內有賦載而已易出者，茲目不列。而目中見於賦載者約居其半，則自題之語殆未必然也。（案：此據葉德輝序）惟目中所載，至一百八十七種之多。後於作賦且七年，宜所得倍於前矣。訪百宋遺聞者，此其淵藪也。書向無刻本，葉德輝得吳大澂藏本，詳考目有賦無者七十五種，賦有目無者十一種，縷舉於後，屬雷愷手寫而刊行之。目中諸書，或經繙刻，或散於南北收藏家，琳琅插架，無非吉光片羽之留遺。

是書有民國七年《觀古堂書目叢刻》本。

以上兩種爲現存者。

三、《所見古書錄》

《蕘圃藏書題識》卷二〈元統元年進士題名〉云：

> 近擬輯《所見古書錄》，自序云：「編殘簡斷，市希駿骨以來；墨敝紙渝，窺翃豹斑之見」。

此題識作於乾隆六十年（1795），可見其著手甚早。其內容可略見於〈賦注〉：

> 予思撰所藏書錄，專論各本：以宋槧一、元槧二、毛鈔三、舊鈔四、雜舊刻五分列。

每書當有詳盡題解，《藏書題識》卷三〈中興館閣錄〉：

> 此書向藏宋刻，曾借小讀書堆影宋勘之，惟續錄文誤訂入前錄中者三葉，影宋時承其錯簡，而混廁前錄中。并擅改版心，妄填名目，以致正續不分，賴有宋刻正之。詳見所撰《所見古書錄》中。

是書又有正、附編或甲、乙編之分。《藏書題記》卷五《珩璜新論》：

> 向有《所見古書錄》之輯，收所藏者爲正編，所見而未藏者爲附編。

又卷九《陳眾仲文集》：

> 此《陳眾仲文集》，潛研堂藏書也。辛楣先生於辛卯歲，與明翻元刻本，同以遺余。僅取元刻，列諸《所見古書錄甲編》中，謂此半璧之珍，世所未見也。

然而此一體大擇精之作，終蕘圃在世之日，似僅有稿本，迄未編定，且於身後竟然散佚。王頌蔚〈藏書紀事詩序〉云：

> 蕘翁《所見古書錄》，今已無傳。

繆荃孫〈蕘圃藏書題識序〉云：

> 先生意欲輯《所見古書錄》，並未編定，身後瞿木夫分爲二十卷，稿本不知歸何所。

近人張鈞衡則云：

> 稿本歸陸存齋（即陸心源），亦售與日本岩崎氏。（百宋一廛書錄跋）

島田翰〈皕宋樓藏書源流考〉中亦時時及之。但經查長澤規矩也所編《靜嘉堂漢籍分類目錄》，未見此書。則此書是否猶在人間，有待訪查。

四、《讀未見齋書目》

蔣光煦《東湖叢記》卷一：

> 吳門黃蕘圃主政丕烈《讀未見齋書目》，載元刊《朱文公大同集》十

　　卷，題學生縣學司書兼奉文公祠陳利用編。

卷五《後漢書牒文》亦云：

　　吳縣黃蕘圃主事丕烈《讀未見齋書目》，有宋刻《後漢書》六十四冊八函。

江標輯年譜道光四年引此云：

　　　《東湖叢記》卷一，記朱文公大同集云云，是先生藏書，舊有書目，

　　兼有題解，惜今不可得見也。

似此一書目已有完成之底稿，今已不傳。此書其中尚有詞目，《藏書題識》卷十〈省齋詩餘〉：

　　毛氏舊藏諸詞，余所收最富，余皆列諸《讀未見書齋詞目》矣。

以上二種今未見。

第三章 與〈賦注〉相關之版本學問題

第一節 論雕版之起源

雕版印刷是我國最偉大、最重要的發明之一，對於世界文明皆有重大影響。西方學者也承認：「歐洲的印刷術，其淵源來自中國﹝註 1﹞。」但是對於雕版印刷究竟起於何時，即使我國學者，向來也是眾說紛紜，難以定論。黃蕘圃於〈賦注〉中，對此問題，曾提出其看法，值得討論。

蕘圃於〈賦〉中「夫宋也者，濬摹印之重源」一節下注云：「夫書之言宋槧，猶導河言積石也。」蓋以雕版印刷始於宋代。並舉出雕版印刷的兩個來源：

（一）東漢一字群經、魏三字群經並《典論》刻於石。

（二）唐元和壁經。

蕘圃又云：

> 自是至于後唐長興九經刻版，周顯德《經典釋文》雕印，既省傳寫之勞，兼視豐碑爲便。

似以爲唐壁經以後，雕版即出現了；而由石經過渡到雕版的經過，也語焉不詳。事實上，雕版印刷的起源甚早，而其正式出現及普遍應用，則是唐代的事。以下依據近代學者的研究，稍作補充說明。

根據張秀民先生的研究，歷來有關雕版印刷起源的說法，約可歸納爲七種﹝註2﹞：

﹝註 1﹞卡特（T.F.Carter）《中國印刷術的發明和西傳》（北京：商務印書館 1991 年四版），序論。

﹝註 2﹞張秀民《中國印刷史》（上海人民出版社 1989 年），頁 12。

（一）漢朝說 　　（二）東晉說 　　（三）六朝說 　　（四）隋朝說

（五）唐朝說 　　（六）五代說 　　（七）北宋說

其中唐朝說又可分初唐說、中唐說、唐末說。

　　民國以來的學者，對於唐朝說以前的說法，大體已經提出種種證據，加以駁斥而不再採信，唐朝說可謂已成共識〔註3〕。問題在於唐代也有三百多年，分初、盛、中、晚四期，究竟在哪一期呢？

　　張先生自己是主張唐初貞觀時已有印刷品（即唐太宗皇后長孫氏的《女則》），以此認為印刷術當起於初唐〔註4〕。

　　曹之先生在《中國古籍版本學》中指出：

　　　　研究雕版印刷起源，應該把理論分析、文獻記載和實物遺存三者緊密地結合起來。……進行理論分析，離不開社會需要、物質基礎和技術基礎。所謂社會需要，就是客觀要求。對於雕版印刷而言，所謂社會需要，就是隨著社會的進步，讀者需要更多知識、了解更多信息，要求社會提供大量複本；書工要求擺脫繁重的抄書之役；著者要求用更快更好的方式把自己的作品公諸同好，吸引更多讀者；藏書家要求不斷充實自己的藏書……，凡此種種，都屬於社會需要，原來手工抄寫的落後方式，已經遠遠滿足不了這種社會需要，新的圖書製作方式的發明已是眾望所歸〔註5〕。

由需求的角度來解釋雕版印刷的出現，提供了一個比較周延的看法。曹先生在其另一著作《中國印刷術的起源》中，分別從需求、物質、技術三個方面作深入分析後，得到結論，指出「初唐時代已經有印刷術出現」〔註6〕。其結論似與張秀民先生一致，然而曹先生的證據及推論卻更為詳盡。

　　曹先生同時將歷來對雕版印刷起源的各種說法，編成一表，頗便檢閱，附錄於此，可以作討論之基礎。（原表中所列近人之書，因多從古人之說，可予以合併，故均刪去不錄）

〔註3〕詳見《圖書版本學要略》卷二，源流篇。

〔註4〕同註38，頁14。

〔註5〕《中國古籍版本學》（武昌：武漢大學出版社1993年），頁175。

〔註6〕同上註，頁181。

論　　點	主　張　者	時　代	出　　　　　處
東漢說	王　幼　學	元	《綱目集覽》卷十二
	鄭　　機	清	《師竹齋讀書隨筆匯編》　卷十二
六朝說	李　元　復	清	《常談叢錄》卷一
	島　田　翰	日本	《古文舊書考》卷二
隋代說	陸　　深	明	《河汾燕閒錄》卷上
	胡　應　麟	明	《少室山房筆叢》卷四
	方　以　智	明	《通雅》卷三十一
	高　士　奇	清	《天祿識餘》卷八
	阮　葵　生	清	《茶餘客話》卷六
	陸　鳳　藻	清	《小知錄》卷七
	魏　　崧	清	《壹是紀始》卷九
	王　士　禎	清	《池北偶談》卷十七
	顧　　安	清	《唐詩消夏錄》
	王　仁　俊	清	《格致精華錄》卷二
唐代說	葉　夢　得	宋	《石林燕語》卷八
	朱　　翌	宋	《猗覺寮雜記》卷六
	沈　　括	宋	《夢溪筆談》卷十八
	程　大　昌	宋	《演繁露》卷七
	邵　　博	宋	《邵氏聞見後錄》卷五
	高　　承	宋	《事物紀原》卷四
	葉　　氏	宋	《愛日齋叢鈔》卷一
	郎　　瑛	明	《七修類稿》卷下
	胡　震　亨	明	《讀書雜記》
	張　和　仲	明	《千百年眼》卷九
	朱　明　鎬	明	《史糾》卷五
	劉　仲　達	明	《劉氏鴻書》卷六十七
	胡　文　煥	明	《格致叢書》

	王 士 禎	清	《居易錄》卷三十四
	趙 翼	清	《陔餘叢考》卷三十三
	紀 昀	清	《四庫全書總目》卷一五一
	查 繼 佐	清	《罪惟錄》
	王 國 維	清	《兩浙古刊本考》
	王 頌 蔚	清	《藏書紀事詩》序
	葉 德 輝	清	《書林清話》卷一
五代說	王 明 清	宋	《揮麈錄》卷二
	羅 璧	宋	《羅氏識遺》卷一
	魏 了 翁	宋	《鶴山文集》卷五十三
	孔 平 仲	宋	《珩璜新論》
	脫 脫	元	《宋史藝文志》序
	王 禎	元	《造活字印書法》
	盛 如 梓	元	《庶齋老學叢談》卷中
	羅 欣	明	《物原》
	陸 深	明	《金臺紀聞》
	秦 鏜	明	《九經白文》序
	于 慎 行	明	《谷山筆麈》卷七
	萬 斯 同	清	《唐宋石經考》
	顧 炎 武	清	《金石文字記》卷二
	袁 棟	清	《書隱叢說》卷十四
	包 世 臣	清	《泥版試印初編》序
	李 佐 賢	清	《吾廬筆談》卷二

　　由表中所列可以看出：討論雕版印刷始於宋人，宋代以前無人論及；其次，宋人多主雕版印刷始於唐代，而東漢說、六朝說、隋代說皆為明、清人所提出。宋代去唐未遠，其所主張，必有根據，明、清人之見解，則多出臆測。再配合古籍實物的出土、發現，可以斷言印刷術起源於唐代，是不錯的。

　　另外，曹先生又舉出一個「時間周期」的看法，鮮為人所提及，也值得參考：

任何一種發明、創造，都會有一個發展過程，從開始研究創製，到普及利用，所需要的時間周期，各不相同。影響時間周期長短的因素有五個：一是政治是否安定；二是技術是否複雜困難；三是所需物資或成本是否鉅大；四是其實用價值如何；五是信息傳播的速度。以我國其他重要發明為例：造紙術需要五百年左右；火藥需要四百年左右；活字印刷需要四百五十年左右；彩色套印則需要三百年左右才達於普及〔註7〕。

可見我國古代的創造發明時間周期多在三百至五百年之間，以此檢視前述各種雕版印刷起源之說法，可列表如下：

觀　　　　點	假 定 發 明 時 間	假 定 普 及 時 間	周　　期
東　漢　說	公元 169 年左右	南宋初年（1150）	981 年
晉　代　說	公元 350 年左右	南宋初年（1150）	800 年
六　朝　說	公元 500 年左右	南宋初年（1150）	650 年
隋　代　說	公元 600 年左右	南宋初年（1150）	550 年
唐　初　說	公元 700 年左右	南宋初年（1150）	450 年
唐　中　說	公元 800 年左右	南宋初年（1150）	350 年
唐　末　說	公元 890 年左右	南宋初年（1150）	260 年
五　代　說	公元 932 年左右	南宋初年（1150）	218 年

由表列可知，以「唐初說」最合於我國歷來重要發明的發展周期，這可作為雕版印刷起源的旁證之一。

綜合言之，我國雕版印刷當起源於唐代，學術界一般的說法，也多推至盛唐時代〔註8〕。蕘圃以為宋版書為雕版之起源，應是受時代之局限，以及資料的限制。例如康熙時朝廷編撰之《天祿琳琅書目》，其序云：「書籍刊行大備，要自宋始。」可視為當時人的普遍觀念。

第二節　論宋版之重要

昔人重視宋版書，並非自清代始，明人已知宋版書之重要。屠隆《考槃餘事》

〔註 7〕曹之《中國印刷術的起源》（武昌：武漢大學出版社 1994 年），頁 371。
〔註 8〕同上註，頁 337。

卷一〈論書〉云：

> 書貴宋元者何哉？以其雕鏤不苟，校閱不訛，書寫肥瘦有則，刷印
> 清明。況多奇書，未經後人重刻〔註9〕。

屠氏指出宋版書之可貴，在於形式上的「雕鏤不苟、書寫肥瘦有則、刷印清明」
等，在內容上則能「校閱不訛、多奇書」，論評較為周延。至於高濂《燕閒清賞箋》
〈論藏書〉所云：

> 宋人之書，雕鏤不苟，紙堅刻軟，字畫如寫。格用單邊，間多諱字，
> 用墨稀薄，雖著水經燥，無溼跡；開卷一種書香，自生異味〔註10〕。

則是專注重於宋版書之形式之美，流於古董賞鑑一派。到了清代，藏書家極力蒐
藏宋版書，成為普遍之風氣，甚至朝廷帝王，也不能免。

張鈞衡《適園藏書志》云：

> 當蒙古朝，宋亡未久，槧本已為藏書家所珍。豐坊為〈華氏真賞齋
> 賦〉，注中所列宋本經籍，與六朝、三唐法書、名畫等重。及後常熟諸藏
> 書家，益相推重。毛子晉至計卷償金，錢遵王以佞宋為號；及崑山徐氏、
> 泰興季氏，推及元槧，甚至以宋元版書名目。流風餘韻，遍及東南好事
> 者，得一宋本，互相誇尚，形諸序跋詩歌。於是上動天子之聽，《天祿琳
> 琅》一編，宋元槧本外，更及明刻之精者；而有明翻宋諸刻，亦遂與天
> 水、蒙古并為世珍矣〔註11〕。

蕘圃既以「佞宋」為名，其重視宋版書自不待言，然而蕘圃之佞宋，頗有其
理由，試析論如下：

首先是宋版書在經術、文化上的重要。〈賦注〉有云：

> 存亡者，晦而仍出也；起廢者，壞而復善也；憭惑者，疑而取決也；
> 條紛者，亂而獲理也；四者居宋槧之大端矣！聖賢經傳乃賴之以不墜，
> 其為用亦鉅矣哉！故博物多聞，猶其小焉耳。

此點雖無關乎版本之學，然而學者之所以治版本之學，其目的實不外乎此。

其次，是以宋版書作為讀書、治學的依據。〈賦注〉云：

> 夫書之言宋槧，如導河言積石也……及今遠者千年，近者猶數百
> 年，所存乃千百之一二耳。幸而得之，以校後本，其有未經竄改者鮮矣。
> 夫君子不空作，必有依據，宋槧者，亦讀書之依據也。

〔註 9〕《圖書版本學要略》頁 71 引。
〔註 10〕《古書版本常談》頁 30 引。
〔註 11〕《適園藏書志》卷五〈書鈔閣行篋書目〉。

宋版書多未經竄改，前人早有定論，如明・高濂云：

> 醫方一字之差，其害非輕，故以宋刻爲善〔註12〕。

胡應麟云：

> 今書貴宋槧，以無訛字故。

日本・河田熊（案：一作羆）云：

> 宋刻之可貴有三：一、印本書至宋而漸精工；二、古來所傳抄經傳，審覈不苟，足以觀古書本眞，宋刻尚存其典型，當共貴重；三、明以後輾轉抄寫，或坊刻濫有改增，不免訛舛錯脫，非宋刻無可以訂正。〔註13〕

綜觀蕘圃對此一問題，有深入析論：

（一）宋版書保留古書面目

〈賦注〉景祐本《漢書》：

> 推原其故，景文之是正，已屬有失無得，烏論後此者乃遞經大書深刻，悉涸班書，可不謂至誣乎？唯此本未經淆亂，誠宜壓卷史部也。

《蕘圃藏書題識》卷四〈校宋本說苑〉：

> 借諸坊間續校一過，眷眷於此本之佳，猶留古書面目也。

又卷四〈殘宋本普濟本事方〉：

> 至於宋刻之可貴，序及治藥制度總例，時刻所無。

（二）宋版書訛謬較少

《蕘圃藏書題識》卷五〈校宋本老學庵筆記〉：

> 按：七卷，毛斧季校殘宋本後半卷，影宋如之，訛謬獨少。甚哉，宋刻之可寶，而影宋之亦可信也。

影宋本號稱「下眞跡一等」，自來亦深受藏書家重視，可證宋本之價值。

又卷一〈宋本毛詩傳箋〉：

> 向聞吳穉堂家有宋版《毛詩傳箋》，未之見，心甚怏怏，不過守此冊爲至寶，小字本雖全，未易駕而上之。頃松江書籍鋪以吳本歸余，取對此刻似勝。即檢一條：〈邶・柏舟・小序〉下：「柏，木名」，此已闌入箋文。而吳本云：「柏・木名・以爲舟也。」于傳下加圈以別之，且未脫「以爲舟也」四字。況無重言互注，安得不以吳本爲甲，而此本遞居乙耶？

〔註12〕同註46，頁37。
〔註13〕同上註，頁38。

（三）宋版書可以別真偽

《蕘圃藏書題識》卷四〈宋本醫說〉：

> 去冬顧氏原本歸余，中多缺失，板心有莫辨處，又從香嚴借傳校本
> 勘之，知余校本多訛，而香嚴承之。謹就宋刻存者，一字一句細校，方
> 可謝余前過，而益信書之不可不藏宋本也。

此言校本亦終不若原本之可信。

又卷十〈宋本文苑英華纂要〉：

> 所鈔補甲集中，仍闕第二十八葉，會通館活字本即據缺失之本開
> 雕，并削去第二十九葉首行初賦二字，以當十六卷之首葉，苟非宋本，
> 何從知其偽乎？書之不可不藏宋本如是。

（四）宋版書可以校訛謬

〈賦注〉《孟浩然詩集》：

> 予以校元刻《須溪先生批點孟集》，乃知辰翁強分門類，遂致全篇
> 或脫或衍，字句間更不足言矣。

《蕘圃藏書題識》卷三〈校影宋本輿地廣記〉：

> 朱藏宋刻（案：即朱彝尊藏宋刊本，見《曝書亭集》），所補朱筆墨筆盡出
> 俗手，竟無一處可據。明明有字跡可辨，而校者已亂爲塡改，幸有顧藏
> 宋刻可證。

又卷三〈宋槧本中興館閣錄〉：

> 此書外間傳播，多屬鈔本。近顧抱沖家借得影宋鈔本，與宋刻不差
> 毫髮。惟《續錄》卷七提舉編修圖會要云云，宋刻此葉版心明係《館閣
> 續錄》卷第七，誤訂入前錄中卷第七。而影鈔者逕改去續錄字樣，混廁
> 前錄中，殊爲謬妄。宋刻之妙，即此已足證鈔本之訛。

（五）宋版書可以正優劣

《蕘圃藏書題識》卷七〈影寫宋刻本李群玉集〉：

> 余家向藏舊鈔本《李群玉集》有三本，未知何本爲善。及得宋刻此
> 集，知葉鈔本最近，蓋行款同也。若毛刻《李文山詩集》，迥然不同。曾
> 取宋刻校毛刻，其異不可勝記，且其謬不可勝言，信知宋刻之佳矣。

案：此書後歸張鈞衡，《適園藏書志》卷十：「唐李群玉撰。群玉字文山，澧
州人，大中八年（854）進詩授官。」

總之，宋版書有上述近古、存眞、完善等優點，故深得藏書家之喜愛，然而

不可一味以宋刊爲佳，宋版書本身仍有其優劣高下，王士禎《居易錄》云：

> 今人但貴宋槧本，顧宋槧亦多訛舛，但從善本可耳。

陸貽典亦云：

> 古今書籍，宋版不必盡是，時刻不必盡非，然較是非以爲常，則宋
> 刻之非者居二三，時刻之是者無六七，則寧從其舊也〔註14〕。

即以蕘圃之佞宋，對於宋版之評價，仍不失持平之見。如《蕘圃藏書題識》卷一〈校宋本說文〉：

> 今人校書，多據宋本，亦有高下之別。即如《說文》，汲古閣校刊，
> 據北宋本；錢君所據以校汲古閣本者，又爲麻沙宋本，是二本者，安知
> 不有瑕瑜耶？

又卷二〈元大德本後漢書〉：

> 《後漢書》本，宋刻佳者，淳化不可得見，景祐本殘者有之。此外如
> 建安劉原起（案：當作劉元起，參《書林清話》卷三）刊於家塾敬室本；又有一
> 大字本，皆名爲宋，而實則不及元明刊本。何以明之？蓋所從出本異也。

第三節　論明版之評價

　　就版本學而言，一般對於明代刻本評價都不高，甚至嚴辭批判，以爲「明人刻書而書亡」亦大有人在。又如葉德輝在《書林清話》卷七，即列有「明時書帕本之謬」、「明人不知刻書」、「明南監罰款修板之謬」、「明人刻書改換名目之謬」、「明人刻書添改脫誤」、「明刻書用古體字之陋」等條，批評明刻本的種種缺失。對此，蕘圃亦有其看法。如〈賦注〉《唐書》：「覆本在明嘉靖時，不特多誤，抑且神氣索然矣！」

　　就明刻本之缺點而言，首先，蕘圃指出明人刻書往往不遵古式，任意增添刪削。《蕘圃藏書題識》卷四〈校元本宋提刑洗冤錄〉：

> 明人喜刻書，而又不肯守其舊，故所刻往往戾於古。即如此書，能
> 翻刻之，可謂善矣，而必欲改其卷第，添其條目，何也？

又卷八〈宋本魏鶴山集〉：

> 凡書以祖本爲貴，即如此集，卷一失一葉，有二行題爲「寄雅州胥
> 圃」，而目錄仍存其舊；明刻並目錄刻削之，是可嘆也。且明刻不但此卷
> 不遵宋刻，餘卷亦任意分並，有有書而目錄反無者，是又可嘆也。

〔註14〕同上註，頁38。

其次，明人刻書不據善本，或有善本亦不肯用以校勘。〈賦注〉小字本《淮南鴻烈解》：

> 相傳惠松崖絕稱明蘆泉劉績補注本，其實劉出於正統十年道藏，不如宋槧遠甚。

《蕘圃藏書題識》卷四〈校本齊民要術〉：

> 凡古書翻刻不如原刻，明刻不如宋刻。此嘉靖湖、湘間《齊民要術》，謂獲古善本刻之，今取校宋本以對湖湘刻本，竟無一字合者，不知善本果云何也。

明末毛氏「汲古閣」，不但是著名的藏書家，也是著名的出版家，《書林清話》卷七云：

> 明季藏書家，以常熟之毛晉汲古閣為最著，當時遍刻十三經、十七史、津逮祕書、唐宋元人別集，以至道藏、詞曲，無不搜刻傳之。觀顧湘《汲古閣板本考》，祕笈琳琅，誠前代所未有矣！

然而毛氏刻書雖多，卻也最受後人詬病。葉氏同書指出汲古閣本的缺點：

> 然其刻書不據所藏宋元本，校勘亦不甚精，數百年來，傳本雖多，不免貽佞宋者口實。

對於毛刻本，蕘圃也深致不滿：〈賦注〉小字本《說文解字》：

> 常熟毛氏初刊，頗與相近，後經斧季宸節次校改，而大徐氏之舊觀漸以盡失。

又重雕改正《湘山野錄》：

> 以上四種，皆經汲古毛氏刊入津逮中，然《湘山野錄》斧季重用前本手勘者，今亦在予家，錯誤無慮百數十處，其餘大率類是。故居士以為秘書之名，即革之斯可矣！

《蕘圃藏書題識》卷七〈校明鈔本李群玉詩集〉：

> 毛刻諸書，動輒與藏本互異，即如《八唐人集》中，本以意分體，統三卷及後集五卷，一例排次，硬分為三卷，俾人不知究裡，好古者固當如是耶？

又卷十〈金刊本中州集〉：

> 影寫《中州樂府》，亦出於毛氏，何以所見皆眞本，而所用以梓行者，皆屬後來之本？余所睹毛氏珍藏之本，不必盡合於所刻，往往如是。

雖然明刻本有如是多缺點，但也非一無可取。《蕘圃藏書題識續》卷一〈明刊本博雅〉：

書本之善者，不必定以宋元本爲可寶也，陳少章云：「《博雅》，皇甫本佳」，則明刻之可貴，不亞宋元。

又卷二〈明刊本法藏碎金錄〉：

明刻之可貴，直至歷過宋、元鈔校之後，方有味乎其言之。

凡此，皆肯定明刻本之價值。而明刻之中，又以初刻者爲佳。《蕘圃藏書題識》卷九〈明刊本周職方詩文集〉：

向聞錢聽默言：書籍有明刻而可與宋元版埒者，惟明初黑口板爲然，故藏書家多珍之。余自聚書以來，宋元板固極其精妙，而明初黑口板亦皆有佳絕者，即如此《周職方詩文集》二卷，世鮮有著錄者。

又卷四〈明刊本中論〉：

余初不甚重視此本，因舊有此書刻本，約略相似。及取出對勘，始知舊有者已繙刻，非特行款不同，且多墨釘，其字亦多錯誤。乃信書以初刻爲佳，即明一代已然矣。

明代刊本中還有一項值得重視的，即是活字本。我國活字印刷的創造者，一般公認是北宋仁宗時的布衣畢昇。當時所用的是膠泥活字，到了元代，有王禎製作的木活字；明代，則有銅活字出現，以同屬無錫人的華氏、安氏兩家爲代表。華氏四代皆從事銅活字印刷，以「會通館」、「蘭雪堂」知名；安氏則有「桂坡館」，由於刻印認眞，質量較華氏爲佳〔註15〕。蕘圃對於明刊之活字本，以其所據多舊本，也極爲珍重愛惜。《蕘圃藏書題識》卷六〈銅活字本開元天寶遺事〉：

古書自宋元板刻而外，其最可信者，莫如銅板活字，蓋所據皆舊本，刻亦在先也。諸書中有會通館、蘭雪堂、錫山安氏館等名目，皆活字本也。此建業張氏本，僅見是書，余收之與《西京雜記》並儲，漢唐遺跡，略具一二矣。

又卷七〈明活字本蔡中郎文集〉：

《蔡中郎文集》，錫山蘭雪堂華堅允剛活字銅板印行者，是冊年號特全，猶是眞活字本。欣然跋之，珍重愛惜之意，亦幾幾乎宋板視之矣。

第四節　論鈔本之地位

在雕版印刷出現以前，書籍的形式是以竹、木簡及絹帛等爲主，其傳播方式

〔註15〕曹之《中國古籍版本學》，頁387。

則以手寫為用。到印刷術發明之後極長一段時間，「抄寫」仍是主要的成書方法，以致抄本一直與刻本（印本）並行不衰。對藏書家而言，抄本的價值與刻本是相同的。袁同禮先生云：

> 宋代私家藏書，多手自繕錄，故所藏之本，抄本為多〔註16〕。

《直齋書錄解題》卷十〈微言三卷〉注云：

> 司馬光手鈔諸子書，蓋公在相位時也。所鈔自《國語》而下六書，其目三百一十又二，小楷端重，無一筆不謹，百世之下，使人肅然起敬。

《宋史·李常傳》：

> 少讀書盧山白石僧舍，既擢第，留所抄書九千卷，名舍曰：李氏山房〔註17〕。

可見宋人抄書以藏之事，甚為普遍。從明代所編《永樂大典》，清代所編《四庫全書》，是我國最大、也是最有名的兩部手抄大書來看，則抄本之重要，不言可喻。

蕘圃雖嗜宋刻，但對於抄本的重要，也從未忽視。《蕘圃藏書題識》卷七〈校明鈔本李群玉集〉：

> 大凡書籍，安得盡有宋刻而讀之，無宋刻則舊鈔貴矣。舊鈔而出自名家所藏，則尤貴矣。

又卷六〈舊鈔本癸辛雜識〉：

> 此舊鈔本《癸辛雜識》，有前、後而無續、別，然就所存者，取與津逮本相勘，已多勝處。書以舊刻名鈔為勝，豈不信然！

又卷二〈明鈔本草莽私乘〉：

> 余性嗜書，非特嗜宋元明舊刻也，且嗜宋元明人舊鈔焉。如此書載諸《汲古閣珍藏秘本書目》，平日留心蒐訪，絕少舊本。無論是書本屬史傳記類，為足收藏，出於名鈔名藏，尤為兩美。

抄本一如刊本，也應多儲副本，以備校勘；《藏書題識》卷六〈舊鈔本歸潛志〉：

> 凡書鈔本固未可信，苟非他本參校，又何從知其誤耶？且書必備諸本，凡一本即有一本佳處。如此固多訛舛矣，而亦有一二處，他本所不及，故購者必置重沓之本也。

〔註16〕袁同禮〈清代私家藏書概略〉。

〔註17〕李常（1027～1090），字公擇，江西人，皇祐進士，官至御史中丞。少讀書於盧山五老峰之白石庵，為官後，將藏書捐贈僧舍，供人閱覽，蘇軾嘗撰〈李氏山房藏書記〉敘其事。參見《宋史》卷344；《蘇東坡全集》卷32（河洛圖書公司1975年），頁388。

又卷十〈舊鈔本省齋詩餘〉：

> 余往往見毛氏詞本，有舊鈔手鈔者，有謄清稿本者，有畫一精鈔者。
> 雖一詞部，不嫌再三講求。余何幸一一收之，如前人之兼有其本。

鈔本因鈔寫之時、空不同，也有不同之風格，可作鑑別之準的；《藏書題識》卷六〈舊鈔本耆舊續聞〉：

> 鈔本字跡不工，驗其風氣，當在康、雍間。

又卷九〈校鈔本薩天錫詩集〉：

> 就其鈔手風氣驗之，當在乾隆年間。

抄本時有勝於刻本之處；《藏書題識》卷九〈校明本半軒集〉：

> 取舊鈔本《王半軒先生文集》參閱一過，並錄所多三篇於後。鈔本
> 實有勝於刻本之處，果如義門先生所云也。

又卷四〈校影宋本管子〉：

> 此影鈔殘本《管子》六冊，計十二卷，即從宋刻出，然實有勝於宋
> 刻處：遇紙破字缺，悉空之，一善也；有宋刻未失之字，間留一二，一
> 善也。

抄本又時而可以補足刻本之殘缺；《藏書題識》卷三〈宋本輿地廣記〉：

> 蓋是本移易卷第，在滄葦收藏時已然，幸有鈔本可證，得以復其舊觀。

又同卷〈校影宋本輿地廣記〉：

> 故前二卷擬存此舊鈔，補宋刻所缺，或當日鈔在未失之先，則宋刻
> 二卷，不反藉舊鈔以傳乎？

總之，抄本與刊本，各有所長，應當並存，不可偏廢。《蕘圃藏書題識》卷二〈宋刊本諸葛忠武侯傳〉：

> 甲戌初秋（1814），有裝潢工人揀出舊鈔《漢丞相諸葛忠武侯傳》
> 一冊，持以質余，余取家藏宋刻勘之，疑非一本，蓋行款既不同，而字
> 句間有歧異。此所擠入字，鈔皆無之，或舊鈔從未修之本出也。至此本
> 有破損補全字，可據以校其誤，而未全者，更可據補。勿謂書有宋刻，
> 竟廢舊鈔也。

孫從添《藏書紀要》云：

> 書之所以貴鈔錄者，以其便於誦讀也。歷代好學之士，均用此法。
> 所以有刻本，又有鈔本、有底本：底本便於改正，鈔本定其字畫，於
> 是鈔錄之書，比之刊刻者，更貴且重焉。況書中之秘本，為當世所罕
> 見者，非鈔錄則不可得，又安可以忽視之哉？從未有藏書之家而不奉

　　之爲至寶者也。

所論甚確，足證蕘圃之有見也。

第五節　論版本之鑑定

　　有關版本學的研究、討論，其主要目的之一在於版本鑑定之運用，而版本之鑑定則是爲了讀書治學作基礎。鑑定古書的重要性，清代孫從添言之甚詳，其《藏書紀要·鑑別篇》云：

　　　　夫藏書而不知鑑別，猶瞽之辨色，聾之聽音，雖其心未嘗不好，而才不足以濟之。徒爲有識者所笑，甚無謂也。如某書係何朝何地著作？刻於何時？何人翻刻？何人抄錄？何人底本？何人收藏？如何爲宋元刻本？刻於南北朝何時何地？如何爲宋元精舊鈔本？必須眼力精熟，考究確切。

至於鑑別宋元版的依據，大致而言，有字體、板式、行款、刻工、避諱、紙張等，同時要豐富的經驗、細密的比勘，配合其他條件。對此，蕘圃未有系統論述，但就其析論古書時所言，亦可歸納出如下幾點：

（一）由字體鑑別

　　《蕘圃藏書題識》卷七〈宋刊本孟東野文集〉：

　　　　此殘宋刻《孟東野文集》，或云是蜀本，余以字形（案：即字體）校之，當不謬也。

又卷四〈宋刊史載之方〉：

　　　　至於板刻之爲北宋，確然可信，字畫斬方，神氣肅穆，在宋槧中不多覯。

又〈題元鈔本書經補遺〉：

　　　　蓋字之氣息，隨時而異，似此書法，古拙可愛，斷非明代人所能。

（二）由版式鑑別

　　《蕘圃藏書題識》卷三〈宋刊本新定續志〉：

　　　　啓包見板口闊而黑，視之則《新定續志》也，心疑非宋刻。即持示同人，雖皆素稱識書者，然但詫爲未見書，而宋刻與否，初不敢以意定也。因思余所藏《中興館閣錄續錄》，有咸淳時補版，皆似此紙墨版式，間有闊黑口者，可知宋刻書非必定白口或細黑口也。

又卷五〈明刊本夢溪筆談〉：

黑口本亦有二：一闊板子，世以贋宋；一狹板子，此其是也。

（三）由行款鑑別

〈賦注〉較《題識》爲詳者，正在每書下皆注明行款，以備查考。《藏書題識》卷三〈校宋本吳郡圖經續記〉：

> 凡事必求其古，如書之原序，亦必照舊式，後人重刊，不可妄改舊觀。

又卷三〈校宋本東京夢華錄〉：

> 戊寅夏，濂溪蔣氏書散出，爲壽松堂孫氏收得，中有弘治甲子年（1504）重新刊本，每半葉十六行、行十六字，大抵與此所校八行十六字本同，或當日即據此本以爲宋刊也。

（四）由避諱鑑別

〈賦注〉《龍龕手鑑》：

> 相傳此書遼刻元名手鏡，宋刻改爲鑑，今觀此標題，是宋非遼矣。

（五）由刻工鑑別

《藏書題識》卷八〈宋刊本魏鶴山渠陽詩〉：

> 此種本非老眼竟不辨其爲宋板，且刻本亦有一時風氣，觀全集後刻手方知，此亦刻手相同，余故取以附之也。

（六）由藏書印記鑑別

〈賦注〉殘本《白氏文集》：

> 「此金華宋氏景濂所藏小宋版，圖記宛然，古香可愛。」

《藏書題記》卷五〈校宋本卻掃編〉：

> 錢本爲歷來藏書家珍賞：玉蘭堂、竹塢二印，文氏也；乾學、徐健庵二印，傳是樓也；季振宜藏書、季振宜字詵兮號滄葦二印，延令季氏也；宋筠、蘭揮、三晉提刑三印，商邱宋氏也。別有副葉三紙，每葉面居中，鈐印三方：一曰徐氏家藏、一曰大司馬之章、一曰子孫寶之。審是元朝人印，印文古質，彌覺可愛，真古書也。

（七）由書之序跋以鑑別

《藏書題識》卷二〈宋本新雕重校戰國策〉：

> 姚宏所注補者非一本，見於吳正傳之言。正傳云：「予見姚注凡二本：其一冠以目錄劉序，而置曾序於卷末；其一冠以曾序而劉序次之。蓋先劉序者，原本也；先曾序者，重校本也。」今觀此本字畫，定爲紹興初刻，影鈔者當是重刻本。序錄一篇，此本在卷末李文叔等書後四條

之前，姚宏題語又隔一行而附於後。影鈔本則曾序居卷首，而李跋等仍
在後，姚宏題語不隔一行，其非一本可知。

（八）綜合經驗以鑑別

《藏書題識》卷五〈殘宋本顏氏家訓〉：

> 其板刻之爲金板，約略想見，蓋余所見金刻書，氣味都合也。

又卷二〈校舊鈔本紹興十八年同年小錄〉：

> 所見傳本外，惟明刻爲最初本，然無刊刻年月，玩其版刻、字形及
> 紙墨，似較《紹興十八年同年錄》稍後。

總之，鑑別之道惟有「多讀多看，潛心體察」〔註18〕，而專注不捨的精神，
也是蕘圃精於鑑別的原因。

潘祖蔭《藝芸精舍宋元本書目·序》稱：

> 今從其家得宋元書目鈔本，富矣精矣，眞不減東澗、滄葦。蓋皆蕘
> 圃、澗蘋諸老爲之評定，故絕無僞刻。

正是對蕘圃最大的肯定。

〔註18〕《圖書版本學要略》，頁74。

第四章　與〈賦注〉相關之校勘學問題

葉德輝《書林清話》卷一〈板本之名稱〉：

> 近人言藏書者，分目錄、板本爲兩種學派。大約官家之書，自《崇
> 文總目》以下，至乾隆所修《四庫全書總目提要》，是爲目錄之學；私家
> 之藏，自宋尤袤遂初堂、明毛晉汲古閣，及康雍乾嘉以來各藏書家，斤
> 斤於宋元本舊鈔，是爲板本之學。然二者皆兼校讎，是又爲校勘之學。

指出目錄學、版本學應該與校勘學互相爲用，甚爲有見。同書卷九〈洪亮吉論藏
書家有數等〉云：

> 洪亮吉《北江詩話》云：「藏書家有數等：錢少詹大昕、戴吉士震
> 爲考訂家；盧學士文弨、翁閣學方綱爲校讎家；鄞縣范氏天一閣、錢塘
> 吳氏瓶花齋、崑山徐氏傳是樓爲收藏家；吳門黃主事丕烈、鄔鎭鮑處士
> 廷博爲賞鑑家；吳門書估錢景開、陶五柳、湖南書估施漢英爲掠販家。」
> 按：洪氏亦約略言之，吾謂考訂校讎，是一是二，而可統名之著述家。……
> 但求如黃丕烈《士禮居叢書》、鮑廷博《知不足齋叢書》，既精賞鑑，又
> 善校勘，則亦絕無僅有矣。

則是強調黃丕烈在校勘方面的成就。

的確，黃蕘圃之治學，雖兼及目錄、版本、校勘三方面，其主要成就，則表
現於校勘之上。蕘圃之校勘，不但有具體成就，且不乏由經驗所集結而成之理論，
在清代藏書家中，實爲罕見。在《蕘圃藏書題識》中，尤隨處可見蕘圃自述從事
校書之記載，從中可概見其校書時專注、精審之態度。如卷八〈校宋舊鈔本王黃
州小畜集〉：

> 余得宋刻補鈔本《王黃州小畜集》，適挈眷赴杭，舟中攜以破寂，
> 手爲校勘。

此爲舟車勞頓中，不廢校書；又卷四〈校宋本韓非子〉：

> 新歲杜門謝客，竭三四日力而校讎至再，今而後，道藏本之面目，
> 纖細無遺。（此跋作於嘉慶七年）

此爲節序推移時，亦不改其業；又卷六〈校本穆天子傳〉：

> 校畢此卷，已將夕矣。余以病軀，得閒校此，雖憂亦樂也。

即在病中亦不減其樂；甚而至於家遭倫常大故，蕘圃亦絲毫未變初衷，如卷六〈校宋本茅亭客話〉：

> 校此書時，猶在大兒七中。而余藉此消遣之計，猶如故也。

據江標輯《黃蕘圃先生年譜》嘉慶九年（1804）條下注云：「先生長子名玉堂，以二月七日死。」凡此憂樂造次皆不入於心，眞非常人所能及矣！

　　以下即據〈賦注〉及《藏書題識》，歸納蕘圃有關校勘之見解。

第一節　論致誤之由與校勘之難

　　古書之所以必須校勘，首要原因在其中頗多錯誤。《春秋公羊傳·昭公十二年》：

> 伯于陽者何？公子陽生也。子曰：我乃知之矣。

何休〈解詁〉：

> 子，謂孔子。乃，乃是歲也，時孔子年二十三，具知其事；後作《春
> 秋》，案史記，知公誤爲伯，子誤爲于，陽在，生刊滅闕。

　　這一段記載，顯示了兩重意義：第一、孔子時代已經有校勘的事實；第二、其中啓示了古書致誤的三個現象：公誤爲伯，是聯想之誤；子誤爲于，是形近而誤；生刊滅闕，是誤脫〔註1〕。

　　關於古書錯誤形成之原因，叔岷師於其《斠讎學·示要》中，指出以下數點：（一）後人之增、刪、改、乙而失眞。（二）各種字體之相亂。（三）六朝、隋、唐寫本之不同。（四）宋、元、明、清刻本之殊異。

　　叔岷師並於〈通例〉章中歸納古書致誤之情況爲一百二十二例（案：新版之《斠讎學》中已擴充爲一百二十四例），「舊學商量加邃密」，有關古書致誤之例，幾無餘蘊矣！當蕘圃之時，因方法及材料之限制，除上述第三點外，於校書之道，皆有所闡發，茲引述如下：

〔註1〕叔岷師《斠讎學》（中研院史語所專刊之三十七，1995 年補訂本）第貳章，頁8。

一、後人任意改作、偽託

《藏書題識》卷六〈鈔本唐語林〉：

> 明人好作聰明，往往不肯爲舊貫之仍，故分併皆由自造。今以舊鈔勘之，不特文義皆同，即行款亦合。惟於分卷處，有幾葉或擠或排之稍異耳。此跡顯然，莫可掩飾，特未見原本，無從指責。甚矣，明人刻書之不可信如此！

又卷六〈鈔本古唐類範〉：

> 獨恨書賈欺人，好改易古書名目，輾轉滋謬，致失其名。然猶幸改其名而不改其實，得令後人窺見盧山面目，則其識不勝於妄加刪補、作聰明以變亂舊章者哉？

又卷四〈過錄宋鈔本太玄集注〉：

> 自宋以後，未見梓行，前明有刻本，亦名《太玄集注》，并首列司馬光序。其實序語與是書原序，無一合者，即所注亦不知從何而來也。可知流布絕少，在明已不得眞本，故託爲眞書，以欺世耳。

二、各種字體聲、形之混淆

《藏書題識》卷七〈明活字本蔡中郎文集〉：

> 此活字本似據一行書寫本作底子，如數誤爲如、閑誤爲困之類，往往而有。若得宋槧，必多是正。

「數」誤爲「如」，爲聲混；「閑」誤爲「困」，爲形近。

三、歷代刊本之不同

〈賦注〉嚴州本《儀禮注》：

> 顧氏亭林言：十三經中，《儀禮》脫誤尤多……，以爲此秦火之未亡，而亡於監刻。今考嚴本，則各條固儼然具存也，其餘補正注文者，尤不可枚舉。

《藏書題識》卷四〈校宋本說苑〉：

> 前校殘宋本，就卷末重刊年月記之，已在南宋末，且多修板，故訛舛甚多。今所見宋本，刻既在前，板亦無修，故是正良多，《說苑》以此爲最矣。

其次，「校勘古書，是支離破碎的工作，是枯燥無味的工作。」（引　叔岷師

語）是因爲校書過程中，充滿了各種困難，如無堅毅縝密的精神，平常人是難以爲繼的。　叔岷師曾撰〈論校書之難〉一文，指出校勘工作有如下幾點困難〔註2〕：（一）不訛不漏之難。（二）資料不備之難。（三）資料太多之難。（四）無資料可憑之難。（五）資料是否可信之難。

　　蕘圃在長期從事校書的過程中，已深有感於校勘之難，屢屢記述於其題記中。茲分述如下：

1、古書有難讀者。

　　《藏書題識》卷四〈過錄宋鈔本太玄集注〉：

　　　　是書原本，已屬鈔本，而此又從鈔本鈔出，魚豕之疑，知所不免。
　　　　若卷首〈讀玄〉一篇，已取《傳家集》中所載者，補其脫、正其訛，如
　　　　「薑鞠」之正而爲「萬物」，此即宿疑頓破之一。古書難讀，於此益信云。

2、古書有難識者。

　　《藏書題識》卷四〈宋刊配元明刊本孫眞人千金方〉：

　　　　余家舊藏錢述古鈔本，云是從宋閣本出者，已自侈爲善本，今得宋
　　　　刊勘之，鮮有一處符合者。初不解其故，後檢《通考》，知晁所見者，爲
　　　　《千金方》三十卷；陳所見者，爲《千金備急要方》三十卷本，其前類
　　　　例數條，林億等新纂。則知鈔本即從閣本出，已是經後人增損原書，故
　　　　與宋刻原本，多所不同也。……錢本所據，今以補入宋本之明本參考，
　　　　同出一原，明本爛板，鈔本皆缺文。宋閣本所出，益未可信其說矣。……
　　　　古書難識，于今益信云。

3、古書有難言者。

　　《藏書題識》卷十〈舊鈔本陽春白雪〉：

　　　　此殘本似從元鈔本出，於紙損及字跡未明晰處，皆缺而不書，或書
　　　　之不全，即此可見。……可見書不校對，雖同出一源，而同異有如是者，
　　　　亦無由知之。甚哉，古書之難言也！

4、古書有難信者。

　　《文祿堂訪書記》卷三〈校景宋鈔本剡錄〉引黃蕘圃跋：

　　　　此書舊時書目及各藏書著錄，多不載其名，即有名存而卷數未詳，
　　　　無從攷核。伏讀國朝《四庫全書總目》，定爲十卷，云是江蘇巡撫進本，
　　　　前有嘉定甲戌似孫自序，及嘉定乙亥嵊縣令史之安序，而兩本皆無序，

─────────────────

〔註2〕　叔岷師《校讎別錄》（臺北：華正書局 1987 年），頁 49。

是年遠失之耳。而所載之十卷與所鈔之十二卷中，脫七卷之故，仍不解其故。古書難信，有如此者！

5、古書有難定者。

《藏書題識》卷十〈舊鈔校宋本東萊先生詩律武庫〉：

> 頃有書坊以舊刻本來，楮墨古雅，余麤閱一過，審爲元刻……，得遂從彼取回，破幾日工校，如前卷中遇朗、敦、恒等諱間避之，乃知宋刻非元刻也。志此以見書之難定如此。

綜合上述五難，可知：（一）校勘實難周備無訛；（二）雖諸本合校，亦不免可議；（三）即名家所校，亦不免有失。再分述如下：

一、校勘實難周備（即不訛不漏之難）

《藏書題識》卷五〈校宋明鈔本劉子新論〉：

> 是書校宋不憚至再至三，每校一次，即得訛字幾處，書之難校，掃葉拂塵，可謂至論！

又〈校明鈔本西溪叢語〉：

> 古人云：校書如掃落葉，如拂几塵，此言誠然。余於是書，校至再至三矣，而誤字仍有存者，因復用吳臨何校本在鵜鳴館舊刻本上者覆校，茲始竣事，略記面目，俾讀者覽焉。

二、雖諸本合校，亦不免可議（即無資料可憑之難）

《藏書題識》卷六〈校宋本列子〉：

> 校宋本訖，偶檢盧抱經《群書拾補》，有專校《列子張湛注》，其所校都有與宋本合者，用墨圈識之。而余因取《拾補》爲證，復取宋本讎之，又得數字。始知校書不易，讎書爲急也。天壤間物，莫能兩全，能讀書矣，而不能藏書，故雖能讀書如抱經，而所見非宋刻，尚誤認釋文爲注，坐藏書不多故也。

又卷五〈穴研齋鈔本蘆浦筆記〉：

> 曾以此鈔本校鮑刻，所正甚多，雖以漉飲竭卅餘年心力，將諸本讎勘，始得付梓，而尚脫誤如是。蓋不遇此本，亦事之無可如何者。

三、即名家所校，亦不免有失（即資料太多之難）

〈賦注〉熙寧本《荀子》：

此本之末，有呂夏卿重校、王子韶同校，題名即熙寧舊本也。建本與元纂圖互注者頗近，明世德堂本又從之出。餘姚盧學士文弨合校諸本，撰定開雕，曾見從此影鈔者而引之。居士細加覆審，其所沿革，往往可議。凡合校之弊，必至於此矣。

《藏書題識》卷七〈宋刻本朱慶餘詩集〉：

余所藏鈔本有二：一為舊鈔本，而崇禎年間葉奕校者；一柳大中鈔本，而為毛豹孫藏者。葉所據校，謂出於柳氏原本，柳本有何義門手校字，舊鈔本有葉校字，至於席刻何葉所校，盡入行間。非目睹諸家藏本，烏能一訂其是非耶？

第二節　論校勘之原則

校勘之原則，是指校書時應有的立場及態度。《顏氏家訓·勉學篇》：

校定書籍，一何容易！自揚雄、劉向方稱此職耳。觀天下書未徧，不得妄下雌黃〔註3〕！

此即指出校書者應有之態度，最重要的乃是謹慎。

叔岷師曰：「斠書態度，可以『謹嚴』二字括之，細繹之，約有下列數端：（一）不輕下斷語。（二）不穿鑿附會。（三）不迷信古本。（四）不迷信本書注、疏。（五）不迷信古注、類書。（六）不迷信關係書。」

不輕率穿鑿、不迷信，即是「謹嚴」，總之，一切均以「恢復古書本來面目」為原則。

蕘圃於藏書題跋中，亦時時點出其校書時秉持之原則，不但以之自勉，也用以垂示來學。如其〈重刻剡川姚氏本戰國策並札記序〉中有云：

金華吳正傳氏重校此書，其自序有曰：「事莫大於存古，學莫大於闕疑」，知言也哉！後之君子，未能用此為藥石，可一慨矣。今年命工纖細影撫宋槧而重刊焉，並用家藏至正乙巳吳氏本互勘，為之札記，凡三卷。大旨專主師法乎闕疑存古，不欲苟取文從字順，願貽諸好學深思之士。

由此觀之，蕘圃似有意確立校勘群書之原則，以成一家之言。以下即分述之：

1、校書當以存真為本

〔註3〕《顏氏家訓》卷三（臺北：漢京文化事業公司 1983 年景印王利器集解本），頁219。

「存真」即前述之「存古」，亦即「保存古書本來面目」。《藏書題識》卷四〈北宋本新序〉：

> 以余所見所聞：如高注《戰國策》、歐陽忞《輿地廣記》、劉向《古列女傳》，同一宋本而皆各有異。世非一刻即文非一例，在各存其真可耳。

又卷七〈校宋明鈔本李衛公文集〉：

> 凡書貴從其原有之面目，故就所缺存之，無取他本補之。

2、書中字句不輕易校改

〈重雕嘉靖本校宋周禮札記序〉：

> 至於嘉靖本之獨勝於各本者，其佳處不敢以他本易之，存其舊也。此刻係校宋本，非覆宋本，故改字特多，然必注明何本改定，非妄作也。若字之可疑者仍之，而於校語中標出，守闕疑之義也。

《藏書題識》卷五〈校宋舊鈔本〉：

> 於破體字及宋刻誤字之灼見者，亦不復記出。唯於古字古義，或有可取者，仍標其異而出之，雖疑者亦存焉，蓋慎之也。校書取其佳處，或因疑而削之，甚非道理。

3、校書需以目睹為證，不可臆斷

《藏書題識》卷三〈校宋舊鈔本東京夢華錄〉：

> 方悔前此信此校之為宋刊，故不敢以元刻校宋。茲見明刻與宋校合，而所謂宋刊者，全不可信。甚哉！書非目見，難以臆斷也。

又曰：

> 書非目睹，憑口說耳食，以定是非，斷斷乎其不可。

《蕘圃藏書題識續》卷四〈校宋本唐百家詩選〉：

> 其古書未見，不可輕置一詞，我輩正當永守此戒。

4、不可輕信古本

《蕘圃藏書題識續》卷二〈明刻本事物紀原事類〉：

> 頃又見宋槧，較所校本多重修字樣，其大段不殊，而詞句多誤字。蓋書經重修，自不能無誤，雖宋槧已如是矣。書此以見舊本難於購獲，苟非多見，不可執一而論也。

5、不可迷信舊說

《藏書題識》卷六〈明本南部新書〉：

> 顧澗蘋云：義門所校，實勝於也是翁，擬將校語錄出。余曰：義門

亦以不得宋刻明鈔，是正脫誤爲歉，則所校當有未可盡據者。何不存此
完好之本，以復舊觀耶？余之不敢錄入校語者，正恐妄人強作解事耳。
爰志之，以告後之不得善本而輕爲校改者。

第三節　論校勘之方法

　　民國二十二年，陳援庵（垣）先生在校勘整理完《元典章校補》六卷之後，
又撰成《元典章校補釋例》六卷，其中指出校勘的方法有四：〔註4〕

（一）對校法—即以同一書之祖本或別本對讀，遇有不同之處，則注於
　　　其旁。此法即劉向《別錄》所謂：「一人持本，一人讀書，若怨家
　　　相對者」。其主旨在校異同，不論是非；其長處在不參己見，得此
　　　校本，可知祖本或別本之本來面目。故凡校一書，必先用此法，
　　　而後參用其他方法。

（二）本校法—即以本書前後互證，抉摘其異同，考知其謬誤。《別錄》
　　　所謂：「一人讀書，校其上下，得謬誤」，即此法也。於未得祖本
　　　或別本之前，最宜用之。

（三）他校法—即以其他書以校本書：凡其書有採自前人者，可以前人
　　　之書校之；有爲後人所引用者，可以後人之書校之；其內容有爲
　　　同時之書所並載者，可以同時之書校之。

（四）理校法—理即推理，凡遇無古本可據，或數本互異而皆合理，無
　　　所適從時，即須用此法。段玉裁《與諸同志書論校書之難》云：「校
　　　書之難，非照本改字不訛不漏之難，定其是非之難！」即謂理校
　　　法也。

叔岷師《斠讎學》第五章，亦指出校書之方法有：

（一）選擇底本。須選時代較古、錯誤較少且完整之本子，即兼具古、全、精三個
　　　條件。

（二）廣儲副本。凡較早之本、晚出之本、全本、殘本，皆須兼備，蓋輔本多，實
　　　有助於判斷，輔本少，難免疏失。

（三）參覈本書注、疏。凡古籍有注疏者，其注疏皆據正文而釋之，或明引，或渾
　　　釋，故其正文之誤，往往可尋繹注疏而加以訂正。甚至篇第之先後、分合等

〔註4〕原載中研院〈史語所專刊〉之一。

問題，亦可由此推知。

（四）檢驗古注、類書。此法蓋始於宋・王應麟之《困學紀聞》，至乾嘉諸家而大
　　　盛。古書常因古注、類書之稱引而存其本來面目，故校書時須問途於斯。

（五）佐證關係書。凡一書引用、因襲或鈔襲另一書者，二者為直接關係書；偶有
　　　相合者，則為間接關係書。

（六）熟悉文例。文例即一書之字例、詞例、句例，又可分普通文例與特殊文例。
　　　時代相近之書，其文例亦多接近。

（七）通達訓詁。校勘乃訂正古書之字句，訓詁則解釋古書之字句，二者似相反而
　　　實相成。

叔岷師之說，較之陳援庵之說，實更為詳盡。蓋（一）（二）兩項，即對校法；（三）
項即本校法；（四）（五）兩項即他校法；（六）（七）兩項即理校法也。

　　蕘圃於校書過程中，亦嘗歸納而得校書之方法，且與其校書之態度有關。雖
未建立周延之理論，亦彌足珍貴。試析論如下：

一、死校法

　　此即本於「不輕改、不臆斷」之態度，所謂「一點一畫，鉤勒塗乙」、「一一
照改，以存其真」也。如《蕘圃藏書題識》卷七〈校宋舊鈔本孟東野詩集〉：

> 此本止有五卷，所校盡此，其中誤字，亦多校出，是古人死校之法。
> 誤之所由來，或字形相近，或字義兩通，遂有一作某云云。不則古人撰
> 述，斷無有依違兩可者，自有兩本出，而始有一作某云云矣。

又卷三〈毛斧季校本洛陽伽藍記〉：

> 是書復經余友張君訒庵借校，再為余補校前校「如隱」所脫落，其
> 中佳字固多，訛字亦復不少，此真吾輩死校古書之成法。

　　案：「如隱」即如隱堂刊本，蕘圃曾於嘉慶二十四年（1819）以毛鈔本校之，
故云。

二、多校法

　　此即本於「不迷信古本、不輕信舊說」之態度，亦即章實齋所謂「多儲復本
以待質」。如《蕘圃藏書題識續》卷二〈校本西溪叢語〉：

> 余謂書經校勘，已失真面目，故先以鶡鳴館刻校之，再以錢校覆之，
> 三以吳校參之，可謂精審矣。

又《藏書題識》卷五〈校宋明鈔本劉子新論〉：

> 余好古書，無則必求其有；有則必求其本之異，為之手校；校則必

求其本之善，而一再校之。

多校又近於他校，如〈影宋書棚本魚玄機詩跋〉：

> 此集無別本可勘，遂取家藏《唐人絕句》、韋縠《才調集》選本證之，
> 題句亦多互異。蓋洪、韋本俱宋刊，而彼有不同於此者。可知宋時亦非一
> 本，烏能執而同之耶？因用別紙，條載於後，俾讀是書者有所考焉。

三、又有不改其字，維持原狀，此即本於存真存古之態度。

此可謂之「以不校為校」，昔人蓋已曾用之矣。宋・彭叔夏《文苑英華辨證・
序》：「叔夏年十二三時，手鈔《太祖皇帝實錄》，其間云：『興衰治□之源』，闕一
字，意謂必是『治亂』。後得善本，乃作『治忽』。三折肱為良醫，信知書不可以
意輕改。」案：「治忽」見於《尚書・益稷》。蕘圃之不改，當亦如是。〈刻連江葉
氏本博物志序〉：

> 予家有汲古閣影鈔宋本《博物志》，末題云連江葉氏，與今世所行
> 本，復然不同，遂刻之以正今本之失。於中仍不免訛錯，如「時含神霧」，
> 時是詩之誤；「樹之於闕聞」，聞是閭之誤……，此等皆不難校正，今悉
> 仍其舊者，恐失真也。略標數端，以待善讀者引伸焉。

〈校刊明道本韋氏解國語札記識語〉：

> 丕烈深懼此本之遂亡，用所收影鈔者開雕以餉世，其中字體前後有
> 歧，不改畫一，闕文壞字，亦均仍舊，無所添足，以懲妄也。

第四節　黃蕘圃校勘學之具體成就

綜觀蕘圃一生孜孜於校書，用力至勤，其所建樹與收穫，自亦不少。茲分述
如下：

一、求真存古，別撰札記。

蕘圃所校之書無數，而最所用心者，凡明道本《國語》等十數種，皆撰有校
勘札記，蓋本於求真存古，不輕改本文，而別以札記刊行之。如〈重雕宋刻傷寒
總病論札記識語〉：

> 觀諸家鈔本，多有異同，或未見宋刻，傳寫互異；或依據張書，增
> 補失真。故今將宋刻龐論翻雕，未敢輕改原文，即有鈔本義長者，亦第
> 摘取備考，別疏為札記附於後。

今存《士禮居叢書》及所附札記目錄如下：

《周禮》（附札記）

《儀禮》

《夏小正戴氏傳》（附校錄續校）

《夏小正經傳集解》（附校錄）

《國語》（附札記）

《戰國策》（附札記）

《梁公九諫》

《輿地廣記》（附札記）

《汲古閣珍藏秘本書目》

《季滄葦藏書目》

《藏書紀要》

《傷寒總病論》（附札記）

《洪氏集驗方》

《焦氏易林》

《博物志》

《新刊宣和遺事前後集》

《百宋一廛賦》

《汪本隸釋刊誤》

《蕘言》

《孝經今文音義》

《論語音義》

《孟子音義》

《船山詩選》

《同人唱和詩》

《無礙大悲心陀羅尼》

二、後人讚譽廣為效法

《清史稿‧文苑傳》：

> 黃氏好刻古籍，每刻一書，行款點畫，一仍舊本，即有訛踳，不敢擅改，別爲札記，綴於卷末。錢大昕、段玉裁甚稱之，謂之可以矯近世輕改古書之弊。

《藝風藏書續記》卷六〈校宋本杜荀鶴文集〉：

> 參合各本，擇善而從，後來盧抱經、孫淵如墨守此派；敦先則據一

宋本，筆筆描似，即訛字亦從之，縮宋本於今日，所謂下眞跡一等者；
後來黃蕘圃、汪閬源墨守此派。兩派一屬校讎，一屬賞鑑，均爲士林之
寶笈也。

《鐵琴銅劍樓藏書目錄》卷十九〈鈔校本蔡中郎文集〉：

　　　黃蕘圃氏影寫蘭雪堂本，以樸學齋舊鈔本參校，用朱筆拈於上下
方，復以墨筆寫顧澗蘋氏校語，多所訂正，此即迻錄本也。

章鈺《讀書敏求記校證》附〈大興傅氏藏本題記〉：

　　　丙寅春日，從魏稼孫鹽尹借得黃蕘圃此書校本，蓋據遵王手稿訂爲
補漏，間及諸書歸宿處，朱墨爛然。亟命侍史過錄。

第五章 《百宋一廛賦注》箋證（上）

〔箋證凡例〕

一、〈百宋一廛賦〉為顧廣圻所作，賦中遍詠黃丕烈收藏之重要宋刊本，可說是「士禮居」藏書的縮影，對於研究黃蕘圃之藏書與學術，具有不言可喻的重要性。賦成之後，蕘圃即自為之注，以備考索。然而賦文簡約，又兼重文學表現，故頗多難以理解之處；蕘圃之注，又以說明版本內容為主，後人運用時仍然有其局限。本章即針對據顧廣圻〈百宋一廛賦〉（簡稱〈賦〉）及黃丕烈〈注〉（簡稱〈賦注〉）分別作箋證，以便讀者之閱讀尋檢。

二、為醒眉目，〈賦〉與〈賦注〉採不同字體分開排列，〈賦〉用仿宋體，〈賦注〉用標楷體。原注與箋證之數字亦用不同符號，並分別標示之如下。

   原注：（1）

   箋證：〔1〕

三、箋證底本：嘉慶乙丑（十年、1805）黃氏「士禮居」刊黃蕘圃手寫本。

    （又有光緒三年、1877，楊文瑩手寫重刊本）

  箋證輔本：道光己酉（二十九年、1849）徐氏刊顧廣圻《思適齋集》卷一本。

四、黃蕘圃之手寫本，往往喜用本字以代異體、俗字，如：以迹代跡、以疎代疏、以栞代刊之類，為省繁冗，今一律改用通行之字。

五、箋證之原則：

  （一）以《蕘圃藏書題識》（含續編）及其他各書所記與〈賦注〉互證，〈賦注〉未言及者則補之。

  （二）〈賦〉及〈注〉中之人名、地名、典故儘可能查明註出，若有重出以首

見者為準。

（三）每書之遞藏源流可考者亦附註之。

（四）對蕘圃所言，間有不同意見，則以案語表出。

（五）凡所引之文其出處皆已見於箋證中，故不另出附註。

第一節　序　言

〈百宋一廛賦〉（1）元和　顧廣圻撰，吳縣　黃丕烈注〔1〕

原注：

（1）予以嘉慶壬戌遷居縣橋，構專室貯所有宋槧本書〔2〕，名之曰「百宋一廛」，請居士撰此賦〔3〕。既成，輒為之下注。多陳宋槧之源流，遂略鴻文之詁訓〔4〕，博雅君子，幸無譏焉。〔5〕

箋證：

〔1〕元和、吳縣今並屬江蘇省蘇州市。

〔2〕《說文》：「槧，牘樸也，木，斬聲。」〈段注〉：「槧謂書版之素未書者也。《論衡》曰：斷木為槧。」

〔3〕江標《黃蕘圃先生年譜》：「嘉慶七年壬戌（1802）、四十歲。歲杪再遷居縣橋巷。標按：瞿中溶《古泉山館詩集》有『嘉平廿有三日，黃蕘圃移居縣橋巷，出新詩與圖見示，因題四首』詩。」

案：顧廣圻《思適齋集》卷四亦有『用東坡韻賦黃蕘圃移居圖』詞。

〔4〕鴻文即大文，鴻通洪。《史記·夏本紀》：「當堯之時，鴻水滔天。」〈索隱〉：「一作洪。鴻，大也。」《論衡·佚文》：「鴻文在國，聖世之驗也。」

案：箋詁訓之疏略，證源流之未備，此正〈箋證〉之所以作也。

〔5〕葉昌熾《藏書紀事詩》卷三：「豐道生〈真賞齋賦〉云：齋中有白玉螭紐三印，一曰真賞齋印，以米元章有平生真賞印也。嘉靖二十八年（1549），南禺外史豐人叔為敘賦。昌熾案：顧澗蘋〈百宋一廛賦〉，即自人翁賦脫胎，但後來居上耳。」

葉德輝《郋園讀書志》卷四：「明豐坊為華夏作〈真賞齋賦〉，敘錄所藏書畫書籍、金玉古玩之屬，此本前人〈大招〉、〈七發〉之意而實之，亦文賦中之變體也。乾、嘉時，吳門黃蕘圃主事丕烈喜藏宋本書，因榜其居曰：百宋一廛，而屬顧澗蘋茂才廣圻為之賦，蓋又本〈真賞齋賦〉略

變其例而專載宋本書爲事者也。」

案：豐坊（1492～1563），字存禮，一字人叔，後更名道生，字人翁，號南潤外史，明·鄞縣人（今浙江寧波）。嘉靖二年（1523）進士，出爲南京吏部主事。博學工文章，又善書法，精篆刻，藏書萬餘卷，有「萬卷樓」以儲書。晚年患癲疾，所藏爲門生竊取大半，餘者盡歸范氏「天一閣」。《續修四庫全書總目提要·集部》：「〈眞賞齋賦〉一卷，明·豐坊撰。此編乃坊居吳日，爲其友人錫山華夏而作。夏字中甫，與文衡山、祝枝山輩爲摯友，構眞賞齋於東沙，以儲金石鼎彝圖籍。藏庋之富，品鑑之精，推江東第一。坊與夏相善，得盡觀眞賞齋所藏器物，因纂爲此文以張之。近人繆氏荃孫從《郁逢慶書畫記》錄出，刊入《藕香零拾》棗字集。」

佞宋主人（1）搜求經籍，鳩集藝文〔1〕，深識妙覽〔2〕，博學贍聞。折肱既更〔3〕，醉心有在〔4〕，東都托始，南度斷代〔5〕，排比百種，標榜一廛（2）〔6〕，傳之好事，詫爲極觀〔7〕。

原注：

（1）佞宋，出《述古堂書目序》〔8〕，予恆引以爲竊比，故居士設此名也。

（2）此讀依徐仙民《周禮音》〔9〕。

箋證：

〔1〕鳩集，聚集也。鳩集蓋爲複語，《爾雅·釋詁下》：「鳩，聚也。」《左傳·隱公八年》：「以鳩其民。」〈注〉：「鳩，集也。」並其證。

〔2〕妙，一作玅，古今字。《老子·一章》：「故常無，欲以觀其妙。」〈王弼注〉：「妙，微也。」

〔3〕「折肱」蓋先秦習語。《左傳·定公十三年》：「齊高彊曰：三折肱知爲良醫。」《楚辭·惜頌》：「九折臂而成醫兮。」《孔叢子·嘉言篇》：「夫子曰：三折肱爲良醫。」《說苑·雜言篇》：「孔子曰：語不云乎？三折肱而成良醫。」並其比。蓋泛指經驗豐富，可爲專家耳。

〔4〕醉心，沉迷之謂，亦作心醉，《莊子·應帝王》：「列子見之而心醉。」

〔5〕東都，亦作東京，指今河南省開封市，北宋京城也。《讀史方輿紀要》卷四十八：「朱梁建都，升爲東京開封府，漢周皆因晉舊，宋太祖復定都焉，亦曰東京開封府。」南渡則指南宋，二句即總括兩宋而言。

〔6〕標榜，亦作標牓，本謂題字於區額，亦有宣揚·炫耀之義。《後漢書·

黨錮傳》：「海內希風之流，遂共相標榜。」

《周禮‧地官》：「廛人中士二人」，〈注〉：「故書廛為壇，杜子春讀壇為
廛，說云：市中空地。玄謂：廛，民居區域之稱。」《釋文》：「直連反，
徐長戰反」為黃注所本。又《孟子‧滕文公上》：「願受一廛而為氓。」
〈趙注〉：「廛，居也。」蕘圃所以名其居者，蓋取於是。

〔7〕詫，本為誇大義，《玉篇》：「詫，誇也。」今多作「驚訝」解。《文選‧
揚子雲‧長楊賦》：「此天下之窮覽極觀也。」

〔8〕錢曾《述古堂藏書目‧序》：「生平所酷嗜者，以宋槧本為最。友人馮定
遠每戲予曰：昔人佞佛，子佞宋刻乎？相與一笑而不能已於佞也。」又
云：「丙午、丁未之交（順治五、六年，1648～49），舉家藏宋刻之重複
者，折閱售之泰興季氏（案：即季振宜、1630～1674），亦天公憐予佞
宋之癖，假滄葦之手，以破予之惑與？」

徐康《前塵夢影錄》〈上〉：「乾嘉時，黃蕘圃翁每於除夕，布列家藏宋
本經史子集，以花果名酒酬之，自號『佞宋主人』。」《廣雅‧釋詁四》：
「佞，詔也。」引申而有陷溺之意，故謂偏愛極深為佞。

案：馮班（1602～1671），字定遠，號鈍吟，又號二癡、雙玉生。常熟
人，明末諸生，與其兄馮舒俱有詩名，稱「海虞二馮」。亦頗好藏書，
著有《鈍吟雜錄》等。

佞佛，見《晉書‧何充傳》：「充與弟準，崇信釋氏。謝萬譏之云：二郗
諂於道，二何佞於佛。」二郗，指郗愔、郗曇。

〔9〕徐仙民，即晉‧徐邈（344～397），字仙民，東莞姑幕人。《晉書》卷九
十一〈儒林〉云：「邈姿性端雅，勤行勵學，博涉多聞，以慎密自居。
及孝武帝始覽典籍，招延儒學之士，太傅謝安舉以應選，補中書舍人。
雖口不傳章句，然開釋文義，標明指趣，撰正《五經正義》，學者宗之。」
又云：「所注《穀梁傳》，見重於時。」其所著《五經音訓》，今佚。陸
德明《經典釋文》頗有採擇，其《周禮音》，《續修四庫全書總目》著錄
清‧馬國翰輯本。

以上頌蕘圃藏書之美富，並敘「百宋一廛」之由來。

乃有瞑行閽子〔1〕〔1〕踵廛而詫〔2〕諸曰：「蓋吾聞善讀者之於書
也，并包自古，貫穿及今，琢璞任手〔3〕，握珠委心〔4〕；祛鋟舟
於來編〔5〕，悟斲輪於往牒〔6〕。敏超閱肆，識逾亡篋〔7〕。

原注：

（1）寓言也。

箋證：

〔1〕瞑，閉目也。《廣韻》：「合目瞑瞑。」闌，遮蔽也。《說文》：「闌，門遮也。」《廣雅·釋詁二》：「闌，遮也。」顧氏蓋取譏其心思蔽塞，見識狹隘之意也。

〔2〕《孟子·滕文公上》：「有爲神農之言者許行，自楚之滕，踵門而告文公曰。」〈趙注〉：「踵，至也。」《爾雅·釋詁》：「誶，告也。」《說文》：「誶，讓也。」〈段注〉：「〈釋詁〉、〈毛傳〉泛言之，許專言之。」此處採《說文》之義，讓，責也。

〔3〕《說文》：「琢，治玉也。」引申而有鑽研義理、修飾文句等義。《宋詩鈔》卷二趙抃〈遊青城山〉詩：「良工存舊筆，老叟琢新詩。」此處即用引申義。

〔4〕《淮南子·覽冥篇》：「譬如隋侯之珠，和氏之璧，得之者富，失之者貧。」〈高注〉：「隋侯，漢東之國，姬姓諸侯也。隋侯見大蛇傷斷，以藥傅之，後蛇於江中銜大珠以報之，因曰隋侯之珠。」《文選·曹子建·與楊德祖書》：「當此之時，人人自謂握靈蛇之珠，家家自謂抱荊山之玉。」鍾嶸〈詩品序〉：「抱玉者聯肩，握珠者踵武。」其意並同。

《淮南子·精神篇》：「清目而不以視，靜耳而不以聽，鉗口而不以言，委心而不以慮。」陶潛〈歸去來辭〉：「曷不委心任去留。」以上兩句，顧氏蓋即化用曹子建文之意。

〔5〕祛，當作袪。《廣雅·釋詁三》：「袪，去也。」鍥舟，即刻舟。《呂氏春秋·察今篇》：「楚人有涉江者，其劍自舟中墜於水。遽契其舟曰：是吾劍之所從墜。舟止，從其所契者入水求之。舟已行矣，而劍不行，求劍若此，不亦惑乎？」〈注〉：「契，刻也，一本作鍥。」

《說文》：「牒，札也。」〈段注〉：「按：厚者爲牘，薄者爲牒。」

〔6〕《莊子·天道篇》：「斲輪徐則甘而不固；疾則苦而不入。不徐不疾，得之於手而應之於心。口不能言，有數存焉於其間，是以行年七十而老斲輪。」因用以比喻經驗豐富、技藝高超。往牒、來編均指書籍而言。以上二句意謂：善於讀書治學者，對於古書固然應當專注體悟，而能深造有得，對於後世新說，也必須重視研究，才能眞正解決困惑。亦即不應固執其書是古或今也。

〔7〕肆，謂書肆；閱肆，閱覽於書肆，即瀏覽也。《後漢書・王充傳》：「（充）
常遊洛陽書肆，閱所賣書，一見輒能誦憶。」篋通筴，謂書也；亡篋即
佚書。

此二句意謂：善於讀書治學者，其聰明足以超越固執古書之人，而其見
識亦足以包括古書之精義。蓋亦諷刺佞宋之習也。

縱有隋唐卷軸，漢魏油素〔1〕，尚將規檢迴沇〔2〕，刊落抵捂
〔3〕。是知惡札非苦，俗本何病〔4〕？值擿獲佳，遭鉛斯正〔5〕。

箋證：

〔1〕卷軸，指書籍。《南齊書・陸澄傳》：「然見卷軸，未必多僕。」《文選・
任彥昇・為范始興求立太宰碑表》：「人蓄油素，家懷鉛筆。」〈李善注〉：
「油素，絹也。」此二句言漢魏、隋唐時尚用絹帛書寫文字。

〔2〕規檢，謂審定也。迴沇，亦作「回冗」，《文選・潘安仁・西征賦》：「事
回沇而好還。」六臣注本作「回冗」。〈劉良注〉：「回冗，邪僻也。」《後
漢書・盧植傳》：「今之禮記，特多回冗。」〈注〉：「回冗，猶紆曲也。」
案：迴沇、回冗並「回穴」之誤。「穴」俗書作「冗」，又誤為冗。然衡
諸文意，此處當從《後漢書》注。

〔3〕刊落，謂刪削蕪雜的文字。《後漢書・班彪傳》：「其書刊落不盡，尚有
盈辭。」抵捂，一作「抵梧」，矛盾也。《漢書・司馬遷傳贊》：「甚多疏
略，或有抵梧。」裴駰《史記集解序》引作「抵捂」。案：捂乃梧之俗
字，梧則借為牾。《說文》：「牾，逆也。」

以上二句謂：即使有如漢魏、隋唐時代流傳下來的帛書，比宋版書更珍
貴，也因難免有錯誤，而應加以刪改，何況宋版？

〔4〕惡札、俗本，皆謂極普通之書籍也。《廣雅・釋詁四》：「病，苦也。」
是病、苦為互文，謂厭患也。《左傳・襄公二十四年》：「范宣子為政，
諸侯之幣重，鄭人病之。」

此二句意謂只需勤於校勘古書之錯誤，惡札亦成善本，不必定需宋元版
方佳。

〔5〕值，遇也。《史記・酷吏傳》：「寧見乳虎，勿值寧成之怒。」擿，通「摘」，
《三國志・魏書・孫禮傳》：「緣有解書圖畫，可得尋案擿校也。」鉛謂
鉛粉，用以校改文字。《文苑英華》卷一百二十六引梁元帝〈玄覽賦〉：
「先鉛擿於魚魯，乃紛定於陶陰。」

且夫相變者勢，遞運者時〔1〕。殺簡忽其告謝〔2〕，鏤版遒以方滋
〔3〕。而乃峻立畦畛〔4〕，強分堂室〔5〕，豈貴遠而賤近〔6〕，
抑噉名而吐實〔7〕。辱在下風〔8〕，惑此莫釋，敢效其愚〔9〕，
高明盍擇！」主人造然〔10〕未有以云也。

箋證：

〔1〕相變，謂交相變更；遞運，謂交相運行也。《荀子・天論》：「列星隨旋，
　　日月遞炤。」其意近是。

〔2〕殺簡，指整治竹簡，用以書寫。《後漢書・吳祐傳》：「（父）恢欲殺青簡，
　　以寫經書。」〈注〉：「殺青者，以火炙簡，令汗，取其青易書，復不蠹，
　　謂之殺青，亦謂之汗簡。」劉向《別錄》：「殺青者，直治竹簡書之耳。
　　新竹有汁，善朽蠹，凡作簡者，皆於火上炙乾之，陳、楚間謂之汗，汗
　　者去其汁也。」
　　案：殺青、汗簡，近世學者多以為應屬二事。刮去竹簡之青皮，以備書
　　寫，謂之殺青；炙乾竹汁，以防蟲蝕，謂之汗簡。參見昌師　瑞卿、潘
　　師　美月合撰《圖書版本學要略》頁五。

〔3〕鏤版，指雕板印書。遒，有急促義。《廣雅・釋詁一》：「遒，急也。」
　　滋為滋多之意，《文心雕龍・明詩》：「莊老告退，而山水方滋。」顧氏
　　此二句或即脫胎於其文。

〔4〕畦畛，原為田間隴道，引申為界限、隔閡。韓愈《昌黎集》卷四〈贈崔
　　立之評事〉詩：「丈夫終莫生畦畛。」亦作「畛畦」，梅堯臣《宛陵集》
　　卷三五〈依韻酬永叔再示〉詩：「胸中不欲置畛畦。」

〔5〕堂、室蓋為優劣之別。揚雄《法言・吾子》：「如孔子之門用賦也，則賈
　　誼登堂，相如入室矣。」鍾嶸《詩品》卷上〈魏陳思王植詩〉：「孔氏之
　　門如用詩，則公幹升堂，思王入室，景陽、潘、陸，自可坐於廊廡之間
　　矣。」並其比也。

〔6〕遠近謂古今，語本《文選・魏文帝・典論論文》：「常人貴遠賤近，向聲
　　背實。」

〔7〕噉名吐實，謂徒好虛名而不求實際，與「向聲背實」義同。《世說新語・
　　排調》：「右軍（王羲之）指簡文（司馬昱）語孫（孫綽）曰：『此噉名
　　客。』簡文顧曰：『天下自有利齒兒！』」

〔8〕下風，自謙之辭。《左傳・僖公十五年》：「君履后土而戴皇天，皇天后
　　土，實聞君之言，群臣敢在下風。」竹添光鴻〈會箋〉：「人在下風，則

聞語倍切也。」

〔9〕《廣雅‧釋詁》:「效,獻也。」效愚,即效忠也。《文選‧彌正平‧鸚
鵡賦》:「甘辭盡以效愚。」

〔10〕造然,憂愁貌。《大戴禮‧保傅篇》:「靈公造然失容。」賈誼《新書》
引作「蹙然」,周中孚曰:「古書造、蹙通。」(陳奇猷《韓非子集釋‧
忠孝》引)

以上假托質疑,以引起正文。

時則思適居士存焉(1),將盰衡而誥〔1〕,爰有睟〔2〕其容曰:「异
乎〔3〕!客真所謂夏蟲難與語冰〔4〕,栝柏之鼠不知堂密有美樅也
(2)〔5〕。在昔校領者依中〔6〕,寫定者据故〔7〕;徐遵明之所
往讀〔8〕,杜伯山之所愛護〔9〕,用以發其深思,於焉遂其好古。
自曩哲而固然,非僂指〔10〕之勝數。」

原注:

(1)居士姓顧,名廣圻,元和縣學生。喜校書,皆有依據,絕無鑿空。其持
論謂:「凡天下書,皆當以不校校之。」深有取於邢子才「日思誤書,
更是一適」語〔11〕,以之自號云。

(2)郭注《爾雅》引《尸子》此文,栝本作松。

箋證:

〔1〕《漢書‧王莽傳》:「盰衡厲色,振揚武怒。」〈注〉:「盰衡,舉眉揚目
也。」誥,同告。《說文》:「誥,告也。」〈段注〉:「以言告人,古用此
字,今則用告字,以此誥為上告下之字。」

〔2〕《文選‧左太沖‧魏都賦》:「魏國先生,有睟其容。」〈注〉:「趙歧曰:
睟,潤澤貌也。」二句蓋謂居士和顏悅色以告來客。

〔3〕异,同異。异、異古今字。《列子‧楊朱》:「重囚纍梏,何以异哉?」
張湛〈注〉:「异,異也,古字。」

〔4〕語本《莊子‧秋水》:「夏蟲不可以語於冰者,篤於時也。」

〔5〕此語見於《爾雅‧釋山》:「山如堂者密。」〈郭注〉:「形如堂室者,《尸
子》曰:松柏之鼠不知堂密之有美樅。」〈疏〉:「言山形如堂室者名密。」
又曰:「此《尸子‧綽子篇》之文,引之以證山有名密者。」所引《尸
子》之文,又見於《藝文類聚》卷八十九。今本《尸子》(清、汪繼培
刊本)亦收入〈綽子篇〉之末,然僅孤文單句,無上下文,當是據《藝

文類聚》所補。

〔6〕《漢書‧楚元王傳》：「上（成帝）方精於詩書，觀古文，詔向領校中五經秘書。」即〈賦文〉所本，則「校領」當作「領校」，上下文始協。中，謂禁中也。此句意謂：校正古書文字，當廣儲副本，擇善而從。

〔7〕鄭玄注五經，常言：「某，故書作某」。此句意謂：凡書籍寫成定本，皆需廣泛參校各種古本。「故」通「古」。

〔8〕徐遵明，字子判，後魏‧華陰人。幼孤好學，歷更數師，俱不卒業，乃指其心曰：「吾今知眞師所在矣！」苦讀覃思，不出院門凡六年，遂博通經籍。手撰《春秋義章》，海內宗仰，稱爲大儒。永安末，爲亂兵所害。下文云：「發其深思」，正謂其用心也。

〔9〕杜林，字伯山，東漢‧扶風茂陵人（今陝西省興平縣）。父鄴，長於文字之學，家富藏書。林承父學，又受教於張竦，爲《蒼頡篇》作訓詁。王莽末，客於河西，得漆書《古文尙書》一卷，授予衛宏。光武中興，官至侍御史、大司空，建武二十三年（47）歿。據傳杜林甚爲寶重此卷漆書古文，每遇困厄則抱持之，〈賦〉云「愛護」、「好古」，當即指其得漆書之事。

〔10〕僂指，謂屈指也。《荀子‧儒效》：「雖有聖人之知，未能僂指也。」

〔11〕《北史‧邢邵傳》：「（邵）有書甚多，而不自讎校，見人校書，笑曰：『何愚之甚！天下書至死讀不可遍，焉能始復校此？日思誤書，便是一適！』」

案：顧廣圻〈思適齋圖記〉云：「史稱子才不甚校讎，子才誠不校乎哉？則烏由思其誤，又烏有而有所適也！故子才之不校，乃其思不校之誤，使人思誤於校者，使人不能思去誤於校者，而存不校之誤。於是日思之，與天下樂思者共思之，此不校校之所以有取於子才也。」蓋子才乃名士之流，固不屑於瑣瑣，千里則日事校讎者也，齋名「思適」，特自謙耳！

以上假托答辭，諷刺來客之淺識。

夫宋也者，濬摹印之重源〔1〕，延轉錄之一脈〔2〕；孳長興以萌芽〔3〕，拓顯德而增益〔4〕。貽後留眞〔5〕，睎先襲跡〔6〕。及靈光之猶存〔7〕，舍司南其安適。（1）

原注：

（1）此四韻實顯宋槧之體用也。夫書之言宋槧，猶導河而言積石也〔8〕。

上言之則東漢《一字群經》〔9〕、魏《三字群經》，并《典論》鐫勒於石〔10〕，此一源也。下言之，則唐《元和壁經》，析堅木負墉而比之，製如版牘，此又一源也〔11〕。自是至於後唐長興九經刻版、周顯德《經典釋文》雕印，既省傳寫之勞，兼視豐碑〔12〕為便。人事所趨，勢固宜爾。於是終始宋代，官私所造，遍於四部。《玉海》及馬氏《經籍考》等，詳其事焉。就中即有利病，究之上承轉錄，此其嫡脈，故曰：「貽於後而留其真，以睎於先而襲其跡」也。及今遠者千年，近者猶數百年，所存乃當日千百之一二耳，幸而得之，以校後本，其有未經改竄者鮮矣！夫君子不空作，必有依據，宋槧者亦讀書之依據也。故比之司南，謂指南之車，韓子書為此稱矣〔13〕。

箋證：

〔1〕 濬，本作睿。《說文》：「睿，深通川也。濬，古文睿。」摹印，本爲書體之一，〈說文敘〉：「秦書有八體：五曰摹印。」此處指由金石之上拓印文字，意謂雕板印刷乃由拓印金石文字之技術發展而來。

〔2〕 轉錄，謂傳抄也。此句意謂雕板印刷乃延續抄寫之事，而省其工也。

〔3〕 《舊五代史・唐明宗紀》：「長興三年（932）二月辛未，中書奏請依石經文字，刻〈九經〉樣板，從之。」

〔4〕 《五代會要》卷八〈經籍〉：「（後周世宗）顯德二年二月（955），敕：其《經典釋文》已經本監官員校勘外，宜差張昭、田敏詳校。」洪邁《容齋續筆》卷十四：「予家有舊監本《經典釋文》，末云：顯德六年（959）己未三月，太廟室長朱延熙書。列宰相范質、王溥名，而田敏以工部尚書爲詳勘官。」

〔5〕 貽，一作詒，通遺。《爾雅・釋言》：「貽，遺也。」《說文新附》：「貽，贈遺也。經典通用詒字。」《漢書・景十三王傳》：「河間獻王德，以孝景前二年（155）立，脩學好古，實事求是。從民得善書，必爲好寫與之，留其眞，加金帛賜以招之。」顏師古〈注〉：「眞，正也，留其正本。」清末楊守敬編《留眞譜》，亦用此意。

〔6〕 《韓非子・孤憤》：「今襲跡於齊、晉，欲圖安存，不可得也。」《廣雅・釋詁》：「睎，視也。」二句意謂：睎慕前賢而承襲其遺跡。

〔7〕 《文選・王文考・魯靈光殿賦序》：「初，恭王始都下國，好治宮室，遂因魯僖基兆而營焉。遭漢中微，盜賊奔突，自西京未央、建章之殿，皆見隳壞，而靈光巋然獨存。」後用以比喻碩果僅存之人或物。

〔8〕《尚書・禹貢》：「導河積石，至於龍門。」爲〈賦〉所本。案：積石，山名，相傳爲黃河在中土發源之處，見《山海經・海外北經》。此處用以比喩宋版書爲雕板印刷之起源。

案：蕘圃以宋代版刻爲雕板印刷的起源，是古代學術未臻進步的舊說，當代學界已修正之。參見本書第三章第一節。

〔9〕《後漢書・靈帝紀》：「熹平四年（175）春三月，詔諸儒正五經文字，刻石立於太學門外。」又〈蔡邕傳〉：「熹平四年，乃與五官中郎將堂谿典……等，奏求正定六經文字，靈帝許之。邕乃自書丹於碑，使工鐫刻，立於太學門外。於是後儒晚學，咸取正焉。」王先謙〈集解〉引杭世駿曰：「意熹平四年邕等所奏求定者六經，暨光和六年（183）書丹立石，祇五經耳。」又引閻若璩云：「案洪氏《隸釋》，蓋諸儒受詔在熹平，而碑成則光和年也。」當時所用文字爲隸書，故謂之「一字石經」也。

〔10〕《三國志・魏書・明帝紀》：「太和四年（230）春二月戊子，詔太傅、三公以文帝《典論》刊石，立於廟門之外。」《水經注・穀水》：「魏正始中，又立古、篆、隸三字石經。魏明帝又刊《典論》六碑，附於其次。」趙明誠《金石錄》卷十六云：「〈漢石經遺字〉三卷，其字則蔡邕小字八分書也，〈三體石經〉乃魏時所建。」

〔11〕《玉海》〈藝文部〉卷四十三「唐壁經」：「《會要》：元和十四年（819）十二月，祭酒鄭餘慶奏修壁經。《文粹》劉禹錫〈國學新脩五經壁記〉云：『初，大曆中，名儒張參爲司業，始詳定五經，書於論堂東西廂之壁。辨齊魯之音，考古今之文。積六十載，汙剝不鮮。今天子尙文章、尊典籍，成均以治學上言，遽賜千萬，祭酒皥（齊）、博士公肅（韋）再新壁書。懲前土塗，不克以壽，乃析堅木，負墉而比之，製如版牘，平如粉澤。申命國子能通書法者繕寫，筆削既成，讎校既精，白黑彬班，瞭然飛動。以蒙來求，煥若星辰；以敬來迓，肅如神明；以疑來質，決若蓍蔡。』」即蕘圃所本。

〔12〕《禮記・檀弓下》：「公室視豐碑。」豐有大義，豐碑本爲大形墓碑之稱，此處蓋泛指由各種石碑傳揚之法而言。

〔13〕《韓非子・有度》：「故先王立司南以端朝夕。」〈注〉：「司南，即指南車也。以喩國之正法。」陳奇猷《集釋》引太田方曰：「司南其制蓋如今羅盤針，故可以正朝夕也。」則司南非指南車，可正蕘圃之誤。《集釋》又曰：「朝夕猶言東西。日朝出自東，夕入於西，故以朝夕爲東西

也。」《管子‧七法》:「猶立朝夕於運鈞之上,擔竿而欲定其末。」〈注〉:「定朝夕所以定東西也。」可補堯圃之未備。

　　以上言宋版之重要。

奈何謾訛正以同歸〔1〕,昧精濫之殊致〔2〕;觸手斷鎮庫之珍〔3〕,瞥目乏驚人之秘〔4〕;耳域陬食,心安陋肆〔5〕,指趣已爽,涉獵皆鷙〔6〕!今將究深情,宣至理,勘利病,雠臧否〔7〕,申長見於主人,啓未聞於吾子。

箋證:

〔1〕謾,通漫,《莊子‧天道》:「老聃中其說,曰:大謾,願聞其要。」〈疏〉:「大謾者,嫌其繁謾太多,請簡要之術也。」錢穆〈纂箋〉引陸長庚曰:「謾,汗漫也。」

〔2〕昧,昏亂不明也。《淮南子‧原道》:「神非其所宜,而行之則昧。」〈注〉:「昧,不明也。」精濫,謂精粗也。

　　以上二句意謂:宋版書自有其珍貴之地位與價值,不應與普通版本同視之。

〔3〕鎮庫,謂藏書之尤珍貴者。錢易(希白)《南部新書‧卷丁》:「(柳公綽)藏書萬卷,經史子集皆有三本:色彩尤華麗者,鎮庫;又一本、次者,長行披覽;又一本、又次者,後生子弟為業。」(亦見葉廷珪《海錄碎事》卷十八引)宋‧王欽臣家藏書,每書亦皆有兩本,其繕寫精美者,號為「鎮庫書」,不許借人。見葉昌熾《藏書紀事詩》卷一。

〔4〕《說文》:「瞥,過目也。」

〔5〕域有局限義;陬有淺小義,「耳域陬食」亦即淺識之意。蓋猶云耳食也,《史記‧六國年表序》:「因舉而笑之,不敢道。此與耳食無異。」〈索隱〉:「言俗學淺識,舉而笑秦,此猶耳食不能知味也。」心安陋肆,謂安於淺陋之見,不能擷取宋版之佳處也。

〔6〕《詩經‧小雅‧蓼蕭》:「其德不爽。」〈毛傳〉:「爽,差也。」《漢書‧賈山傳》:「山受學袪,所言涉獵書記,不能為醇儒。」〈顏師古注〉:「涉若涉水,獵若獵獸,言歷覽之不專精也。」鷙,通戾,《說文》:「鷙,弼戾也。讀若戾。」

〔7〕勘、雠並有比較義。勘利病、雠臧否,謂比較宋版與其他刻本之優劣也。

　　以上歸結以引入正文。

第二節 經 部

則有（1）：姬公禮經，六籍冠冕〔1〕；高密家法，傳注之選〔2〕。厄緣難讀〔3〕，文襪句揃〔4〕；不睹嚴州，絕學曷顯？忠甫所載，則符節必合〔5〕，開成所勒，則矩矱未價〔6〕（2）。

原注：

（1）舉此明後所陳皆一廛之所有，下文云亦有，云其餘、又有，義皆同。

（2）嚴州本《儀禮鄭氏注》十七卷，每半葉十四行，每行大廿五字、小卅字不等。居士嘗跋其後云：「張忠甫校《儀禮》，有監、巾箱、杭、嚴凡四本。今所存〈識誤〉稱嚴本者十許條，以此驗之，無一不合，其為嚴本決然矣」云云〔7〕。亭林顧氏言：「十三經中，《儀禮》脫誤尤多，〈士昏禮〉脫婿授綏云云一節十四字，賴有長安石經據補，而其注疏遂亡。」又言：「〈鄉射〉脫士鹿中云云七字、〈士虞〉脫哭止云云七字、〈特牲〉脫舉觶者祭云云十一字、〈少牢〉脫以授尸云云七字。」以為此秦火之未亡而亡於監刻〔8〕。今考嚴本則各條固儼然具存也，其餘補正注文者尤不可枚舉。居士嘗采入所撰《思適齋筆記》，後經史子三部古書亦多有所采也。

箋證：

〔1〕姬公，謂周公；六籍，即六經。《文選・班孟堅・東都賦》：「蓋六籍所不能談，前賢靡得言焉。」〈注〉：「六籍，六經也。」

〔2〕高密，謂鄭玄，玄乃山東高密人，故稱之。《禮記・禮運》：「禹、湯、文、武、成王、周公，由此其選也。」〈疏〉：「用此禮義教化，其為三王之英選也。」〈月令〉：「命太尉贊俊傑。」〈疏〉：「蔡氏《辨名記》：十人曰選，倍選曰俊。」故選有傑出義。

〔3〕厄，與阨通。《說文》：「阨，塞也。」《廣韻》：「阨，限也，礙也。」《尚書・禹貢》：「厥草為繇。」〈傳〉：「繇，茂條長也。」引申為繁多義。

〔4〕《說文》：「襪，奪衣也。」文襪，即文字有脫落；《史記・西南夷傳》：「西夷後揃，剟分二方。」〈索隱〉：「揃，謂被分割也。」句揃，即文句有割裂。

〔5〕《周禮・地官・掌節》：「門關用符節。」《孟子・離婁下》：「得志行乎中國，若合符節，先聖後聖，其揆一也。」

〔6〕矩矱，猶規矩也。《離騷》：「固時俗之工巧兮，價規矩而改錯。」〈注〉：

「価，背也。」

〔7〕此跋亦見於《百宋一廛書錄》。

〔8〕顧炎武《九經誤字》自序：「今天下九經之本，以國子監所刻者爲據，而其中訛脫實多。又《周禮》、《儀禮》、《公羊》、《穀梁》二傳，既不列於學官，其學殆廢。而《儀禮》則更無他本可讎其訛脫，尤甚於諸經。余至關中，見唐石壁九經，復得舊時摹本讀之，雖不無踦駮，而有足以正今監本之誤者，列之以告後學，亦庶乎離經之一助云。」

宏文學士，悉情裁疏；陳李聞人，紛紜失路〔1〕。官本復出，景德旦暮〔2〕；列卷五十，面目呈露。標經題注，乃完乃具。尋馬序於通考，豁長夜而重曙〔3〕。（1）

原注：

（1）景德官本《儀禮疏》五十卷〔4〕，每半葉十五行，每行廿七字。每卷題「唐朝散大夫行太學博士宏文館學士臣賈公彥等撰」。悉情裁疏者，公彥等序中語也〔5〕。陳、陳鳳梧，李、李元陽，聞人、聞人詮。〔6〕散疏入注，而注之分卷遂為疏之分卷，又去疏所標經文起止，蓋出於陳鳳梧，明正德時事也。而聞人詮、李元陽因之，萬曆監本、汲古毛氏本又轉轉因之。於是而馬氏《經籍考》所載《儀禮疏》五十卷，又載其先公序曰：〔7〕『得景德中官本《儀禮疏》四帙，正經注語皆標起止，而注文列其下』者，舉世無人識其面目者矣。先公，貴與父，名廷鸞〔8〕。今與其所得者正同，末後名銜盈幅，案之《玉海》，悉符故事〔9〕。居士屢誇此書在宋槧中為奇中之奇、寶中之寶，莫與比倫者也〔10〕。唯有第三十二至第三十七凡缺六卷，僅從魏了翁《要義》〔11〕中粗識其大略耳。

箋證：

〔1〕《文選·班孟堅·東都賦》：「千乘雷起，萬騎紛紜。」〈呂延濟注〉：「紛紜，多也。」

〔2〕《莊子·齊物論》：「萬世之後而一遇大聖，知其解者，是旦暮遇之也。」王先謙《集解》：「解人難得，萬世一遇，猶旦暮然。」

〔3〕《漢書·揚雄傳》：「灑沈菑於豁瀆。」〈注〉：「豁，開也。」

〔4〕瞿中溶《金昌集》卷二：「羲圃得《儀禮》宋版注疏各一本，因以土禮居顏其齋。」即指此而言。

〔5〕賈公彥〈儀禮疏序〉：「今以先儒失路，後宜易塗，故悉鄙情，聊裁此疏，未敢專欲，以諸家爲本，擇善而從，兼增己義。」

〔6〕陳鳳梧（1474～1541），字文鳴，號靜齋，江西吉安人。弘治丙辰（九年、1496）進士，改翰林院庶吉士，歷官刑部主事、員外郎，雲南、山西、河南按察使，嘉靖朝官至都察院右都御史，六年（1527）致仕，卒贈工部尚書。著有：《修辭錄》、《毛詩集解》、《困知記》等。

聞人銓（一作詮），字邦正，明·餘姚人。從表兄王守仁治學，登嘉靖五年（1526）進士，官寶應知縣。擢山西道御史，視南京學政，以士無實學，刻《五經》、《舊唐書》等以行世。官至湖廣按察副使，與錢德洪等參定《陽明文集》。著有《飲射圖解》、《南畿志》等。

〔7〕此序見《文獻通考》卷一百八十。

案：《蕘圃藏書題識續》卷一：「《儀禮疏》五十卷（影宋單疏本），始見於陳氏《書錄解題》（案：卷二，作《古禮疏》）及馬端臨《文獻通考》（案：卷一百八十），但聞五十卷之名而原書未見。蓋世所行本皆附注而行，故分卷即從鄭注爲十七卷也。國朝朱竹垞作：『賈公彥《儀禮疏》五十卷，存。』（案：見《經義考》卷一百三十一），未知所存者僅據疏而言，抑或果見疏之爲五十卷也。余近得《儀禮疏》七帙，通爲五十卷，內缺三十二卷至三十七卷，首尾完善，足證五十卷之說。正經、注語皆標起止，而疏文列其下，爲宋景德年間本，與馬廷鸞之說合。每卷結銜云（官銜不錄）臣賈公彥等撰，較本多等字，與衛湜所云：公彥同李元植編《儀禮疏》之說合（案：《經義考》引，同上）。卷末羅列各臣官銜，自崔偓佺以至呂蒙正，共十四人。而中有云（官銜不錄）臣邢昺都校，與晁公武所云：齊·黃慶；隋·李孟悊各有疏義，公彥刪二疏爲此書，國朝嘗詔邢昺是正之說合（案：《讀書志》卷二。然既見於晁書，則前文云始見於陳錄者誤矣！）。則此書之爲宋本，毫無疑義。」所析論較詳。

〔8〕馬廷鸞（1223～1289），字翔仲，饒州樂平人。登淳祐七年（1247）進士第，官池州教授、戶部主事，寶祐元年（1253），遷祕書省正字。後歷官校書郎、著作佐郎、祕書少監。景定四年（1263），擢起居舍人兼太子右庶子，咸淳元年（1265），進端明殿學士。五年，參知政事，進右丞相、兼樞密使。九年，辭官歸。著有《六經集傳》、《語孟會編》、《楚辭補記》、《讀莊筆記》等。《宋史》卷四百一十四有傳。

〔9〕《玉海》卷四十一「咸平孝經論語正義」：「至道二年（996），判監李至

請命李沆、杜鎬等校定《周禮》、《儀禮》、《穀梁》傳疏，及別纂《孝經》、《論語》正義，從之。咸平三年（1000）三月癸巳，命祭酒邢昺代領其事，杜鎬、舒雅、李維、孫奭、李慕清、王煥、崔偓佺、劉士元預其事。凡賈公彥《周禮》、《儀禮》疏各五十卷、《公羊》疏三十卷、楊士勛《穀梁》疏十二卷，皆校舊本而成之。《孝經》取元行沖疏；《論語》取梁皇侃疏；《爾雅》取孫炎、高璉疏，約而修之，又二十三卷。四年（1001）九月丁亥以獻，十月九日命杭州刻板。」所謂「悉符故事」蓋即此。

又《玉海》卷四十三「咸平校定七經正義」：「咸平三年（1000）三月癸巳，命國子監邢昺等，校定《周禮》、《儀禮》、《公羊》、《穀梁》傳正義，又重定《孝經》、《論語》、《爾雅》正義。」又「景德群書漆板刊正四經」云：「景德二年（1005），先是國子監言：群經摹印歲深，字體誤闕，請重刻板。因命崇文檢詳杜鎬、諸王侍講孫奭詳校，至是畢。又詔昺與兩制詳定而刊正之。」

〔10〕案：顧廣圻《思適齋集外書跋輯存‧卷一》：「《儀禮疏》五十卷，此宋時官本，疏分卷五十，尚是賈公彥等所撰之舊。不佞在士禮居勘之一過，於行世各本補其脫，刪其衍，正其錯謬，皆不可勝數。其所標某至某、註某至某，尤有關於經註，而各本刊落、竄易殆盡，非此竟無由得見，實於宋槧書籍中為奇中之奇、寶中之寶，莫與倫比者也。」又云：「右宋槧本魏文靖公《儀禮要義》五十卷，歸安嚴君九能藏書也。今之《儀禮註疏》依十七篇為卷，而賈氏之元第世不復見。向在吾郡黃氏傳校其所藏景德六年單疏本，詫為得未曾有，但其失去卅二至卅七六卷，是一大闕陷事。今用此書以相比校，則其分卷之處，與景德本所有，既合若符節，景德本所無，正鑿然具存，一一可取以補全之也。」即黃注所本。

〔11〕魏了翁（1178～1237），字華父，號鶴山，宋邛州蒲江人。其學宗朱子而又兼取心學，著有《鶴山大全集》。

盧文弨《抱經堂文集》卷八〈魏華父儀禮要義跋〉：「此書五十卷，世罕流傳，《聚樂堂藝文目》有之，朱錫鬯載之《經義考》，然未之見也。此書分段錄賈氏之疏，每段先標大旨為提綱，以下但載賈疏，魏氏絕無論說。余時為《儀禮注疏詳校》，取以覆對，其訛舛處與近世本大略相似，然每段括其大要，使考究者易於尋求，則此書亦不可廢。」可補蕘圃之說。

亦有周禮一官，春秋泰半；憮許劍之待懸〔1〕，悵籯金之莫換〔2〕
（1）。

原注：

（1）殘大字本《周禮鄭氏注秋官二卷》〔3〕，每半葉八行，每行大十六字，
小廿一字。舊許贈居士從兄抱沖道人之遠，未及而道人歿矣〔4〕。
殘相臺岳氏本《春秋經傳杜氏集解》〔5〕，行字之數與覆本同，所存
一至六、又十五至十八、又二十三至二十六、又二十九三十，凡十六卷，
得三十卷之泰半也。同縣袁廷檮壽皆甫〔6〕亦有殘本，而未能取之以
相補。

箋證：

〔1〕《廣雅・釋詁一》：「憮，哀也。」許劍，蓋用季札掛劍之典，見《史記・
吳太伯世家》。杜甫《杜工部集補遺》卷九〈哭季尚書詩〉：「欲挂留徐
劍，猶迴憶戴船。」戴船，蓋王徽之夜訪戴逵事，見《世說新語・任誕》。

〔2〕籯金，喻金之多也。《漢書・韋賢傳》：「遺子黃金滿籯，不如一經。」

〔3〕《蕘圃藏書題識》卷一：「倚樹吟軒楊氏，余幼時讀書處也。其主人延
名師課諸子，余就讀時，與仲氏偕時同筆硯，情意殊投合也。其家有殘
宋蜀大字本《周禮・秋官》二冊，蓋書友詭稱樣本，持十金去以取全書，
久而未至，亦遂置之。余稍長，喜講求古書，從偕時乞得，登諸〈百宋
一廛賦〉中，偕時亦不以余為豪奪也。」

〔4〕顧之逵（1753～1797），字抱沖（一作抱盅），元和人，諸生。富藏書，
甲於吳中，其藏書樓名「小讀書堆」。著有《一鄦錄》。瞿中溶有〈輓顧
抱沖茂才詩〉云：「嗟嗟顧君好讀書，百萬牙籤皆玉軸，宋刊元印與明
抄，插架堆床娛心目。一握書論一斛珠，購來手自三薰沐，黃金散盡為
收書，秘本時時出老屋。」（葉昌熾《藏書紀事詩》卷五引）

案：黃氏《百宋一廛書錄》云：「余友顧抱沖收得小字本《周禮》，獨缺
〈秋官〉，以鈔補刻，已稱難得。適余友倚樹吟軒中有大字本《周禮》
二冊，驗是蜀本，適為〈秋官〉。余曰：世間有此巧事，一本獨缺〈秋
官〉，一本獨存〈秋官〉，何兩美不相合邪？主人知余好之甚，遂輒贈余。
余擬轉贈抱沖，而抱沖作古，此舉遂廢，此書永為士禮居中物矣。」與
〈賦注〉所言略異，今兩存之。

〔5〕《百宋一廛書錄》：「此宋本《春秋經傳》杜氏注，前有春秋序一篇，序

後有碑牌一，其文作細篆，計十字。相臺岳氏刻梓家塾，明時翻刻已無
此款。」

〔6〕 袁廷壽（一作廷檮）（1764～1810），字又愷，一字壽階，號綏階。吳縣
人，監生。好讀書，精小學，工詩、善畫，得先世所藏五硯，因顏其藏
書樓曰「五硯樓」。藏書逾萬卷，皆手自校勘。後得徐健庵（乾學）所
植紅蕙，又名其藏書處爲「紅蕙山房」。著有《紅蕙山房吟稿》、《金石
書畫所見記》等。

月令第六，昭公廿年；玩索有得，丹鉛所傳〔1〕。耒耕上曲，死而
賜諡；隻字能排，百朋奚啻〔2〕（1）。

原注：

（1）殘大字本《禮記鄭氏注》，每半葉十行，每行大字十八字，小廿五字不
等。所存五至八，又十一至十五，僅九卷。予跋之云〔3〕：「〈月令〉
注：耒耕之上曲也。他本耕皆誤爲耜，賴此正之，可知其佳也。」
殘小字本《春秋經傳杜氏集解》，每半葉十四行，每行大廿三字、小廿
三字，所存前後凡二十三卷。又殘中字本，每半葉八行，每行十七字，
所存前後凡十八卷。若以兩本相補，唯少第十四卷耳。其昭公廿年兩
有，與閻百詩〔4〕、何義門所說死而賜諡皆合〔5〕，但未知當日所
見爲何本。

箋證：

〔1〕 丹鉛，謂校勘書籍。韓愈《昌黎集》卷一〈秋懷詩〉：「不如嬉文字，丹
鉛事點勘。」

〔2〕《詩・小雅・菁菁者莪》：「既見君子，錫我百朋。」〈鄭箋〉：「古者貨
貝，五貝爲朋。」奚啻，猶何止也。

〔3〕《蕘圃藏書題識》卷一：「此殘宋本《禮記鄭氏注》，余得於任蔣橋顧月
槎家，偶取〈月令〉與他本相對，注中：『耒，耕之上曲也。』耕皆誤
爲耜，惟此不誤，乃知其佳。……宋本《禮記》，惟故人顧抱沖小讀書
堆有全本，〈曾子問〉中多『周人卒哭而致事』句，定爲太平興國本。
又有殘本，先係顧懷芳物，曾從借來，校於惠松崖所校明刻鄭注本上，
內〈曲禮〉『石惡』一條，足正諸本之誤。今歸於抱沖，此外未見有宋
本也。」

〔4〕 閻百詩即閻若璩（1636～1704），號潛丘，太原人。博通經史，長於考

證，作《古文尚書疏證》八卷；又精地理，撰《四書釋地》五卷。江藩
《漢學師承記》推潛丘爲首。

〔5〕盧文弨《抱經堂文集》卷八〈宋本左傳跋〉：「觀其避諱至寧宗，殆亦南
宋本。獨昭二十年傳載衛侯賜析朱鉏、北宮喜謚，杜注云：『皆死而賜
謚及墓田，傳終言之。』王深寧所見本乃作『未死而賜謚及墓田，傳終
而言之』，載於《困學記聞》。若果如此，杜氏不應無譏。何義門氏曾見
此本，獨無未字而字。爲閻百詩言之，閻大喜。乃余今亦得見之，而證
何氏之言不誣。」可補蕘圃之說。

穀梁附音之制，爾雅單義之式，先聲孕南，支流殿北（1）。

原注：

（1）《監本附音春秋穀梁傳注疏》二十卷，每半葉十行，每行大十八字、小
廿三字。官本《爾雅疏》十卷，每半葉十五行，每行三十字。言此《穀
梁》既并〈注疏〉，又附《釋文》，其制與明南監所貯十行版〔1〕大段
悉同，是孕其先聲。《爾雅》則〈邢義〉單行，舊式猶在，雖疏家支流，
實爲北宋之殿也。居士前在阮中丞元十三經局〔2〕立議，言北宋本必
經注自經注、疏自疏，南宋初始有注疏，又其後始有附釋音注疏。〔3〕
晁公武、趙希弁、陳振孫、岳珂、王應麟、馬端臨諸君，以宋人言宋事，
條理脈絡，燦然可尋〔4〕。而日本山井鼎〔5〕《左傳考文》所載：紹
興辛亥三山黃唐跋《禮記》語〔6〕，尤爲確證，安得有北宋初刻《禮
記注疏》及淳化刻《春秋左傳注疏》事乎？今此賦所云，即乎〔7〕昔議
論也。

箋證：

〔1〕「南監」即「南京國子監」。「十行本」，即始於南宋末之「釋音註疏合
刻本」群經，因其版式每半葉十行，故名。屈先生翼鵬以爲此十行本當
出於建安劉叔剛之「一經堂」。明初，其板片爲南京國子監所收，加以
修補重刊，又名「南監本」；因其歷經宋、元、明三朝，故又名「三朝
本」。參見屈先生〈十三經註疏版刻述略〉。

〔2〕阮元〈重刻宋版註疏自序〉云：「元舊作《十三經註疏校勘記》，雖不專
主十行本、單疏本，而大端實在此二本。嘉慶二十年，元至江西，武寧
盧氏宣旬，讀予《校勘記》，而有慕於宋本，南昌給事中黃氏中傑，亦
苦毛板之朽。因以元所藏十一經，至南昌府學重刻之，且借校蘇州黃氏

丕烈所藏單疏二經。近鹽巡道胡氏稷，亦從吳中購得十一經，其中有可補元藏本中所殘闕者，於是宋本註疏，可以復行於世。」所謂「十三經局」，蓋謂是也。

〔3〕 經注合刻之始，一般皆以爲始於南北宋之間。葉德輝據《禮記》黃唐跋，稱始於「紹興」間；長澤規矩也〈書林清話校補〉，則指出葉氏所見實「紹熙」刊本，作紹興者誤；屈先生則認爲註疏合刻確始於紹興時，惟並未刻《禮記》，《禮記》當在紹熙時行世。

〔4〕 晁公武，字子止，宋·鉅野人（山東鉅野縣）。靖康末避難入蜀，紹興二年（1132）舉進士，歷官潼州通判、知恭州、榮州、合州。乾道四年（1168）爲四川安撫置制使，終吏部侍郎，世稱昭德先生。其家世代藏書，且勤於蒐求，又得井度所贈五十篋圖書，所貯達兩萬四千餘卷。公武所撰《郡齋讀書志》，成於紹興二十一年（1151），時任榮州知州。世傳有衢州、袁州二本，爲我國現存最早之私藏書目，且開解題目錄之先河。

陳振孫（1181～1262），字伯玉，號直齋，浙江安吉人。嘉定四年（1211），爲溧水教授，七年（1214），任紹興學教官、南城宰。歷官興化軍通判、嘉興知府、浙西提舉、國子司業，淳祐九年（1249），以寶章閣待制致仕。周密《齊東野語》卷十二：「近年惟直齋陳氏書最多，蓋嘗仕於莆，傳錄夾漈鄭氏、方氏、林氏、吳氏舊書，至五萬一千一百八十餘卷。且倣《讀書志》作《解題》，極其精詳。」今所傳本，爲《四庫全書》輯本，刊入《武英殿聚珍版叢書》。

〔5〕 山井鼎（1690～1728），字君彝，號崑崙，日本漢學者，嘗校書於足利學校，撰成《七經孟子考文》。後傳入中國，阮元校刊《十三經》，頗採其說。

案：盧文弨《抱經堂文集》卷七〈七經孟子考文補遺題辭〉，評述此書甚詳。其言曰：「此日本國西條掌書記山井鼎之所輯，謂之《七經孟子考文》。七經者：易、書、詩、左傳、禮記、論語、孝經也，又益以孟子。皆據其國唐以來相傳之古本及宋刻本，以校明毛氏之汲古閣本。書成，當皇朝康熙五年，其國之享保十一年也（1666）。古本祇有經與注，其文增損異同，往往與《釋文》、《正義》多合，但屢經傳寫，亦有舛誤。其助語致多有灼然知其謬者，亦並載入，然斷非後人所能僞作也。其次第：先經，次注，次釋文，而疏居後。其條目：有考異，有補闕，有補

脫，有正誤，有謹按，有存舊。凡明代所刻之本，其國具有，間亦引之，而頗譏篇第行款之不與古合。其言良是，不可以其小邦遠人而概棄之也。其曰〈補遺〉者，後來彼國東都講官物觀承其國政府之命，而復補其未備者也。」

〔6〕潘宗周《寶禮堂宋本書錄》經部「禮記正義四十卷」條，引黃唐跋云：「六經義疏，自京、監、蜀本，皆省正文及注，又篇章散亂，覽者病焉。本司舊刊易、書、周禮，正經註疏，萃見一書，便於披繹，他經獨闕。紹熙辛亥（1191）仲冬，唐備員庾司，遂取毛詩、禮記疏義，如前三經編彙，精加讎正，用鋟諸木，庶廣前人之所未備。乃若春秋一經，顧力未暇，姑以貽同志云。壬子（1192）秋八月，三山黃唐謹識。」日本·森立之《經籍訪古志》著錄《尚書註疏》二十卷，亦載此跋。

〔7〕徐刻本「乎」字作「平」，當從之。

說文解字，始一終亥〔1〕；無手跡於邵陵，有舊觀於東海〔2〕。隄林宗之重寫〔3〕，郵斧季之輕改〔4〕；收儲則一夔已誇〔5〕，著述則三豕猶采〔6〕（1）。

原注：

（1）小字本《說文解字》十五卷，中缺者影寫補足。每半葉十行，每行大十八字、大小廿五字不等。嘗別見國初葉林宗奕所藏，僅從此刻傳寫者耳。近青浦王司寇昶〔7〕家乃有之，極加寶貴，幾流一足之譽也。常熟毛氏初刊頗與相近，後經斧季宸節次校改，而大徐氏之舊觀，漸以盡失。金壇段茂堂先生玉裁來寓吳中，遂有《汲古閣說文訂》〔8〕之作。宋本之妙，固已洗刷一新，即遇其誤，亦必反覆推尋，不加遽斥。夫以海內通儒，談其專業，猶且伏膺鄭重、鉛槧疲勞者如此，然則有何末學置喙地哉？客曰；今之《說文》皆許慎手跡乎？事見《顏氏家訓》〔9〕。人不通古今而好為議論，類如是耳！

箋證：

〔1〕《說文解字》卷十五〈後序〉：「其建首也，立一為耑，方以類聚，物以群分。同牽條屬，共理相貫。雜而不越，據形系聯，引而申之，以究萬原。畢終於亥，知化窮冥。」〈繫傳〉：「亥生子，終則復始，故託始於一，寄終於亥。亥，物之該盡。」

〔2〕邵陵，正作召陵，此處指許慎。慎字叔重，汝南召陵人（今河南省汝南

縣）。性淳篤，少從賈逵受古文經，及長，博通經籍，馬融常推敬之。
時人稱之爲「五經無雙許叔重」。爲郡功曹，舉孝廉，累遷太尉、南閣
祭酒。著有《五經異義》、《說文解字》等。

東海，江蘇省東海縣，此處蓋指徐鉉。徐鉉爲揚州廣陵人，古之揚州包
括今江蘇省、安徽省之部分，東海亦屬江蘇，故以之代稱。參見《讀史
方輿紀要》卷十九。

〔３〕《說文》：「隘，陋也。」葉奕，字林宗，清初吳縣人。居洞庭，好藏奇
書，每見人有秘冊，必借歸抄錄，昕夕不倦。與錢遵王相友善，互通所
得。藏書之所名「松風書室」、「寶稼軒」等。此句謂國初葉林宗所藏僅
爲抄本，不足爲寶，故隘之也。

〔４〕《詩·小雅·賓之初筵》：「是曰既醉，不知其郵。」〈箋〉：「郵，過也。」
通作尤，《漢書·成帝紀》：「以顯朕郵。」〈注〉：「郵同尤，過也。」 毛
扆（1640～1713），字斧季，虞山人（今江蘇常熟），毛晉幼子。繼承父
業而又增益之，尤喜校刻古書，編有《汲古閣秘本書目》。此句乃責備
毛氏校刻《說文》，不依本文而輕易改動，與蕘圃主張「不輕改古書」
有關。

〔５〕夔之典故見於《韓非子·外儲說左下》及《呂氏春秋·察傳》，《呂覽》
之言略云：「魯哀公問於孔子曰：『樂正夔一足，信乎？』孔子曰：『昔
者舜欲以樂傳教於天下，乃令重黎舉夔於草莽之中而進之，舜以爲樂
正，而天下大服。重黎又欲益求人，舜曰：若夔者，一而足矣！故曰：
夔一足，非一足也。』」

〔６〕「三豕」亦見《呂氏春秋·察傳》，其言曰：「子夏之晉，過衛，有讀史
記者曰：晉師三豕涉河。子夏曰：非也，是己亥也。夫『己』與『三』
相近，『豕』與『亥』相似。至於晉而問之，則曰：晉師己亥涉河也。」
此處所用與其本意稍異。

〔７〕王昶（1724～1806），字德甫，號述庵。一字琴德，號蘭泉。江蘇青浦
人（今上海市）。乾隆十九年（1754）進士，官至刑部右侍郎。早年以
詩名，人稱「吳中十子」之一，晚年主講「婁東書院」。藏書甚富，積
至五萬卷，又好金石文字，以五十年之力，收羅商、周銅器及歷代石刻
拓本一千五百餘通，刊爲《金石粹編》一百六十卷。著有《春融堂詩文
集》、《塾南書庫書目》等。又輯有：《明詞綜》、《清詞綜》、《湖海詩傳》、
《湖海文傳》等。

〔8〕劉盼遂《段玉裁先生年譜》：「嘉慶二年（1797）七月十五日，與袁又愷用周漪塘所出《說文》二宋刊本、二鈔宋本、一宋刊《五音韻譜》、一汲古閣初印本，校毛氏五次改本，成《汲古閣說文訂》一卷，又為之序。」段玉裁〈自序〉：「玉裁自僑居蘇州，得見青浦王侍郎昶所藏宋刊本，既而元和周明經錫瓚盡出其珍藏：一曰宋刊本，一曰明葉石君（萬）所鈔宋本，以上三本皆小字。一曰明趙靈均（均）所鈔宋大字本，即汲古閣所仿刻之本也。一曰宋刊大字《五音韻譜》。明經又出汲古閣初印本一，斧季親署云：順治癸巳（1653）汲古閣校改第五次本。考毛氏所得小字本，與今所見三小字本略同，又參用趙氏大字本。四次以前，微有校改，至五次則校改特多，往往取諸小徐繫傳，亦間用他書。夫小徐、大徐二本字句駁異，當並存以俟定論，況今世所行小徐本，乃宋張次立所更定，而非小徐眞面目。小徐眞面目僅見於黃氏公紹《韻會舉要》中，而今坊肆所行，即第五次校改本也。初印往往同於宋本，故今合始一終亥四宋本，及宋刊明刊兩《五音韻譜》，及《集韻》、《類篇》僃引鉉本者，以校毛氏節次剜改之鉉本，記其駁異之處，所以存鉉本之眞面目。」

〔9〕語見《顏氏家訓》卷六〈書證〉。

南唐繫傳，難弟楚金〔1〕；漶漫俄傾，點竄侵尋〔2〕。碩果之辨，不食字林〔3〕；起寒山以把臂，咨靈威以賞音〔4〕（1）。

原注：

（1）殘本《說文繫傳》，每半葉七行，每行大十四字、小廿二字。所存起通釋之第三十至末，凡十一卷。寒山趙頤光〔5〕家舊物也。此書尤延之、呂太史、李巽巖〔6〕皆言其斷爛闕誤，時距小徐未為遠，故曰俄傾也。今歙人有刊行之者，正文尚脫落數百字，又經不學之徒以大徐本〔7〕點竄殆遍，真有不如不刻之嘆！予得此本，當即《困學紀聞》所云：今浙東所刊得於石林葉氏蘇魏公本者也〔8〕。非猶不食之碩果乎？殘本故曰辨，辨、古辦字〔9〕。小學類故云字林〔10〕耳。予又有虞山錢楚殷家〔11〕所鈔完本，鈕君樹玉〔12〕曾借去校讀，擊節〔13〕不置，使鉉本而完，當復何如也？鈕君家洞庭山。

箋證：

〔1〕徐鍇（920～974），字楚金，五代揚州廣陵人（今江蘇省江都縣），徐鉉弟，世稱「小徐」。仕南唐，官至中書舍人。擅文章，精小學，著有《說

文解字繫傳》四十卷。

〔2〕侵尋，亦作浸尋、浸潯、侵潯、侵淫等；《史記・孝武本紀》：「侵尋於泰山矣。」〈索隱〉引顏師古曰：「侵淫，漸染之意。」《廣韻》：「漶，漫漶，難測也。」難測意爲水不清，故漶有模糊不清之義。

〔3〕錢曾《讀書敏求記》卷一：「今觀此書，通釋三十卷，部敘二卷，通論三卷，袪妄、類聚、錯綜、疑義、系述各一卷。而總名之《繫傳》者，蓋尊叔重之書爲經，而自比於丘明之爲《春秋》作傳也。參而觀之，字學於焉集大成。」

〔4〕《三國志・吳書・周瑜傳》注：「吾雖不及夔、曠，聞弦賞音，足知雅曲也。」

〔5〕趙宧光（1559～1625），明太倉人，寓居吳縣（今蘇州市）。字凡夫，一字水臣，號廣平、寒山長。性高潔，偕妻陸卿子隱居寒山，有廬曰：「尺宅」，藏書甚富，又有「小宛堂」、「悉曇章閣」等。精篆刻，著有：《說文長箋》、《六書長箋》、《寒山帚談》、《寒山蔓草》、《牒草》等。其《說文長箋》稿本今存中研院史語所傅斯年圖書館。

案：「宧」即古「頤」字，〈注〉文作頤光者，徐刊本同，蓋羲圉易以今字也。

〔6〕尤延之即尤袤（1127～1193），號遂初居士，常州無錫人。紹興十八年（1148）進士，歷官泰興縣令、隆興知府，進直敷文閣、提刑江東，累遷太常少卿。孝宗朝，權中書舍人。光宗即位，除給事中，終禮部尚書，卒諡文簡。生平嗜藏書、抄書，尤重宋代史籍。所藏法書亦極富，取孫綽〈遂初賦〉意，自名其齋。撰有《遂初堂書目》一卷，爲現存記載版本最早之私藏書目。

呂太史即呂祖謙（1137～1181），字伯恭，婺州人。與朱熹、張栻齊名，稱「東南三賢」。因曾官國史院編修、實錄院檢討，其文集稱爲《東萊呂太史文集》。

李巽巖即李燾（1115～1184），字仁甫，一字子真，宋・眉州丹陵人。紹興八年（1138）進士，官至敷文閣學士，生平無他好，惟潛心經史，篤嗜藏書。聞有異書，雖陰陽、小說，亦無遺漏。積四十年之功，搜羅北宋九朝事蹟，編成《續資治通鑑長編》九百八十卷。

〔7〕徐鉉（916～997），字鼎臣，廣陵人。十歲能屬文，與韓熙載齊名，江東謂之「韓徐」。仕吳爲校書郎，又仕南唐李氏父子，試知制誥。入宋，

官至翰林院直學士。鉉精小學，工篆隸，嘗與句中正等同校《說文》，鉉親爲之篆，鏤板以行於世。著有文集三十卷、《質疑論》、《稽神錄》等。《宋史》卷四百四十一有傳。

〔8〕葉夢得（1077～1048），字少蘊，號蕭翁，又號石林居士，吳縣人。登紹聖四年（1097）進士第，除婺州教授。歷官翰林學士、龍圖閣直學士。高宗朝，進戶部尚書，遷崇信軍節度使，卒贈少保。性嗜藏書，累積達十萬餘卷，長於考證源流，以爲雕版印書始於唐末。又集金石碑刻一千餘通，成《金石類考》五十卷，他著有《石林燕語》、《避暑錄話》等。《宋史》卷四百四十五有傳。

〔9〕《說文通訓定聲》坤部第十六：「瓣，假借爲辨。」辨、瓣皆有分析之義，故用以稱殘本。

〔10〕晉・呂忱撰《字林》五卷，故蕘圃云此以代字書。

〔11〕錢沅，字楚殷，江蘇常熟人，錢曾之子。《鐵琴銅劍樓藏書目》卷二云：「宋婺州本《尚書》，吾邑錢楚殷藏本，卷首鈐一圓印云：傳家一卷帝王書，其珍重如此！」

〔12〕鈕樹玉（1706～1827），字匪石，號藍田，吳縣人，布衣出身。通音律、精篆刻，尤嗜藏書，往來齊、魯、吳、楚之間，遇有碑版舊拓與古籍善本，必傳錄抄寫，校勘考定而後藏之。著有：《說文解字校錄》、《說文新附考》、《說文段注訂》、《急就篇考異》等。又有《匪石日記抄》，刊入《滂喜齋叢書》；《匪石先生文集》，收入《雪堂叢刻》。

〔13〕《文選・左太沖・蜀都賦》：「巴姬彈弦，漢女擊節。」節本用以節樂，引申爲激賞之意。

第三節 史 部

浩洲乙部〔1〕，逴躒三家〔2〕，冒戒傷廉，所取太奢（1）。

原注：

（1）此言史、漢、國志三家，史部之最，而必取宋本焉，故云傷於廉也。〔3〕

箋證：

〔1〕浩、洲並有廣大義。《文選・左太沖・吳都賦》：「滮滮洲洲。」〈劉淵林注〉：「洲洲，水流行聲勢也。」乙部即史部，錢大昕〈補元史藝文志序〉：

「晉荀勗撰《中經簿》，始分甲乙丙丁部，而子猶先於史。至李充為著
作郎，重分四部：五經為甲部、史記為乙部、諸子為丙部、詩賦為丁部，
而經史子集之次始定。」

〔2〕逴，一作趠。《廣雅·釋詁四》：「逴，趠絕也。」《文選·班孟堅·西都
賦》：「逴躒諸夏，兼其所有。」〈李注〉：「逴躒，猶超絕也。」

〔3〕案：依蕘圃之說，則顧氏於此似有嘲諷或暗責之意，若就為他人作賦而
言，似不應有此種行為。蕘圃晚年與顧千里反目，或已種因於此歟？

漢書特善，清秘留將〔1〕；是曰景祐，夏乎弗亡〔2〕。余丞之上言，
觀洙之參詳〔3〕，僕嘗目驗，若毛若汪〔4〕。削長決贅，補乙彌創
〔5〕。招小宋以研精〔6〕，當悔下其雌黃〔7〕。每之罔而愈況
〔8〕，胡項背之敢望〔9〕（1）。

原注：

（1）景祐二年（1035）本《漢書》一百卷，每半葉十行，每行大十九字、小
廿七字。末列秘書丞余靖上言，又張觀、王洙皆預參詳中也。每卷上下
方皆有朱校字，最後復有墨書二行云：「右宋景文公以諸本參校，手所
是正，並附古注之末。至正癸丑（1375）三月十二日雲林倪瓚在凝香閣
謹閱。」居士曾為予細校汲古本，而予以汪文盛本佐證之。凡於二本所
削所補，各千百字。推原其故，景文之是正，已屬有失無得，烏論後此
者，乃遞經大書深刻，悉淆班書，可不謂至誣乎？唯此本未經淆亂，誠
宜壓卷史部也。之罔，元·劉之罔，其所刻，流俗輒目為佳，故居士偶
涉之耳。乙者，以鉤識去其字〔10〕。招，舉也，讀如「翹關」〔11〕。

箋證：

〔1〕清閟即「清閟閣」，倪瓚（1301～1374）藏書之處。瓚，初名珽，字元
鎮，號淨名居士、如幻居士、滄浪漫士等，元·無錫人。工詩善書畫，
其家世為無錫富商，以雄貲購藏，所藏書達數千卷。尤喜古鼎法書、名
琴奇畫，築「清閟閣」、「凝香閣」、「雲林堂」等以貯之。

〔2〕夏，本有打擊義，《尚書·益稷》：「夏擊鳴球。」〈疏〉：「夏，擊也。」
引伸而有艱困費力之意，韓愈《昌黎集》卷十六〈答李翊書〉：「惟陳言
之務去，夏夏乎其難哉！」

〔3〕參詳，參酌詳審。《梁書·徐勉傳》：「時尚書參詳：以天地初革，庶務
權輿，宜俟隆平，徐議刪撰。」此處用為編撰書籍之職稱。

〔4〕目驗，謂親眼驗證。若毛若汪，謂以毛氏汲古閣刻本、明汪文盛刻本爲參校之本。

〔5〕決通抉，《史記·伍子胥傳》：「而抉吾眼，縣吳東門之上。」〈索隱〉：「抉亦決也。」此二句蓋謂：不通之人，校改古書，愈改錯誤愈多。

〔6〕小宋，指宋祁（998～1061），字子京，安陸人。天聖二年（1024），與兄宋庠（字公序）同舉進士，俱有文名於天下，時稱「二宋」，並以大小爲別。官至工部尙書，卒諡景文。祁曾作〈玉樓春〉詞，其中有「紅杏枝頭春意鬧」名句，世稱「紅杏尙書」。又與歐陽脩同修《新唐書》，所作詩文，清人輯爲《宋景文集》六十二卷。

〔7〕雌黃，礦物名，古人多用以修改錯誤的文字。《顏氏家訓·勉學》：「觀天下書未遍，不得妄下雌黃。」

〔8〕《莊子·知北遊》：「正獲之問於監市履狶也，每下愈況。」本意是指愈從細微之處觀察，愈能得知事物之眞相。後世多作「每況愈下」，意指情況愈來愈壞，已非《莊子》之旨。此處雖用《莊子》之文，而實用後世之意也！

〔9〕《廣雅·釋詁三》：「胡，何也。」《後漢書·左雄傳》：「監司項背相望，與同疾疢。」此處則意謂不能與其相比。

〔10〕韓愈《昌黎集卷十一》〈讀鶡冠子〉：「文字脫謬爲之正，三十有五字，乙者三。」

〔11〕關，徐刻本作「闗」。《漢書·陳涉項羽傳贊》（即賈誼〈過秦論〉）：「招八州而朝同列。」〈注〉：「鄧展曰：招，舉也。蘇林曰：招音翹。」

良史實錄，藉用識蜀〔1〕，乃本古以愜心，復字大以悅目〔2〕（1）。

原注：

（1）蜀大字本《史記集解》一百三十卷，每半葉九行，每行大十六字、小廿字。所缺舊抄補足。又殘本，僅有西南夷至汲鄭五列傳。考《汲古閣秘本目》〔3〕，有蜀本大字《史記》，云有缺，未知與此何如也。

箋證：

〔1〕良史，優良的史官，此處專指司馬遷。《漢書·司馬遷傳贊》：「自劉向、揚雄博極群書，皆稱遷有良史之材。」又云：「其文直，其事核，不虛美，不隱惡，故謂之實錄。」

〔2〕《文選·陸士衡·文賦》：「夫夸目者尙奢，愜心者當貴。」又〈演連珠〉：

「音以比耳為美，色以悅目為歡。」

〔3〕今查嘉慶五年（1800）士禮居刊本《汲古閣珍藏秘本書目》，頁二十六，著錄此書。其〈續寄書目〉中，又有「蜀本大字史記半部」，注云：「有宋刻籤題二條，先寄一條呈覽。」

孤行吳志，數冊仍六，舉承祚之一隅〔1〕，反少期之全局〔2〕（1）。

原注：

（1）單行本《吳志》二十卷，每半葉十四行，每行廿五字。冠裴松之〈上三國志注表〉於首，其下即接吳書一云云。乃當日專刻，即《汲古閣秘本目》所載宋版《吳志》六本者也。舉一隅反全局，言榷異同之大凡。承祚、少期，文體之互耳。

箋證：

〔1〕陳壽（233～297），字承祚，西晉·巴西安漢人（今四川省南充市）。少好學，師事同郡譙周，蜀漢時曾為東觀秘書郎；入晉，為司空張華所薦，舉孝廉，任著作郎，領本郡中正，其《三國志》六十五卷即作於此時。後為治書侍御史，惠帝元康七年（297）卒，年六十五。另編有《諸葛亮集》、《益都耆舊傳》、《古國志》等。

〔2〕裴松之（327～451），字少期（一作世期），南朝宋·河東聞喜人（今山西省聞喜縣）。年二十，拜殿中將軍，累遷至零陵內史、國子博士。入宋後，歷官中書侍郎、司冀二州大中正，永嘉、南瑯琊太守，封西鄉侯。宋文帝以陳壽《三國志》記事過於簡略，命松之為之注，乃博徵圖史文籍凡一百五十九種，於元嘉六年（429）撰成《三國志注》，其份量幾為原書三倍。且所引諸書，多已亡佚，故深具史料價值。

後漢翻雕，秘書指蹤〔1〕，牒互孫宣，班范關通〔2〕。建塾敬室，緻美罕同〔3〕，兼收並蓄，矩疊規重〔4〕（1）。

原注：

（1）殘本《後漢書》，每半葉十行，每行大二十字、小廿四字。僅存紀八、志三、列傳十五卷而已。乃北宋年間翻雕景祐本也，故行款正同。又殘本二，皆缺損已甚，嘉定戊辰蔡琪純父〔5〕所刻也。前仍列秘書丞余靖上言，而行款改為八行十六字矣。景祐校班、范二書，同時雕印〔6〕。予所藏班書前，互入乾興元年（1022）中書門下牒國子監文一通，即孫

爽以劉昭注司馬彪志，補章懷注范書故事也。《曝書亭集》謂此不自爽始〔7〕，以今考之：以彪補范，誠始於劉，而以昭補賢，實始於孫，朱說疏矣。又殘本二，一但缺志，一缺損已甚，而其中有志第二十二，又第二十四至末，凡八卷。每半葉十行，每行十八字。目錄後題云：「建安劉元起刊於家塾之敬室」，乃南宋備雕也〔8〕。此一書三刻而殘本五。

箋證：

〔1〕秘書，指余靖（1000～1064），字安道，韶州曲江人。天聖二年（1024）登第，歷官知制誥、史館修撰、秘書監、知桂州，終工部尚書，諡襄。《宋史》卷三百二十有傳。指蹤，即發蹤指示，謂指揮謀劃，語出《史記・高祖本紀》，《三國志・魏志・荀彧傳注》：「是以先帝貴指蹤之功，薄搏獲之賞。」

〔2〕孫宣即孫奭（962～1033），字宗古，北宋博州博平人。幼從同郡王徹學，太宗時，舉九經及第。歷官大理評事、國子監直講、給事中、兵部侍郎、工部尚書，以太子少師致仕。嘗奉詔修《真宗實錄》，又與邢昺、杜鎬等校定諸經正義。諡曰「宣」。關通，謂貫通、連通。漢・王充《論衡・感虛》：「夫雍門子能動孟嘗之心，不能感孟嘗衣者，衣不知惻怛，不以人心相關通也。」案：此處句法似有誤，當做「關通班范」，始與上句「牒互孫宣」一律，平仄亦協。

〔3〕楊紹和《楹書隅錄》卷二：「宋本《漢書》一百二十卷，目錄前木記云：建安蔡琪純父刻梓於家塾。」

《書林清話》卷三〈宋私宅家塾刻書〉：「建安劉元起家塾之敬室」注：「德輝按：此兩《漢書》為劉元起、黃善夫二人合貲所刊，諸家題跋往往不能分辨。」

〔4〕矩疊規重，謂以下所錄《後漢書》，包含了三種不同時代及版式之板本。

〔5〕嘉定戊辰，即嘉定元年（1208）。蔡琪之堂名為「一經堂」，見《書林清話》卷三〈宋坊刻書之盛〉。

〔6〕《玉海》卷四十三「淳化校三史」：「景祐元年（1034）四月丙辰，命宋祁等覆校《南北史》。九月癸卯，詔選官校正《史記》、《前後漢書》、《三國志》、《晉書》。二年九月壬辰，詔翰林學士張觀刊定《前漢書》，下胄監頒行。秘書丞余靖請刊正《前漢書》，因詔靖盡取秘閣舊本對校，逾年乃上《漢書勘誤》三十卷。」又云：「咸平元年（998）七月甲申，賜諸王及輔臣新印三史。」

〔7〕朱彝尊《曝書亭集》卷四十五〈跋後漢書〉：「范氏《後漢書》初無表志，第有十帝紀、八十列傳而已。陳振孫云：曄本書未嘗有志，劉昭所注，乃司馬彪《續漢書》之八志爾。相傳宋孫宣公奭判國子監，校勘官書，遂以司馬氏志，入之范氏書中。然昭序有云：借舊志注以補之。則不自奭始矣！」

〔8〕備，徐刻本作「精」，當從之。

緬劉昫之撰唐，時罔新而那舊〔1〕。緣歐宋以易稱，幾不察於相狃〔2〕。驟開卷而知益，杖紹興之教授。〔3〕（1）

原注：

（1）殘本劉昫等《唐書》，每半葉十四行，每行廿五字。僅存志十一至十四、廿一至廿五、廿八至卅、列傳十五至廿八、卅八至四十七、五十至六十、七十八至八十三、一百十五至一百十九、一百廿九至一百卅四、一百四十下至一百四十四上，凡六十七卷有零。每卷末有題名云：左奉議郎充紹興府府學教授朱倬校正〔4〕，又有校勘人題名四行，文繁不錄。予跋之曰〔5〕：「標題云《唐書》者，昫等撰時本然，蓋歐、宋《新唐書》未盛行之先，無舊稱也。覆本在明嘉靖時，不特多誤，抑神氣索然矣！」

箋證：

〔1〕緬，遙思也。《國語‧楚語上》：「緬然引領南望。」〈賈注〉：「緬，思也。」《漢書‧董仲舒傳》：「施之罔極。」〈注〉：「罔，無也。」《左傳‧宣公二年》：「棄甲則那？」〈注〉：「那，何也。」

〔2〕《詩經‧鄭風‧大叔于田》：「將叔無狃。」〈傳〉：「狃，習也。」

〔3〕亦作「開卷有益」。《澠水燕談》：「（宋太宗）嘗曰：開卷有益，朕不以為勞也。」杖通仗，謂倚仗也。《漢書‧李尋傳》：「外臣不知朝事，竊信天文即如此，近臣已不足杖矣。」顏師古注：「杖，謂倚任也。」

〔4〕朱倬，字漢章，閩縣人。登宣和五年（1123）進士第，調常州宜興簿。累官廣東財官、越州教授，以忤秦檜，出為紹興府學教授。數上書言事，高宗頗信用之。累遷參知政事、尚書右僕射，以資政殿學士致仕。

〔5〕跋見《百宋一廛書錄》。

莆田編年，始末九朝；流傳寓內，夥矣胥鈔〔1〕。皆目升而綱降，閱實混而名淆〔2〕。快拜嘉於一諾，飫良友之淳醪〔3〕。遜廿五以

居乙，引積薪而解嘲〔4〕（1）。

原注：

（1）莆田陳均《皇朝編年備要》〔5〕三十卷，每半葉八行，每行大十六字、小廿三字，編年下有空字二格。又殘本《皇朝編年綱目備要》，每半葉八行，每行大十六字、小廿四字。列目止於廿五卷，後別為一行云：已後五卷，見成出售。今於廿五卷中，又缺其五，所存者凡二十卷而已。二本版刻不同，皆宋精雕。今世通行傳鈔，改大小字而一之，又不復知其有綱目之名，失之甚矣。完本初為予友五硯主人袁壽皆甫所藏，後割愛見歸，遂甲〔6〕予舊有也。

箋證：

〔1〕古稱職司抄寫之人為「鈔胥」，此處為協韻乃倒其文，以謂抄本也。
案：此書鈔本今可見者如下：
△ 清·影鈔宋紹定刊本
△ 清·清白草堂鈔本
△ 清·經鉏堂鈔本
△ 清·汪氏屐硯齋鈔本
（以上見於《北京圖書館善本書目》）

〔2〕訾，通訿，正俗字。《禮記·曲禮》：「不苟訿。」〈釋文〉：「訿，毀也。」
案：《直齋書錄解題》卷四：「《皇朝編年舉要》三十卷備要二十卷（《文獻通考》備要亦作三十卷）《中興編年舉要》十四卷備要十四卷，太學生莆田陳均平甫撰。大抵依倣朱氏《通鑑綱目》，舉要者綱也；備要者目也。然去取無法，詳略失中，未為善書。」《鐵琴銅劍樓藏書目錄》卷九：「案：伯玉云：舉要為綱，備要為目，似當時分為二書，各編三十卷。今綱目並列，出後人合并。此本每卷標題，編年下空二格，實即舉要二字，可證其未亡也。況真文忠序稱書名曰舉要備要，是非二書明矣。伯玉譏其去取無法，詳略失中，國朝小長蘆叟則謂其簡而有要；潛研錢氏謂書成南渡之世，故老舊聞未盡散失，有可補正史之缺者。」

〔3〕《漢書·陳遵傳》：「遵知飲酒飫宴有節。」〈注〉：「宴食曰飫。」《說文》：「醨，汁滓酒也。」蓋即濁酒。

〔4〕「居乙」當作「居上」，此二句蓋本於《史記·汲黯傳》：「陛下用群臣如積薪耳，後來者居上。」

〔5〕《四庫全書總目提要》卷四十七：「《宋九朝編年備要》三十卷，宋・陳
均撰。均字平甫，號雲巖，莆田人。端平初，有言是書於朝者，敕下
福州宣取，賜均官迪功郎。馬端臨《文獻通考》載均編年舉要三十卷、
備要三十卷，又有《中興舉要》十四卷、備要十四卷，今中興舉要、
備要皆佚。其書取日曆、實錄及李燾《續通鑑長編》，刪繁撮要，勒
成一帙。兼採司馬光、徐度、趙汝愚等十數家之書，博考互訂，始太
祖至欽宗，凡九朝事蹟。欲其篇帙省約，便於尋覽，故苟非大事，則
略而不書。然實以《通鑑綱目》為式，特據事直書，不加褒貶耳。」
所論與朱、錢二氏略近。

〔6〕甲，為天干之首，引申而有第一之意。《文選・班孟堅・西京賦》：「北
闕甲第。」〈注〉：「甲，言第一也。」

見可釋鑑，音訓是優〔1〕，被抑身之，耽與闡幽〔2〕。行明字繡，
終卷無脩〔3〕，哂舊史之枕秘，謂未白乎豕頭〔4〕（1）。

原注：

（1）史炤《通鑑釋文》三十卷，每半葉十二行，每行大小三十字。自元胡三
省身之《通鑑釋文辨誤》盛行，而此書遂微〔5〕。其實胡所長地理，
若聲音訓故乃不如史之有所受之也。予別見同郡蔣姓所藏，行間字裡皆
未若此本之明繡。昔嶧城舊史氏某公，偶得一新鈔本，特詫為枕中秘，
曾請借觀，堅不相許。後既得此，因於予所畫〈得書圖〉跋語中稍靳〔6〕
之，而居士取以入賦也。見可，炤字。

箋證：

〔1〕史炤，字見可（一作子熙），眉山人。博古能文，與蘇軾兄弟俱師其父
清卿，著有《通鑑釋文》三十卷。

〔2〕被抑，謂被胡三省《通鑑注》所壓抑。耽，專注也。《易・繫辭下》：「夫
易，彰往而察來，而微顯闡幽。」〈注〉：「闡，明也。」

〔3〕《廣韻》：「繡，劃也。」此處謂宋版之雕鏤精審，字跡鮮明。

〔4〕哂，譏笑。晉・孫綽《游天臺山賦》：「哂夏蟲之疑冰，整輕翮而思矯。」
《後漢書・朱浮傳》：「往時遼東有豕，生子白頭，異而獻之。行至河東，
見群豕皆白，懷慚而還。若以子之功，論於朝廷，則為遼東豕也。」蕘
圃之意蓋譏諷所謂某史氏者，少見多怪，以常本為祕本，又何羨乎？

〔5〕胡三省（1230～1302），字景參，又字身之，號梅澗，元・台州寧海人。

寶祐四年（1256）進士，歷官縣令、壽春府學教授；咸淳六年（1270），入賈似道幕府；宋亡，隱居山中。生平嗜讀《資治通鑑》，以三十年之力，撰成《資治通鑑音注》。其書將司馬光《考異》及《目錄》，散入注文，頗便閱覽；每遇難字，即注出音義，考證精審。官制、地理，考證尤詳，且所引史料，皆注明出處。又作《通鑑釋文辨誤》十二卷，世所推服。

〔6〕《左傳・莊公十一年》：「宋公靳之。」〈注〉：「戲而相愧曰靳。」

中興館閣，錄續系聯；永樂大典，證明匪全。奪胎肖貌，簡或閑編〔1〕。潛采自鄶，洵無譏焉〔2〕　（1）。

原注：

（1）陳騤《中興館閣錄》十卷、《續錄》十卷〔3〕，每半葉九行，每行大小十八九字不等。《書錄解題》云：「續錄者，後人因舊文增附之也。」〔4〕《錄》缺「沿革」一門，《續錄》缺「廩祿」一門，《永樂大典》已如此矣。居士從兄抱沖道人所藏，乃毛氏影鈔精本，惟貌惟肖者也，然宋本誤裝《續錄》卷第七「提舉編修國朝會要」一葉，及「提舉秘書省提綱史事」二葉，上入《錄》之七卷中，而影鈔者竟改填板心字為「中興館閣錄」云云以實之，非見此本無由覆正之也。外此所見鈔本，更非毛比矣。故曰竹垞「潛采堂」〔5〕以下，等諸自鄶焉。

箋證：

〔1〕奪胎換骨，本為道教術語，為修練成仙之法，後世引申用以比喻師法前人而不落痕跡。惠洪《冷齋夜話》：「山谷云：不易其意而造其語，謂之換骨法；窺入其意而形容之，謂之奪胎法。」

〔2〕《左傳・襄公廿九年》：「自鄶以下無譏焉。」〈注〉：「言季子聞此二國歌，不復譏論之，以其微也。」二國，指鄶、曹。

〔3〕《四庫全書總目提要》卷七十九：「《南宋館閣錄》十卷，宋・陳騤（1128～1203）撰；〈續錄〉十卷，無撰人名氏。騤字叔進，台州臨海人。紹興二十四年（1150）進士第一，慶元初官至知樞密院事、參知政事，忤韓侂胄，提舉洞霄宮，卒諡文簡。陳氏《書錄解題》謂：『淳熙中，騤長蓬山，與同僚錄建炎以來事為此書，李燾為之序。續錄者，後人因舊文而增附之。』今考是錄所載，自建炎元年（1127）至淳熙四年（1177），《續錄》所載自淳熙五年至咸淳五年（1269），皆分沿革、省舍、儲藏、

修纂、撰述、故實、官秩、廩祿、職掌九門。典故條格，纖悉必備，亦一代文獻之藪也。」

〔4〕見《直齋書錄解題》卷六，仍作《中興館閣錄》，與《四庫總目》所稱者異。文末並有注語云：「案：《續錄》乃嘉定三年（1210）館閣重行編次，後人次第補錄至於咸淳者。」

〔5〕竹垞，即朱彝尊（1629～1709），字錫鬯，號鷗坊、金風亭長、松風老人、小長廬釣魚師等。秀水人（今浙江嘉興）。康熙十八年（1679），舉博學鴻儒科，以布衣授翰林院檢討，充日講起居注官、入直南書房。博學通經史、工辭翰，詩與王漁洋齊名，詞開浙西一派。自幼即嗜書，為官後，尤喜抄書。與當時藏書家曹溶、徐乾學等俱有往來借抄，罷官歸田後，所藏更達八萬餘卷。其藏書樓名「曝書亭」、「潛采堂」等。

東家雜記，去聖雖遠，杏壇三成，堯顙親展〔1〕。愈求野於禮失，慨并官之久舛。會叔節之書丹，諗耶邑以數典〔2〕（1）。

原注：

（1）孔傳《東家雜記》二卷，每半葉十行，每行十八字。首列〈杏壇圖說〉，詳《讀書敏求記》〔3〕，壇三重也。遵王家所鈔，今在抱沖道人「小讀書堆」，而余所得未知即葉九來〔4〕宋槧否。中載聖妃氏曰：并官，錢少詹大昕有言〔5〕：以〈韓敕碑〉〔6〕考之，字本是并，而今作亓，即聖裔有不知其誤者，此尚未訛。故居士以為豈非劉子駿〔7〕所謂不猶愈於野者也。

箋證：

〔1〕《說文》：「顙，額也。」《韓詩外傳》：「子貢曰：『賜之師何如？』姑布子卿曰：『得堯之顙，舜之目，禹之頸，皋陶之喙。』」《儀禮‧聘禮》：「有司展群幣以告。」〈注〉：「展，陳也。」此處蓋謂得以親見孔子之相貌也。

〔2〕古代刻石碑前，先將文字以朱筆書寫於石上，謂之書丹。《水經注‧穀水》：「（蔡）邕乃自書丹於碑，使工鐫刻。」此處泛稱刻字於石也。《爾雅‧釋言》：「諗，念也。」

〔3〕《讀書敏求記》卷二之中：「此書為先聖四十七代孫孔傳所編，首列〈杏壇圖說〉，記夫子車從出國東門，因觀杏壇。歷級而上，顧弟子曰：茲魯將臧文仲誓將之壇也，睹物思人，命琴而歌。其歌曰：暑往寒來春復

秋，夕陽西去水東流，將軍戰馬今何在？野草閑花滿地愁。」

〔4〕葉奕苞（？～1687），字九來，號二泉，昆山人（今江蘇省昆山縣）。監生，嘗舉博學鴻詞，報罷。工詩善畫，藏書所名「下學齋」、「經鋤堂」等。

〔5〕章鈺《讀書敏求記》校證卷二之中引錢大昕《竹汀日記抄》：「此係宋槧舊本，鄲國夫人并官氏俱作并字不誤，世間鈔寫本皆誤併爲亓矣。」又引俞正燮《癸巳類稿》云：「孔子娶並官氏，並本并字，即弁字，即今卞氏。」

〔6〕〈韓勑碑〉，具名〈魯相韓勑造孔廟禮器碑〉，簡稱〈禮器碑〉。東漢桓帝永壽二年（156）立，現存山東曲阜孔廟。楊守敬《激素飛青閣平碑記》云：「要而論之：寓奇險於平正，寓疏秀於嚴密，所以難也。」

〔7〕劉歆，字子駿，西漢沛縣人。成帝時，以通詩、書、能文，召爲黃門侍郎，與其父劉向同校秘府藏書。欲請將古文《左氏春秋》、《毛詩》、《尚書》等立爲學官，以今文學諸博士反對而罷。〈賦注〉所引，見其〈移書讓太常博士〉：「夫禮失求之於野，古文不猶愈於野乎？」

子政列女，深父發矇〔1〕，頌後有贊，遂等俄空〔2〕。割斲研之和璧〔3〕，競南城之楚弓〔4〕，惜畫像之終佚，進補亡於屏風。（1）

原注：

（1）建安余氏勤有堂本《古列女傳》七卷，《續》一卷。每傳有圖，傳在圖之左右及下方，行字之數不畫一。此書是王回深父據頌所定，於是而顏黃門以為後人所羼者〔5〕，始別在《續》內矣。予初見此書，從抱沖道人許，有國初人跋〔6〕云：「余藏《列女傳》古本有二：一得於吳門老儒錢功甫〔7〕；一則亂後入燕，得於南城廢殿中，此則廢殿本也。近又簡吳中舊刻，頌後有贊，乃黃魯曾以己作竄入，與古文錯迕，讀者習而不察久矣。秦漢古書多為今世庸妄人駁亂，其禍有甚於焚燎」云云。後予遂從他所得此，即所謂錢功甫本也。又別見蔣篁亭杲〔8〕校本，嘗兩及之，云何義門處見之，謂「斲研齋」寶如雙璧也。居士為道人校讎重刊行世，文悉仍其舊，即考證亦別為卷。獨定其畫像題顧凱之者，為余氏補繪而削去，予佞宋尚時時惜之，故居士以為豈欲進補屏風之亡乎？仍意不之許也。畫之屏風，向〈頌義大序〉之一句〔9〕。

箋證：

〔1〕《禮記・仲尼燕居》：「三子者既得聞此言也於夫子，昭然若發矇矣。」

〔2〕 等、同複文，《淮南子・主術》：「與無法等。」〈注〉：「等，同也。」俄空，蓋「俄傾成空」之省，謂憑空消失。

〔3〕 和璧即「和氏璧」之省，比喻極珍貴之物。《漢書・鄒陽傳》：「故無因而至前，雖出隨珠、和璧，祇怨結而不見德。」

〔4〕「楚弓」典出《說苑・至公》：「楚人遺弓，楚人得之，又何求焉？」此處亦應比喻難得之寶物。

〔5〕《顏氏家訓・書證》：「《列女傳》亦向所造，其子歆又作〈頌〉，終於趙悼后。而傳有更始韓夫人、明德馬后及梁夫人，皆由後人所屬，非本文也。」

〔6〕 此跋見錢謙益《絳雲樓題跋》。錢氏之書，於康熙年間被禁燬，蕘圃稱之為「國初人」而不名，蓋亦避文網之禍歟？

〔7〕 錢允治（1541～？），初名府，後以字行，更字功甫，明末吳縣人（今江蘇蘇州）。父穀（字叔寶），亦嗜藏書，家有「懸磬室」，聚書充楹，多人間罕見之書。又喜抄書，雖貧病，勤抄不輟。所藏於身後多歸錢謙益。著有《少室先生集》、《李師師外傳》等。

〔8〕 蔣杲（1683～1732），字子遵，號篁亭，長洲人（今蘇州市）。康熙四十二年（1703）進士，官吏部郎中、廉州知府。曾為何義門弟子，家有「貯書樓」，藏書甚富。著作有《邑秀》、《于亭》諸集。

〔9〕《讀書敏求記》卷二之中：「今此本始於有虞二妃至趙悼后，號〈古列女傳〉；周郊婦至東漢梁嫕等，以時次之，別為一篇，號〈續列女傳〉。頌義、大序列於目錄前，小序七篇散見目錄中，頌見各人傳後，而傳各有圖。」今所見各本《列女傳》，俱失此大序。案：《初學記》卷二十五、《太平御覽》卷七百一引《別錄》：「臣向與黃門侍郎歆所校《列女傳》，種類相從為七篇，以著禍福榮辱之效、是非得失之分，畫之屏風四堵。」當即〈大序〉之語。

歷代紀年，十得其九，自序紹興，今也烏有〔1〕。順理懸解〔2〕，陳錄乃剖；也是疏略，難復辭咎〔3〕（1）。

原注：

（1）殘本晁公邁《歷代紀年》卷二至十，所缺第一卷也。每半葉十行，每行十九字。《書錄解題》云：其自為序當紹興七年（1137）。今未見，以此

序在首而亦缺也〔4〕。此即「述古堂」舊物，而《敏求記》但言紹興壬子（1132），樂清包履常為之鋟木以傳，不及自序之有無并所缺卷，是疏略也〔5〕。

箋證：

〔1〕烏同惡，無也，烏有即無有。《史記·司馬相如傳》：「烏有先生者，烏有此事也。」〈集解〉引徐廣曰：「烏，一作惡。」

〔2〕懸，俗縣字。縣解，本指自然的解脫，見《莊子·養生主》。此處則意謂高超深入的見解，《新唐書·尹知章傳》：「於易、老、莊，尤縣解。」

〔3〕《詩經·小雅·伐木》：「寧適不來，微我有咎。」〈鄭箋〉：「咎，過也。」《廣雅·釋詁三》：「咎，惡也。」

〔4〕《直齋書錄解題》卷四著錄。案：《鐵琴銅劍樓藏書目錄》卷九：「《歷代紀年》十卷，宋·晁公邁撰。其紀年號：夏諒祚有廣禧、清平二號，與《玉海》合，可補《宋史》之闕；天顯屬遼太宗，不屬太祖；遼道宗有壽昌無壽隆，與《東都事略》、《玉海》、《通考》等合，可訂遼史之訛。」

〔5〕《讀書敏求記》卷二：「晁氏《歷代紀年》，始之以正統，次之以封建、僭據，再次之以盜賊、四裔、道書，而後以歷代年號終焉。晁公諱公邁，字伯咎，纂輯此書，凡節目之大而關於體統者可以概見。紹熙壬子（1192）樂清包履常為之鋟木以傳。」章鈺〈校證〉：「刊本作紹興，今從吳校，題詞本亦作熙。」吳校本，即吳槎客（騫）原校本，見章氏書前〈據校各本略目〉。

土風清嘉，維桑與梓〔1〕；樂圃先生〔2〕，石湖居士〔3〕，圖經續前，郡志肇始〔4〕。必文足以能徵，寧疵刊之徒恃〔5〕；幸宋子之導先，喜葉公之見竢〔6〕，汰懸罄之秕 〔7〕，洗汲古之泥滓〔8〕（1）。

原注：

（1）紹興甲寅（1134）本朱長文《吳郡圖經續記》三卷，每半葉九行，每行十八字，中間缺葉，錢磬室〔9〕手鈔補足。首有楷字長方印，其文曰：「葉文莊公家世藏」〔10〕。

紹定本范成大《吳郡志》五十卷，每半葉九行，每行大小十八字，述古堂舊物也。

《圖經續記》磬室曾刊行，《志》則汲古閣刻之。予最先得太倉宋賓、王

蔚如所校《志》，知毛据殘宋本開雕，故如牧守題名脫落特多，餘亦每與此不合，乃「懸磬室」中親藏宋槧圖經，何訛舛亦復不少耶？明代刻本不足恃有如此者。

箋證：

〔1〕《詩經‧小雅‧小弁》：「惟桑與梓，必恭敬止。」後世以桑梓爲家鄉之代表。

〔2〕朱長文（1041～1100），字伯元，一作伯原，宋‧吳縣人（今蘇州市）。嘉祐四年（1059）進士，授秘書省校書郎。以父喪棄官歸里，居家凡二十年，築室於故吳越錢氏「金谷園」，知州章岵榜曰「樂圃」，以是人稱樂圃先生。元祐中，復起爲本州教授，遷秘書省正字。藏書二萬卷，又集周穆王以來金石遺文、名人手跡千餘通，編爲《墨池》、《閱古》二書藏於家。著有《樂圃集》一百卷，今傳《樂圃餘稿》八卷、《吳郡圖經續記》、《琴史》等。

〔3〕范成大（1126～1193），字致能，號石湖居士，宋‧吳興人（今蘇州市）。紹興二十四年（1154）進士，累官至參知政事。隆興六年，奉命使金，進國書以索故君陵寢，慷慨陳辭，幾於見殺，終全節而歸。詩與陸游、尤袤、楊萬里齊名，稱「南宋四大家」。撰有：《石湖集》、《攬轡錄》、《桂海虞衡志》、《吳郡志》等。

〔4〕朱長文〈吳郡圖經續記序〉：「自大中祥符中，詔修圖經，每州命官編輯而上其詳略。由祥符至今，逾七十年矣，其間近事未有紀述也。於是參考載籍，探摭舊聞，作《圖經續記》三卷。」是所謂「圖經續前」；趙汝談〈吳郡志序〉：「初，石湖范公爲《吳郡志》成，守具木欲刻矣，時有求附某事於籍而弗得者，因譖曰：是書非石湖筆也。守憚莫敢辨，亦弗敢刻，遂以書藏學宮。紹定初元多（1228），廣德李侯壽朋，以尚書郎出守，從其家求遺書得數種，而斯志與焉。於是會校官汪泰亨與文學士雜議，用褚少孫例，增所缺遺，訂其倪訛，書用大備，而不自別爲續焉。」是即所謂「郡志肇始」。

〔5〕《廣韻》：「刓，圜削也。」疵刓，此處謂刊印不良、錯誤極多之版本。

〔6〕竢，俗作俟。《說文》：「竢，待也。」

〔7〕《說文》：「秕，不成粟也。」《廣韻》：「穅，穀皮。」此處用以比喻不良之版本。

〔8〕泥滓，本爲泥垢渣滓，此處與秕穅同義，比喻版本之粗劣。

〔9〕錢穀（1508～1578），字叔寶，號罄室，明長洲人（今蘇州市）。少孤貧，從文徵明遊，遂工山水人物，得沈氏遺法，爲吳中一代名手。築「懸罄室」以藏書，聞有奇書秘冊，雖病亦必強起，匍匐請觀，手自抄寫，故所藏宏富。著有：《吳都文粹續編》、《三國類抄》、《南北史摭言》、《隱逸集》、《長洲志》等。

〔10〕葉盛（1420～1474），字與中，號蛻庵、涇東道人，明・昆山人。正統十三年（1448）進士，授兵科給事中，進都給事。代宗立，擢右參軍，右僉都御史、巡撫兩廣。憲宗朝歷官禮部右侍郎、吏部左侍郎，成化八年（1472）致仕，卒諡文莊，故稱葉文莊公。博學有才名，喜聚書，所藏達二萬二千七百餘卷，建「菉竹堂」以儲之，爲當時江蘇藏書家之首。著有：《菉竹堂書目》、《水東日記》、《蛻庵集》、《葉文莊奏議》等。

臨安百卷，分豆剖瓜〔1〕；海鹽常熟，薈萃竹垞。墜簡十七，或亡或賒〔2〕，不遘神膠，詎容足蛇〔3〕（1）。

原注：

（1）殘本潛說友《咸淳臨安志》〔4〕，所存八十三卷。每半葉十行，每行大小廿字，又鈔補者十卷。《曝書亭集》跋此書曰：「予從海鹽胡氏、常熟毛氏先後得宋槧本八十卷，又借鈔一十三卷，其七卷終闕焉。」〔5〕今予所得，較多宋刻三卷矣。然其餘十七卷，或竟未見，或雖鈔補而終非宋刻。唯聞長塘鮑君廷博〔6〕所藏本內，有宋刻六十五、六十六二卷，爲出竹垞所見外，不識天壤間其尚有他本可補足否也。

箋證：

〔1〕分豆剖瓜，通作「瓜剖豆分」或「豆剖瓜分」，比喻國土遭到分割，此處則用以形容書本的殘缺零落。

〔2〕賒，本有疏緩義，《文選・謝玄暉・和王主簿怨情詩》：「徒使春帶賒。」〈注〉：「賒，緩也。」此處指書籍之卷數有多出於他人者，蓋用引申之義。

〔3〕《爾雅・釋詁》：「遘，遇也。」《說文新附》：「詎，猶豈也。」王嘉《拾遺記》：「神膠出鬱夷國，接弓弩之斷者，百斷百續。」《淮南子・說山篇》：「神蛇能斷而復續，而不能使人勿斷也。」此處用以比喻使殘本恢復原貌。

〔4〕楊紹和《楹書隅錄》卷二：「宋本《咸淳臨安志》。是書宋槧見於近人著

錄者：竹垞得海鹽胡氏、常熟毛氏本，輯成八十卷（百宋一廛本據汪氏
新刻本跋，即竹垞本較多三卷），其重出者售諸小山堂趙氏，凡三十五
卷。鮑以文所收平湖高氏本，祇二十卷，爲延令故物。此本宋槧六十八
卷，餘二十七精鈔補之。」

〔5〕跋見《曝書亭集》卷四十四，《四庫全書》著錄者，即爲壽松堂孫氏傳
抄朱彝尊家藏宋刊本。

〔6〕鮑廷博（1728～1814），字以文，號淥飲，別署通介叟、得閒居士，歙
縣人。幼年隨父思詡遷居杭州，以建屋爲業，治產甚富。遂繼承其父所
藏書，既精且多，又悉力搜購，所得益富，顏其室曰：「知不足齋」。乾
隆三十八年（1773）《四庫全書》開館，詔求逸書，廷博選家藏善本六
百二十六種進呈，爲海內藏家獻書之冠。高宗特降旨賞譽，並賜《古今
圖書集成》一部，鮑氏別建「賜書樓」以儲之。嘉慶十八年（1813）又
欽賜舉人出身。曾校刻《知不足齋叢書》三十輯、二百零七種，最爲後
人所重。

嚴州故郡，一名新定〔1〕，錢君可則，成志氏姓〔2〕。入山得寶，
斯癡宜診〔3〕，欽然有懷，食蹠之性〔4〕（1）。

原注：

（1）錢可則《新定續志》十卷，每半葉八行，每行大小十八字，編纂者為方
仁榮、鄭瑤。其曰《續志》者，續董弅《新定志》也，志即《嚴州圖經》。
錢少詹大昕論此曰：「宋人州志多用郡名標題。」〔5〕其說是矣。初書
賈某甲業於杭之城隍山，收雜志書數百種，以帳寄示，《續志》在焉，予
遂探得之，每以波斯識寶〔6〕自衒。然《圖經》殘本首三卷，近在某乙
許，因居奇差池，亦用為歎，每展此書，輒復縈抱，居士其知予心哉？

箋證：

〔1〕嚴州，即嚴州府，其所治包含今浙江省建德、桐廬等縣。《讀史方輿紀
要》卷九十：「建安十三年（208），孫吳始置新都郡，晉改爲新安郡，
宋齊以後因之。唐武德四年（621）復爲睦州，時又於桐廬縣別置嚴州，
取嚴子陵爲名，兼領分水、建德二縣。天寶初曰新定郡。宣和三年（1121）
改曰嚴州，咸淳元年（1265），又升州爲建德府。」故錢書名曰《新定
續志》。

〔2〕成志氏姓，蓋謂其州因嚴光而得名，此書之編成亦取自州名而流傳於後

世也。注引錢大昕之言，亦本於此意。

〔３〕　《廣雅・釋詁三》：「誩，賣也。」，音義同鬻。《說文》：「鬻，衒也。」衒與衒通。誩癡，典出《顏氏家訓・文章》：「吾見世人，至無才思，自謂清華流布，醜拙亦以眾矣！江南號爲誩癡符。」

〔４〕　欲，音義同「貪」，《說文》：「欲，欲得也。」蹟同跖，《呂氏春秋・用眾篇》：「善學者若齊王之食雞也，必食其跖數千而後足。」《淮南子・說山篇》跖作蹟，數千作數十，《御覽》六百七引同《淮南子》。此處以「食蹟之性」比喻蕘圃之於藏書，務求其多也。

〔５〕　錢大昕《十駕齋養新錄》：「可則，字正己，景定元年（1260）以直寶章閣知嚴州，三年，升直敷文閣。此志成於可則蒞郡之日，而卷首載咸淳元年（1265）升建德府省箚。其知州題名，則可則後續列郭自中等八人，蓋後來續有增入，宋時志乘大率如此。」

〔６〕　《南史・夷貊傳》：「波斯國，其先有波斯匿王者，子孫以王父字爲氏，因爲國號。其國中有優鉢曇花，出龍駒馬，鹹池生珊瑚樹，亦有琥珀、瑪瑙、眞珠、玫瑰等，國內不以爲珍。」蕘圃蓋反用其意，謂得識人所不重之寶物也。

姚校短長，抽其端緒〔１〕，懸諸國門，不朽盛舉。永續命於剡川〔２〕，厚釋誣於雅雨〔３〕。方綴學之共仰〔４〕，良無煩乎靦縷〔５〕（１）。

原注：

（１）　剡川姚氏本《戰國策》三十三卷，每半葉十一行，每行二十字。其注之所校，又雙行分系於注下，所謂注中有注者也。癸亥年予影摹重刊，又以至正乙巳（1365）吳師道本互勘，爲之札記，詳列異同，凡三卷〔６〕。於是而盧雅雨本〔７〕竄入鮑彪所改，及加字并抹除者各條，始不復相牽涵矣。此書與予庚申年刊明道本影鈔《國語》〔８〕，皆頗行於世。

箋證：

〔１〕　劉向〈戰國策敘錄〉：「所校中《戰國策》書，中書餘卷，錯亂相糅莒。又有國別者八篇，少不足。臣向因國別者，略以時次之，分別不以序者以相補，除復重，得三十三篇。中書本號，或曰《國策》，或曰《國事》，或曰《短長》，或曰《事語》，或曰《長書》，或曰《修書》。臣向以爲戰國時，游士輔所用之國，爲之策謀，宜爲《戰國策》。」《淮南子・兵略

篇》：「一晦一明，孰知其端緒。」此處謂校書之大端也。

〔2〕剡川，地名，在今浙江省嵊縣西南。

〔3〕《左傳‧成公三年》：「吾小人，不敢厚誣君子。」〈會箋〉：「厚猶重，言不可以一時虛謀，重誣君子，受其實惠。」

〔4〕《文選‧劉子駿‧移書讓太常博士》：「往者綴學之士，不思廢絕之闕。」

〔5〕覼縷，謂委曲詳盡也。《史通‧敘事》：「夫敘事之體，其流甚多，非復片言所能覼縷。」

〔6〕《蕘圃刻書題識》〈重刻剡川姚氏本戰國策并札記序〉：「曩者顧千里爲予言：曾見宋槧剡川姚氏本《戰國策》，予心識之，厥後遂得諸鮑綠飲所。楮墨精好，蓋所謂梁溪高氏本也。千里爲予校盧氏雅雨堂刻本一過，取而細讀，始知盧本雖據陸敕先鈔校姚氏本所刻，而實失其眞，往往反從鮑彪所改及加字并抹除者。夫鮑之率意竄改，其謬妄固不待言，乃更援而入諸姚氏本中，是爲厚誣古人矣。今年（嘉慶八年）命工纖悉影撫宋槧而重刊焉。并用家藏至正乙巳（1365）吳氏本互勘，爲之札記，凡三卷。」

〔7〕盧見曾（1689～1768），字抱孫，號澹園，又號雅雨山人，德州人（今山東省德州市）。康熙十六年（1677）進士，官四川洪雅知縣、兩淮鹽運使。詩名早著，愛才好士，一時名流咸集；又嗜藏書刻書，悉力搜集罕見之本，刻成《雅雨堂叢書》。另刻有《山左詩抄》、補刊《經義考》等。所著於道光中刊成《雅雨堂詩文集》。

〔8〕江標《黃蕘圃先生年譜》：「嘉慶五年庚申（1800），屬同邑李福影書明道本《國語》刊成。」黃丕烈〈校刊明道本韋氏解國語札記識語〉：「國語自宋公序取官私十五六本校定爲《補音》，世盛行之，後來重刻，無不用以爲祖。有未經其手如此明道二年本者，乃不絕如線而已。丕烈深懼此本之遂亡，用所收影鈔者開雕以餉世。嘉慶四年十月二十七日。」則是先刊印〈校刊札記〉而後書成。

第六章 《百宋一廛賦注》箋證（下）

第四節 子 部

蘭陵老師〔1〕，舊監經營〔2〕；唐刊台庫〔3〕，瞠其先鳴〔4〕。擴紀聞之同異，訂軒輊而為平〔5〕，懲餘姚之匍匐，循故步乎熙寧〔6〕（1）。

原注：

（1）熙寧本《荀子》二十卷，每半葉八行，每行大十六字、小廿四字。《困學紀聞》云：「〈勸學篇〉：青出之於藍，作青取之於藍；聖心循焉，作聖心備焉；玉在山而木潤，作草木潤；君子如響矣，作知響矣。〈賦〉篇：請占之五泰，作五帝。監本未必是，建本未必非，餘不勝紀。」又云：「今監本乃唐與政台州所刊，熙寧舊本亦未為善，當俟詳考。」〔7〕此本之末，有呂夏卿重校、王子韶同校題名，即熙寧舊本也。建本與元纂圖互注者頗近，明世德堂本又從之出〔8〕。餘姚盧學士文弨〔9〕合校諸本，撰定開雕，曾見從此影鈔者而引之，居士細加覆審，其所沿革，往可議〔10〕。故步一失，無所持循，凡合校之弊，必至於此矣。

箋證：

〔1〕《史記・孟子荀卿列傳》：「齊襄王時，而荀卿最為老師。齊尚脩列大夫之缺，而荀卿三為祭酒焉。齊人或讒荀卿，荀卿乃適楚，春申君以為蘭陵令。」

〔2〕舊監即北宋國子監。《古逸叢書》影刊《台州本荀子》附熙寧元年（1068）

國子監箚子：「今來再校到《荀子》一部，計二十卷，裝寫已了。奉聖旨：《荀子》送國子監開版。」是爲《荀子》有刊本之始。

〔3〕台庫即「台州公使庫」，台州在今浙江省臨海縣。南宋孝宗淳熙八年（1181），庫使唐仲友用公使庫公款私印書籍，《荀子》即其中之一，乃翻刻北宋熙寧國子監本。

案：《晦庵朱文公文集》卷十八〈按唐仲友第二狀〉：「仲友自到任以來，關集刊字工匠，在小廳側雕小字賦集，每集二千道。刊板既成，搬運歸本家書坊貨賣，其第一次所刊賦板，印賣將漫，今又關集工匠，又刊一番。凡材料、口食、紙墨之類，並是支破官錢。」又卷十九〈按唐仲友第四狀〉：「據葉志等供草簿內：仲友以官錢開荀、揚、文中子、韓文四書，卻不見得盡饋送是何官員。」

〔4〕《莊子・田子方篇》：「顏淵問於仲尼曰：『夫子奔逸絕塵，而回瞠若乎後矣。』」〈釋文〉引〈字林〉曰：「瞠，直視貌。」《廣韻》：「瞠，直視也。」

〔5〕輵同摯。《詩經・小雅・六月》：「戎車既安，如輵如軒。」〈注〉：「輵，摯佶正也。」引申軒輵有高下、輕重之意。

〔6〕《莊子・秋水》：「且子獨不聞夫壽陵餘子之學行於邯鄲與？未得國能，又失其故行矣！直匍匐而歸耳！」成玄英〈疏〉：「燕國少年，遠來學步。」《御覽》三九四引兩行字並作步，與〈成疏〉合；國字作其。今賦文二句即分用其事也。

〔7〕見《困學紀聞》卷十。案：五泰爲五帝，亦見《荀子・賦篇》：「臣愚而不識，請占之五泰。」〈楊注〉：「五泰，五帝也。」

〔8〕葉德輝《郋園讀書志》卷五〈纂圖互注重言重意荀子楊倞注二十卷〉：「此纂圖互注出於南宋建陽書坊（案：當作建安書坊）刻本，同時刻有《老子》、《莊子》、《揚子》，謂之四子。《揚子法言》後有牌記云：『本宅今將監本四子纂圖互注，附入重言重意，精加校正。』此所謂『監本』者，乃南宋監本，今讀者但目爲建本。」顧廣圻《思適齋書跋》卷三〈景宋呂夏卿本荀子跋〉：「《荀子》向唯明世德堂本最行於世，乃其本即從元纂圖互注本出。」明・吳郡「世德堂」主人名顧春，所刻《六子全書》，今得見者尚多。

〔9〕盧文弨（1717～1796），字召弓，一作紹弓，號檠齋、磯漁、抱經等，晚號弓父，浙江仁和人（今杭州市）。乾隆十七年（1752）進士，官至

提舉湖南學政，主講江、浙各書院二十餘年。所得俸錄，盡以購書，藏書之所名曰「抱經堂」。又精於校勘，薈萃諸書校勘記成《群書拾補》；刊有《抱經堂叢書》十五種。著有：《儀禮注疏詳校》、《鍾山札記》、《龍城札記》、《抱經堂文集》等。

〔10〕疑脫一「往」字。

新序經進，年月具官〔1〕，庚寅焚如，歷劫偏完〔2〕。神益是正，奚止一端，髯兮侈富，於茲寒酸〔3〕（1）。

原注：

（1）《新序》十卷，每半葉十一行，每行廿字。每卷首題：陽朔元年（24）二月癸卯護左都水使者光祿大夫臣劉向上。第一卷後有國初人跋〔4〕云：「舊本新序《說苑》，卷首開列陽朔鴻嘉△年△月具官臣劉向上一行，此古人脩書經進之體式，今本先將此行削去」云云，本紅豆舊物也，後入《延令書目》〔5〕，可知未遭庚寅之炬。予嘗校之一過，每與居士商榷，如《戰國策札記》所載桃仁字之屬〔6〕，取資宏多矣。陽山顧大有所藏亦宋槧〔7〕，後歸蔣辛齋氏〔8〕，「賜書樓」之書散出，予嘗見之，其刻差後，遂多錯誤，然則此真北宋槧也。昔何義門手校〔9〕，據彼而未知有此，故言何所見他宋槧極多，而於茲有所不逮矣。何用一小方章，其文曰「髯」。

箋證：

〔1〕具官，本指任職、居官而言，此處為官職名稱之簡寫。

〔2〕《周易·離卦》：「象曰：日昃之離，何可久也？突如其來如、焚如，死如、棄如。」〈注〉：「其明始進，其炎始盛，故曰焚如。」庚寅，清、順治七年（1650）。曹溶〈絳雲樓書目題詞〉略云：「虞山宗伯生神廟盛時，早歲科名，交游滿天下。盡得劉子威、錢功父、楊五川、趙汝師四家書，更不惜重貲購古本，書賈奔赴捆載無虛日，用是所積充牣，幾埒內府。晚歲居紅豆山莊，出所藏書重加繕治，區分類聚，栖絳雲樓上，大櫝七十有三。甫十餘日，其幼女中夜與乳媼嬉樓上，剪燭炆落紙堆中，遂燬。宗伯樓下驚起，燄已張天，不及救矣。倉皇出走，俄頃樓與書俱盡。」案：《周禮》：「乃立春官宗伯，使率其屬以掌邦禮。」春官即後世之禮部，錢謙益於明末曾官禮部尚書，故稱之。

〔3〕寒酸，形容書生貧窮困窘之狀。杜荀鶴《唐風集》卷上〈秋日懷九華舊

居詩〉：「燭共寒酸影，蛩添苦楚吟。」

〔4〕所引題記見於《有學集》卷四十六、《絳雲樓題跋》頁二十五。

〔5〕即《延令宋版書目》，季振宜藏。振宜（1630～1647），字詵兮，號滄葦、古愚，江蘇泰興人。順治四年進士，官至御史。家本豪富，廣收圖書，江南故家舊藏多歸之，所得錢遵王「述古堂」珍本尤多。是書專錄宋版書，有嘉慶十年（1805）「士禮居」刊本。

〔6〕案：《戰國策・秦策四》：「拔燕、酸棗、虛、桃人。」《史記・秦本記》作「桃」，無人字；蕘圃〈校勘札記〉：「《新序》人作仁，人、仁同字。」注所云蓋謂此也。

〔7〕顧元慶（1487～1565），字大有，號大石山人，明・長洲人（今蘇州市）。生平以書史自娛，多所撰述，聚書之外又喜刻書，嘗集所藏善本刻之，署曰：《陽山顧氏文房》。行世者有：《文房小說四十二種》、《明朝四十家小說》等。著有：《瘞鶴銘考》、《夷白齋詩話》等十餘種。

〔8〕蔣重光（1648～1708），字子宣，號辛齋，江蘇長洲人（今蘇州市）。蔣杲從弟，藏書亦甚富。其藏書之所名：「賜書樓」、「賦琴樓」等。

〔9〕何焯（1661～1722），字潤千，一字屺瞻，號茶仙、蓼谷，晚號憩閒老人，學者稱義門先生。長洲人（今蘇州市），康熙四十二年（1703）進士，授翰林院編修，入直南書房，兼武英殿纂修官。精通經史百家之學，又嗜藏書，家有「賚研齋」，蓄書數萬卷。尤長於校勘考訂，以校訂《兩漢書》、《三國志》最有名。其所著《義門讀書記》，至今為學者所重。另有《制義行遠集》、《困學紀聞箋疏》、《道古錄》等。

授老則漢時結草〔1〕，注莊則晉代懸河〔2〕；易州深刻，而齊軌貴少，吳縣大書，而合轍美多〔3〕（1）。

原注：

（1）建安余氏本《道德經》二卷，每半葉十行，每行大小字不等，河上公章句也。予跋之曰：「如春登臺，尚未誤倒〔4〕，與唐開元易州石經合〔5〕，因知其佳也。」

南宋本《南華真經》十卷，每半葉十行，每行十八字，郭象注也。以《經典釋文》標舉大字證之，合者居多矣〔6〕。吳縣謂陸元朗〔7〕。

箋證：

〔1〕葛洪《神仙傳》三：「河上公者，莫知其姓字。漢文帝時，公結草為庵

於河之濱，帝讀《老子經》頗好之，有所不解數事，時人莫能道之。聞時皆稱河上公解《老子經》義旨，乃使齎所不決之事問之。」

〔2〕《世說新語・賞譽》：「王太尉（衍）云：『郭子玄（象）語議如懸河寫水，注而不竭。』」《北堂書鈔》九十八引《語林》，寫作瀉，此語為孫綽答王衍之問。

〔3〕齊軌、合轍，均用以形容文字相合。

〔4〕《老子・二十章》：「眾人熙熙，若享太牢，如春登臺。」俞樾《諸子平議》：「按：『如春登臺』與十五章『如冬涉川』一律，河上公本作『如登春臺』，非是。然其〈注〉曰：『春陰陽交通，萬物感動，登臺觀之，意志淫淫然。』是亦未嘗以『春臺』連文，其所據本，亦必作『春登臺』，今傳寫誤倒耳。」蔣錫昌《老子校詁》：「如，應從碑本作『若』，以與上句一律。」

〔5〕此碑具名「易州龍興觀御注道德經幢」，簡稱開元碑本、御注本。唐玄宗開元二十六年（738）立，蘇靈芝書，今存河北易縣。

〔6〕今本《經典釋文》之體例：將欲注解之字或詞，以大字標出，其下注明讀音（包含直音、反切兩種）、異文、釋義、引用各家異解等。其大字當即陸氏所據底本，故蕘圃以合者為佳也。陸氏書前附〈條例〉云：「先儒舊音，多不音注。然注既釋經，經由注顯，若讀注不曉，則經義難明；混而音之，尋討未易。今以墨書經本，朱字辯注，用相分別，使較然可求。」則陸氏原稿是以不同顏色標注，後世刊刻始改以大小字為別。

〔7〕陸德明（約550〜630），名元朗，以字行。唐・蘇州吳縣人。初受業於周弘正，善言玄理。陳太建中，任始興王左常侍。隋代陳，煬帝擢為秘書學士；隋末，王世充舉德明為其世子師，不就，移病成皋。唐太宗為秦王時，徵為文學館學士，補太常博士。貞觀初，拜國子博士，封吳縣男。德明之學，重南學而兼北學，所撰《經典釋文》三十卷，始自陳至德元年（583），採集漢、魏、六朝音切凡二百三十餘家，又博考諸儒訓詁，辨正各本異同，訂定經學傳授源流。是書創唐代義疏之學先河，且兼取玄學觀點，列《老》、《莊》於經典內，實具特見。

沖虛錯互，舉世相仍〔1〕，處度敬順〔2〕，糾繆淄澠〔3〕，劃然分判，使我伏膺〔4〕，吳都注後，藐藐　朋〔5〕（1）。

原注：

（1）《沖虛至德真經列子張湛處度注》八卷，每半葉十二行，每行二十五字。
今世所行明世德堂本，〈注〉與唐當塗縣丞殷敬順〈釋文〉合并，不復
可以識別。盧學士《群書拾補》〔6〕以意分之，不若此本未附釋文，
尤為確然而無誤也。卷第五「五山始峙而不動」一句，俗本皆脫而不動
三字，居士舉劉淵林〈吳都賦注〉〔7〕有之以相證，謂《列子》善本
無踰此。今考《玉海》載祥符四年（1011）官校《列子》事〔8〕，殆
其時之本歟？居士嘗為余言：殷敬順〈釋文〉乃宋道士碧虛子陳景元依
託〔9〕，今賦文仍云敬順者，不遽改舊稱也。

箋證：

〔1〕《爾雅・釋詁》：「仍，因也。」即因循之意。

〔2〕張湛，字處度，高平人。仕晉，官至中書侍郎。事跡略見於《世說新語・
任誕篇注》，《晉書・范寧傳》。

〔3〕《史記・賈誼傳》：「夫禍之與福兮，何異糾纆。」〈集解〉：「禍福相爲
表裡，如糾纆繩索相附會也。」《列子・說符》：「孔子曰：淄澠之合，
易牙嘗而知之。」淄、澠二水，同源而異味，比喻混淆難辨之事。

〔4〕伏膺，亦作服膺，牢記不忘於心，亦有深感敬佩之意。《世說新語・品
藻》：「支道林問孫興公：『君何如許掾（詢）？』孫曰：『高情遠致，弟
子蚤已服膺。』」

〔5〕吳都注，即指〈吳都賦〉劉淵林（逵）注。此二句蓋讚〈劉注〉所據乃
《列子》善本，後世罕觀。案：〈劉注〉本非爲《列子》而作，足以補
正《列子》者亦僅此一條，千里之言，未免稍過。《說文》：「尟，少也。」
《廣韻》：「尠，俗尟字。」

〔6〕盧文弨《群書拾補》，初刊於乾隆五十二年（1787），乃平日校勘古書之
札記，收書凡三十七種。其〈列子張湛注校正〉前，有小序云：「此本
用晉張湛注，又以唐殷敬順釋文，及宋陳景元語參厠其中，不加識別，
頗爲淆混。近人引用，多誤認釋文爲注。職此之由，今專校張注，其音
義易辨及有圈隔，了知非張注者置之；有相疑似者，乃著之。」蕘圃所
謂「以意分之」，蓋由是也。

〔7〕清・胡克家重刻宋淳熙本《文選・左太沖・吳都賦》劉淵林注：「《列子》：
『夏革曰：渤海之東曰歸塘，其中有五山焉。帝命禺強使巨鼇十五舉首
而戴，五山峙而不動。』」乃節引《列子・湯問篇》之文。

〔8〕《玉海》〈藝文部〉卷五十五：「景德四年（1007），經列子觀。二月丙

子，詔加至德之號，命官校正其書。祥符五年（1012）四月丙寅，崇文
院上新印《列子沖虛至德真經》，詔賜親王輔臣人一本。」

〔9〕陳景元，字太虛，號真靖，自稱碧虛子，江西建昌人，元豐間道士。初
師高郵道士韓知止，遊天台山，遇鴻濛先生張無夢授秘術。至京師，居
醴泉觀，神宗聞其名，召對天章閣，賜號真人，遷右街副道籙。詩書皆
清婉可喜，自幼嗜書，至老不倦。凡道書皆親手校寫，告歸之日，行李
百擔，俱經史文集。注《道德經》二卷、《莊子》十卷，編《高士傳》
百卷，文集二十卷。

高解鴻烈〔1〕，蓋云善哉，向貴蘆泉，頓成陪臺〔2〕。憤道藏之贗
鼎〔3〕，每張目而一欸〔4〕；將高郵以助予，臨欲借而遲回〔5〕
（1）。

原注：

（1）小字本《淮南鴻烈解》二十一卷，每半葉十二行，每行大廿二字、小廿
五字，棟亭曹氏〔6〕舊物也。相傳惠松崖〔7〕絕稱明蘆泉劉績補注
本，惠嘗見宋本者也，其實劉出於正統十年（1445）《道藏》〔8〕，不
如宋槧遠甚。近有妄庸人，取《道藏》以己意塗竄增刪，又多造童牛角
馬之字〔9〕，移易舊文，刻版印行。不知者遂目《道藏》為真如此，
其貽誤何可勝言耶！高郵王庶子引之方事重校，曾枉札相訊〔10〕，居
士與王不相知，而頗諷予借與之也。

箋證：

〔1〕高解，指高誘《淮南鴻烈解》。高誘，東漢・涿郡人（今河北涿縣）。少
從盧植受學，建安十年（205），辟司空掾，除東郡濮陽令。十七年（212），
撰《淮南鴻烈解》成。另有《呂氏春秋注》、《孟子章句》、《孝經解》、《戰
國策注》等，大多不傳。

〔2〕《左傳・昭公七年》：「逃而舍之，是無陪臺也。」〈會箋〉：「臺者，十
等之最下者，而陪從之極也。故曰所陪之臺亦復無也。」此處乃比喻版
本之低劣。

〔3〕贗本作鴈。《韓非子・說林下》：「齊伐魯，索讒鼎，魯以其鴈往。齊人
曰：鴈也。魯人曰：真也。」《廣韻》：「贗，偽物也。」後世以「贗鼎」
稱偽造之物，本此。

〔4〕《楚辭・九章・涉江》：「乘鄂渚而反顧兮，欸秋冬之緒風。」〈王逸注〉：

「欸，歎也。」蓋本爲狀聲之詞，通「唉」。

〔5〕遲回，一作遲迴，徘徊不定。《後漢書・東海恭王彊傳》：「光武不忍，遲回者數歲，乃許焉。」

〔6〕曹寅（1658～1712），字子清，一字楝亭，號荔軒，漢軍正白旗人。先世居河北豐潤，入清後爲內務府包衣，深受康熙賞識，官通政使、江寧織造。嗜藏書，俸糈所入，悉以事貯書，以結交朱彝尊，其「曝書亭」書，皆有抄本。又好鉛槧，匯集前人文字聲韻之書刊成《楝亭五種》、藝文雜著爲《楝亭藏書十二種》。另著有：《楝亭詩文詞鈔》、《續琵琶記》、《思仲軒詩》等。《紅樓夢》作者曹霑（字雪芹）即其後人。

〔7〕惠棟（1697～1758），字定宇，號松崖，吳縣人（今江蘇蘇州）。其家三代皆嗜藏書：祖父惠周惕，原名恕，字元龍，號研溪，又號紅豆主人；父惠士奇，字天牧，一字仲孺，晚號半農，人稱紅豆先生。松崖則人稱小紅豆先生，蓋以家傳「紅豆山房」爲藏書之所也。松崖自幼篤志向學，雅愛典籍，得一善本，傾囊不惜。或借讀手抄，校勘精審，於古書之眞僞，了然若辨黑白。編有《惠定宇書目》傳世，又有《惠氏百歲堂書目》三卷，則爲其祖所編。

〔8〕陳國符《道藏源流考》：「明永樂中，成祖敕第四十三代天師張宇初纂校道藏，將鋟梓以傳。功未就緒而成祖崩殂，暨英宗正統九年（1444）始行刊版，至十年事竣。都五千三百五卷、四百八十函，是爲《正統道藏》。」

〔9〕揚雄《太玄經》三：「童牛角馬，不今不古。」〈注〉：「更物之性，而爲治術，非天常道也。」用以比喻違背常情。

〔10〕王引之（1766～1843），字伯申，號曼卿，江蘇高郵人。嘉慶四年（1799）進士，授翰林院編修，旋擢侍講，充起居注官。歷任侍讀學士、通政司副使、大理寺卿、左副都御史，官至禮部尚書，終於任，諡文簡。引之承父念孫之學，以小學說經、校經。撰《經義述聞》三十一卷，皆摘經句爲題而解之，前人傳注擇善而從，其不合者則別爲之說，莫不旁徵博引，融會貫通。又博考九經、三傳及先秦兩漢之書，凡語助之詞，遍爲搜討，分字編次，成《經傳釋詞》十卷。

黃門家訓，篇廿卷七，欣遇考證，檢度繕密〔1〕。縮述古而稍布〔2〕，窘邊幅之小失。恢逸聞於書院〔3〕，嗤共山其無匹（1）。

原注：

（1）淳熙台州公庫本《顏氏家訓》七卷，每半葉十二行，每行十八字。後附嘉興沈揆考證一卷，凡三冊，每冊首尾有省齋一印、共山書院一印。省齋未詳，「共山書院」有藏書目錄，柳待制為之序，稱汲郡張公，不詳其名，延祐三年參議中書省，錢少詹大昕《補元史藝文志》載之者也〔4〕。又每冊首尾紙背，有一長方鈐記云：「國子監崇文閣官書，借讀者必須愛護，損壞闕失，典掌者不許收受。」皆逸聞也。末有何義門跋云：「此書為沈虞卿所刊，虞卿紹熙中嘗以中大夫秘閣修撰知吾郡，見范志牧守題名〔5〕」。又云：「虞卿自號欣遇，見楊廷秀《朝天集》〔6〕。」近長塘鮑氏已用述古堂影鈔本刊入《知不足齋叢書》第十一集，然就其叢書為大小邊幅，失之窄矣。

箋證：

〔1〕檢度，謂檢核衡度。《左傳・隱公元年》：「具卒乘，繕甲兵。」〈注〉：「繕，整治也。」

〔2〕《左傳・襄公三十年》：「皆自朝布路而罷。」〈注〉：「布路，分散。」是布有分散義。

〔3〕《呂氏春秋・君守》：「有識則有不備矣，有事則有不恢矣。」〈注〉：「恢亦備也。」此處當用恢復義。

〔4〕錢大昕《補元史藝文志》卷二「史部簿錄類」載有《共山書院藏書目錄》。

〔5〕《蕘圃藏書題識》卷五錄何義門原跋：「此書為沈虞卿所刊，周益公以殫見洽聞，與尤延之並稱之。本汲古閣舊藏，後歸北客。康熙甲午（1714），余復以厚直購而獲焉，與尤氏校刊《山海經》可為亞匹。虞卿紹熙中嘗以中大夫、秘閣修撰知吾郡，見范志牧守題名云。虞卿自號欣遇，見楊廷秀《朝天集》。」范志，蓋即范成大《吳郡志》。

〔6〕楊廷秀即楊萬里（1124～1206），字廷秀，號誠齋，吉州吉水人。紹興二十四年進士，官至寶謨閣學士，諡文簡。《宋史》卷四三三有傳。案：《四庫全書總目提要》卷一百六十：「《誠齋集》一百三十二卷，嘉定元年其子長孺所編。……萬里立朝多大節……然其生平乃特以詩擅名。有《江湖集》七卷、《荊溪集》五卷、《西歸集》二卷、《南海集》四卷、《朝天集》六卷、《江西道院集》二卷、《朝天續集》四卷、《江東集》五卷、《退休集》七卷，今併在集中。方回《瀛奎律髓》稱其一官一集，每集必變一格。才思健拔，包孕富有，自為南宋一作手！」

倦翁愧郯〔1〕，亦叢長塘。導源夢羽〔2〕，功歸濫觴〔3〕（1）。

原注：

（1）岳珂《愧郯錄》十五卷，每半葉九行每行十七字。八至十一，凡四卷皆鈔補，餘尚有空白未補者十葉，即鮑氏叢書底本也，有「楊氏夢羽」一印。

箋證：

〔1〕岳珂（1183～1234），字肅之，號倦翁，岳飛之孫。官至戶部侍郎、淮東總領制置史。著有《棠湖詩稿》、《桯史》、《金佗粹編》、《寶眞齋法書贊》、《玉楮集》等。《四庫全書總目提要》卷一百二十一：「《愧郯錄》十五卷，宋・岳珂撰。是書多記宋代制度，參證舊典之異同。曰『愧郯』者，取《左傳》郯子來朝，仲尼問官之事，言通知掌故，有愧古人也。」孔子問古代官制於郯子，見《左傳・昭公十七年》。

〔2〕楊夢羽即楊儀（1488～？），字夢羽，號五川，明・常熟人。嘉靖五年（1526）進士，授工部主事，轉禮部郎中，官至山東副使。嗜古好書，多聚宋元舊本及法書名畫、鐘鼎彝器。家有「萬卷樓」、「七檜山房」等以藏貯，身後所藏盡歸外孫莫是龍，明末則歸錢牧齋。著有《螭頭密語》、《驪珠隨錄》、《高坡異纂》、《古虞文錄》、《格物通考》等。

〔3〕《荀子・子道》：「昔者江出於崏山，其始出也，其源可以濫觴。」後用以比喻事物之起源。

光遠鑑戒〔1〕，羼為不腆〔2〕，流丹青而貿實〔3〕，睇雲煙之過眼〔4〕（1）。

原注：

（1）小字重雕足本何光遠《鑑戒錄》十卷，每半葉十五行，每行廿四字，出項氏「天籟閣」〔5〕，經阮亭〔6〕、竹垞諸老手題。初居士從徐七來〔7〕家廉值得之，旋為其友程子世銓〔8〕奪去，鮑淥飲時尚未與居士相識，從程借鈔，近亦刻入叢書，其跋絕不及居士，且有程以厚價購得語〔9〕，當由不悉原委也。今其事已閱二十許年，程薄宦江右，而書輾轉歸予。曾屬居士補作一跋，跋之尾句曰：「不能無過眼雲煙之感也。」〔10〕

箋證：

〔1〕《四庫全書總目提要》卷一百四十：「《鑑戒錄》十卷，蜀・何光遠撰。光遠字輝夫，東海人，孟昶廣政初官普州軍事判官。其書多記唐及五代間事，而蜀事為多，皆近俳諧之言。各以三字標題，凡六十六則。書中間有夾註，皆駁正光遠之說，不知出自何人之手。此本析為十卷，有朱彝尊跋，稱從項元汴家宋本影寫，則猶宋人所分也。」據是則蕘圃所得當即四庫原本。

〔2〕《儀禮・士相見禮》：「某者，吾子辱使某見。」〈注〉：「某，曩也。」《禮記・郊特牲》：「幣必敬，辭無不腆。」〈注〉：「腆，善也。」

〔3〕裴駰〈史記集解序〉：「世之惑者，定彼從此，是非相貿，真偽舛雜。」〈正義〉：「言世之迷惑淺識之人，或定彼從此本，更相貿易，真偽雜亂，不能辨其是非。」

〔4〕《詩經・小雅・大東》：「睠言顧之，潸焉出涕。」《荀子・宥坐》引睠作眷。

〔5〕項元汴（1525～1590），字子京，號墨林，又號香岩居士、退密齋主人。明・秀水人（今浙江嘉興），以善治生而雄於資，工繪事，精鑑別。悉其餘力以購求，三吳珍秘，多歸其有。嘗得一古琴，上有「天籟」二字，及孫登姓名，因名其藏書樓曰：「天籟閣」，又有「退密齋」、「世美堂」、「白雪堂」、「淨因庵」等。刻有《天籟閣帖》、《墨林山堂詩集》、《蕉窗九錄》等。

〔6〕阮亭，即王士禎（1634～1711），原名士禛，以避清世宗諱改，字子真，一字貽上，號漁洋山人。新城人（今山東桓台縣），順治十五年（1658）進士，歷任揚州推官、翰林院侍講、國子監祭酒、禮部主事、明史副總裁，以刑部尚書致仕，卒諡文簡。工詩善詞，稱一代宗師。居官四十餘載，俸錢之入，悉以購書。聞有秘本，亦必借抄，自稱「書癖」。所藏非必宋元舊版，明本時刻亦多，建「池北書庫」以儲書。著有：《池北偶談》、《香祖筆記》、《帶經堂集》、《漁洋詩文集》、《池北書庫藏書目》、《漁洋題跋》等。

〔7〕徐七來，生平不詳。美國國會圖書館藏明刊本《名山勝概圖記》，卷首有：「徐七來」、「淳復之印」、「白華庵主」等印記，知其藏書處名「白華庵」。

〔8〕程世銓，字叔平，號念鞠，一號鞠裁，長洲人。喜藏書，多善本，與顧廣圻同門，黃蕘圃亦與之時相交易。後以解餉經江寧，病卒。

〔9〕案：程世銓豪奪之事，一見於《士禮居藏書題跋續記》，二見於《蕘圃藏書題識》卷六，顧氏固未嘗自言也。且蕘圃於嘉慶丙寅（十一年）跋此書云：「近日見聞有關於是者，蓋是書千里所得，叔平所收，其朋友之情固篤……」云云，則其事之有無尚待考證。

〔10〕《思適齋集外書跋輯存》子類：「《鑑誡錄》：嘉慶甲子（九年、1804）重見此於讀未見書齋，去予前買得時，忽忽二十載矣。鮑淥飲丈欲刻入《知不足齋叢書》，至今未果。予向謂此書頗載極有關係文字，足當鑑誡之目，不盡如朱竹垞氏所云，安得好事者傳之。蕘翁屬題數語，聊識於後，并不能無雲煙過眼之感也。正月二十五日，澗蘋居士顧廣圻書。」

文瑩湘山〔1〕，元鈔未并，揮塵結銜〔2〕，朝請明清。認諱圖畫，添序茅亭，津逮率爾〔3〕，革秘之名（1）。

原注：

（1）釋文瑩《重雕改正湘山野錄》三卷、續一卷，每半葉九行，每行廿字。宋刻上卷三葉起，至中卷二十三葉止，凡四十七葉，餘五十三葉元人補鈔。有跋云：「至正十九年（1359）六月十九日覽訖。」

殘本《揮塵後錄》，所存僅第一第二兩卷，《三錄》三卷全。每半葉十一行，每行廿字。卷首題：「朝請大夫主管台州崇道觀汝陰王明清」一行。

臨安府陳道人書籍舖刊本〔4〕郭若虛《圖畫見聞志》六卷〔5〕，每半葉十一行，每行廿字，遇宋諱皆闕筆，翻本不如是矣。

黃休復《茅亭客話》十卷〔6〕，每半葉九行，每行十八字，末有石京後序一篇。

以上四種皆經汲古毛氏刊入《津逮》中，然《湘山野錄》，斧季重用前本手勘者，今亦在予家，錯誤無慮數十百處也，其餘大率類是，故居士以為秘書之名，即革之斯可矣。

箋證：

〔1〕釋文瑩，字道溫，錢塘人，宋僧。工詩，喜藏書，留心當世之務，與元豐、熙寧諸大臣多有交往。《玉壺清話》自序云：「文瑩收古今文章著述最多，自國朝至熙寧間，得文集二百於家，近數千卷。」

〔2〕《四庫全書總目題要》卷二百四十一：「《揮塵前錄》四卷後錄十一卷第三錄三卷餘話二卷：宋・王明清撰。明清字仲言，汝陰人，慶元中寓居嘉興。是編皆其箚記之文，蓋久經後人分併，故卷帙不齊如此。明清為

中原舊族，多識舊文，要其所載，較委巷流傳之小說終爲有據也。」
《抱經堂文集》卷七〈揮麈錄題辭〉：「《揮麈》有三錄，共十八卷，又
餘話二卷，南宋時汝陰王明清仲言之所著也。宋人於本朝典故、前輩言
行，率能留意。仲言爲雪溪先生銍之次子，家庭之緒論、賓客之叢談，
得之見聞者爲多，於眾座中偶舉舊事，了了如在目前，甚爲李仁甫、尤
遂初諸公所稱賞。其言無私軒輊，故可爲國史之助，實錄院牒泰州錄其
書，則在當時已爲世所貴重如此。仲言所著，尚有《玉照新志》、《投轄
錄》等書。」

〔3〕《論語‧先進》：「子路率爾對曰……」，〈朱注〉：「率爾，輕遽之貌」。

〔4〕陳道人即陳起，字宗之，一字彥才，南宋‧錢塘人（今浙江杭州）。寧
宗時曾舉鄉試第一，故人稱陳解元（案：一說陳解元乃其子陳續芸）。
家居睦親坊，開設「芸居樓」書籍舖，以販書刻書爲業。又喜作詩，與
所謂「江湖派」詩人均有過從，出貲刊印《江湖詩集》、《續集》等。其
所刻書皆有「臨安府棚北大街陳宅書籍舖印行」或「臨安府棚北大街睦
親坊南陳宅刊本」等木記，故世稱「書棚本」。

〔5〕《四庫全書總目提要》卷一百十二：「《圖畫見聞志》六卷：宋郭若虛撰。
是書馬端臨《文獻通考》作《名畫見聞志》，而《宋史‧藝文志》、鄭樵
《通志略》則所載與今本並同，蓋《通考》乃傳寫之誤。若虛以張彥遠
《歷代名畫記》絕筆唐末，因續爲裒輯，自五代至熙寧七年而止，分敘
論、紀藝、故事拾遺、近事四門。」

〔6〕《茅亭客話》，《四庫全書總目》作《茆亭客話》。案：茆、茅古今字，《周
禮‧天官‧醢人》：「茆菹。」〈鄭注〉：「茆讀作茅。」《四庫提要》卷一
百四十二：「宋‧黃休復撰。是編乃雜錄其所見聞，始王、孟二氏，終
於宋眞宗時，皆蜀中軼事，無一條旁及他郡。李畋作〈益州名畫錄序〉，
稱其通春秋學，又稱其鬻丹養親。」

醫藥方論，載網載羅〔1〕，乾道傷寒，淳熙產科，專門疇覺〔2〕，
遑計其他（1）。

原注：

（1）李檉《傷寒要旨》二卷〔3〕，每半葉九行，每行十六字。末葉有二行
云：「右《傷寒要旨》一卷，藥方一卷，乾道辛卯（1171）刻於姑孰郡
齋。」此書載《書錄解題》，陳氏曰：「皆不外仲景也。」〔4〕

朱端章《衛生家寶產科備要》八卷，每半葉九行，每行十五字。卷末有三行云：「長樂朱端章以所藏諸家產科經驗方，編成八卷，刻板南康郡齋。淳熙甲辰歲（1184）十二月初十日。」錢遵王言其首列借地、禁草、禁水三法，今罕有行之者，亦罕有知之者矣〔5〕。

箋證：

〔1〕載，語助辭。《詩經・鄘風・載馳》：「載馳載驅。」〈毛傳〉：「載，辭也。」陶淵明〈歸去來辭〉：「載欣載奔。」句法亦同。

〔2〕《爾雅・釋詁》：「疇，誰也。」《史記・歷書》：「故疇人子弟分散。」〈集解〉引如淳注：「家業世世相傳為疇。」

〔3〕《寶禮堂宋本書錄》：「《宋史藝文志》：李檉《傷寒要旨》一卷，《直齋書錄解題》則稱二卷。是本宋刻宋印，藥方卷末有『右傷寒要旨一卷藥方一卷，乾道辛卯歲刊于姑孰郡齋』題記二行，似當以二卷為足本。然原書前後並未分卷，《宋志》或據版式為言，不能謂其所見必不全也。題記以要旨列前、藥方列後，則似藥方必刊於要旨之次，而類證亦當居前。且刻書題記多刊於首尾，從無刊於卷中者，陳氏解題乃謂列方於前而類證於後，亦可異也。」

〔4〕趙希弁《讀書後志》卷二：「《仲景傷寒論》十卷，右漢・張仲景述，晉・王叔和撰次。按：《名醫錄》云：仲景南陽人，名機，仲景其字也。舉孝廉，官至長沙太守。」李濂《醫史》卷二：「張機字仲景，南陽人也。學醫於同郡張伯祖，盡得其傳。工於治療，尤精經方。論者推為醫中亞聖。」

〔5〕《讀書敏求記》卷三：「《產科備要》八卷，長樂朱端章以所藏諸家產科經驗方，編成八卷，淳熙甲辰歲刻板南康郡齋，楮墨精好可愛。首列借地、禁草、禁水三法，古人於產婦入月慎重如此，今罕有行之者，亦罕有知之者矣。」章鈺〈校證〉：「案：《宋志》作《朱端章衛生家寶產科方》八卷。」

活人問答之叢殘〔1〕，事親圖說之戩毂〔2〕；得十便於大衍，貴千金於備急；窺秘要於鄴臺，僉有潘之可拾〔3〕（1）。

原注：

（1）殘本《重校正活人書》，每半葉十行，每行十九字。所存十至十二，凡三卷。《書錄解題》云：「《南陽活人書》十八卷，朝奉郎直秘閣吳興朱

肱翼中撰，以張仲景《傷寒方論》各依類聚，為之問答也。」晁氏《讀書志》云二十卷〔4〕，今未知孰是。

殘本張從正《儒門事親》，所存二十一葉，自〈撮要〉至〈扁華訣〉，凡七目，有毛子晉印章。《汲古閣秘本目》：「宋板《醫家圖說》一本」〔5〕，即此也。

殘本《十便良方》〔6〕，每半葉十三行，每行廿二字。所存十一至十七、又廿一至廿三，凡十卷。其目尚存，蓋本四十卷，僅得四之一耳。其序乃鈔補，稱附益紹熙孫稽仲所集《大衍方》〔7〕，果得其便，凡十焉。末署慶元乙卯（1195）十月二十四日，汾陽博濟堂書。作者姓名未詳，孫名紹遠，《大衍方》載《書錄解題》。

殘本《新雕孫真人千金方》〔8〕，每半葉十四行，每行廿四字不等。所存一至五、又十一至十五、又二十一至末，凡二十卷。以錢述古鈔本《千金備急藥方》校之，尚鮮有一處符合者，可稱奇秘矣。〔9〕「人命至重，有貴千金」，思邈自序語也。

殘本《外臺秘藥方》〔10〕，每半葉十三行，每行廿四字，所存但目錄及第廿二卷耳。近聞居士為陽城張古餘先生敦仁〔11〕以廉值獲泰半部，心馳神往於一見矣。

以上五書皆缺損已甚，故等之於拾瀋，拾瀋字本出《左氏傳》〔12〕，而此所用意有小異也。

箋證：

〔1〕叢殘猶叢脞，陸龜蒙〈叢書序〉：「叢書者，叢脞之書也。叢脞，猶細碎也。」

〔2〕《文選・王文考・魯靈光殿賦》：「芝栭攢羅以戢香。」〈注〉：「戢香，眾貌。」上二句指各書均為殘缺之本。

〔3〕《說文》：「僉，皆也。」「拾瀋」之典見後。

〔4〕陳振孫《直齋書錄解題》卷十三：「《南陽活人書》十八卷（案：《讀書後志》、《文獻通考》均作二十卷），朝奉郎直秘閣吳興朱肱翼中撰。以張仲景《傷寒方論》各以類聚，為之問答，本號《無求子傷寒百問方》，有武夷張臧作序，易此名。」

陸心源《儀顧堂題跋》卷七：「《重校證活人書》十八卷，宋・朱肱撰。四庫未收，阮文達亦未進呈。案：肱字翼中，自號無求子，歸安人。父臨，胡安定弟子，精於春秋；兄服，《宋史》有傳。肱，元祐三年（1088）

進士，著有《酒經》，四庫著于錄（案：四庫全書作《北山酒經》，且未具肳名）。建中靖國元年（1101），官雄州防禦推官、知鄧州錄事參軍，致仕歸。尋起爲醫學博士，政和元年（1111），坐書東坡詩，謫達州。明年提舉洞霄宮，寓居杭州之西湖，官至朝奉郎直秘閣。據肳自序：京師、湖南、福建、兩浙，先有印本，錯誤頗多。政和八年（1118）重爲參詳，鏤板杭州大隱坊，故曰重校證云。直齋當據杭州本著錄，故亦分十八卷，《郡齋讀書志》二十卷，當據別本著錄，《宋志》、《通考》又以郡齋爲藍本耳。」

〔5〕《金史·方伎傳》：「張從正，字子和，號戴人，睢州考城人（一曰宛丘人）。精於醫，貫穿素、難之學。其法宗劉守眞，用藥多寒涼。古醫書有汗吐下法，從正用之最精，號張子和汗吐下法。其所著有六門三法之目，存於世云。」

《四庫全書總目提要》卷一百三：「其曰《儒門事親》者，則以爲惟儒者能明其理，而事親者當知醫也。」案：《汲古閣秘本書目》著錄之《宋板醫家圖說》，蓋以其書中有〈撮要圖〉一卷而名之，然何以不著其全名？或別爲一書，待考。

〔6〕《鐵琴銅劍樓藏書目》卷十四：「《新編近時十便良方》十卷，不著撰人。前有慶元乙卯汾陽博濟堂序，略謂：『紹熙辛亥（1191），東南漕使孫公稽仲，有所集方書一編，目曰《大衍》，惜其太略，於是遍搜方論，摘其簡而至切、迅而不暴，與時運相宜者，以附益公之不足。所謂十便者：藥材止六十四種，易於儲蓄，一便也；世所常用，無難致之物，二便也；各市少許置藥罐中，不妨行李帶挈，三便也；古今方論，安能一一討尋？今惟取必效之方，不勞遍閱，四便也；凡有病即有方、有方即有藥，不致倉皇失措，五便也；治疾如救焚，此書用藥簡當，而和劑不勞，六便也；或宦遊僻縣，地少醫藥，緩急有以支梧，七便也；行旅夜宿，猝有不虞之證，不能坐困，八便也；深山窮谷，去城市遠，即得應用，九便也；仁人君子於困窮疾病，欲探囊施與，無方藥不備之嘆，十便也。』原書四十卷，今存十卷。卷首有古今方論總目，所引古方凡六十六種。末有墨色圖記云：『萬卷堂作十三行大字刊行，庶便檢用，請詳覽』十八字。又有總類一卷，標用藥治疾之目；目錄一卷，標藥名、方名之目。」

〔7〕《直齋書錄解題》卷十三：「《大衍方》十二卷，朝散大夫孫紹遠稽仲撰。凡藥當豫備者四十九種，故名大衍，所在易得者不與焉。諸方附於後。」

案：《易經‧繫辭上》：「大衍之數五十，其用四十有九。」

〔8〕《新唐書‧藝文志》著錄「《千金方》三十卷」，《崇文總目》、《通志藝文略》並同；《直齋書錄解題》卷十三：「《千金方》三十卷，唐處士孫思邈撰。自爲之序，名曰《千金備急要方》，以爲人命至重，有貴千金，一方濟之，德逾於此。其前類例數十條，林億等新纂。」

〔9〕案：《述古堂藏書目》卷四有《孫眞人千金要方》三十卷、《孫眞人千金翼方》三十卷，未見此書。《讀書敏求記》卷三：「《千金要方》三十卷。」章鈺〈校證〉：「葉昌熾謂：千金之名不始於孫思邈，《隋書‧經籍志》有徐世英《千金方》，亦六朝人。見《奇觚廎文集》。」案：徐當作范，《新唐書‧藝文志》同。

〔10〕《崇文總目》卷三作「《外臺秘要》四十卷」，《通志藝文略》、《中興館閣書目》並同。《直齋書錄解題》卷十三：「《外臺秘要方》四十卷，唐鄴郡太守王燾撰。自爲序，天寶十一載（752）也。其書博採諸家方論，如肘後、千金，世尚多有之，至於小品、深師、崔氏、許仁則、張文仲之類，今無傳者，猶間見於此書。」

楊守敬《日本訪書志》卷十：「《唐書‧王燾傳》（附王珪傳）有視絮湯劑語，《提要》謂視絮二字未詳。按〈曲禮〉：『毋絮羹』，〈鄭注〉：『絮猶調也。』〈釋文〉：『絮、敕慮反，謂加以鹽梅也。』則視絮即調劑之義，非誤字。又《提要》稱燾作是書，成於守鄴時，故曰外臺，引〈高元裕傳〉爲證。余按《玉海》引《中興書目》云：『以其出守於外，故號曰外臺』，與《提要》合。然〈高元裕傳〉：『故事：三司監院官帶御史者，號外臺。』王燾自序結銜不帶御史，則謂出守於外即稱外臺者未確。據《魏志王肅傳》注：『薛夏曰：蘭臺爲外臺，秘閣爲內閣云云。』燾自序云：『兩拜東掖，便繁臺閣，二十餘歲，久知弘文館圖籍方書等，由是睹奧升堂，皆探其秘要。』據此，則取《魏志》蘭臺爲外臺甚明，非出守於外之謂也。」

〔11〕張敦仁（1754～1834），字仲篤，號古餘，一作古愚，澤州陽城人（今山西陽城）。乾隆四十三年（1778）進士，官至雲南鹽法道。生平好藏書，任揚州知府時，於官衙建「六一堂」，奉歐陽修像於其中，命吏守之，貯書甚富。致仕後，僑居江寧（今南京市），又建「與古樓」，顧廣圻曾爲之記。著有：《資治通鑑刊本識誤》、《開方補記》、《撫本禮記鄭注考異》等。

〔12〕《左傳・哀公三年》：「無備而官辦者，猶拾瀋也。」〈注〉：「瀋，汁也。」
蓋原指徒勞無功而言，顧氏反用其意，故蕘圃注云其意小異也。

第五節　集部及其他

籠經史與百氏〔1〕，羌更僕而未殫〔2〕，苟泛言以及集，又文海而
詩山〔3〕（1）。

原注：

（1）此二韻為下文其餘、又有張本也。

箋證：

〔1〕此句即總括經、史、子三部而言。百氏猶百家也，《漢書・敘傳》：「緯
六經，綴道綱；總百氏，贊篇章。」

〔2〕《禮記・儒行》：「悉數之乃留，更僕未可終也。」《廣雅・釋詁》：「殫，
盡也。」

〔3〕海、山均代表數量之多。明・李開先（1502～1568），字伯華，號中麓。
家藏詞曲善本極多，號稱「詞山曲海」，其意亦同。蕘圃書室又有「學
山海居」之名，蓋亦比肩中麓之意。

爾其陶誠敻世〔1〕，籤題元筆，規往之外，几塵屢拂（1）。

原注：

（1）《陶淵明集》十卷，每半葉十行，每行十六字。《汲古閣秘本目》云：「與
世本敻然不同，如〈桃花源記〉中『聞之，欣然規往』，今時本誤作親，
謬甚。他如此類甚多，籤題係元人筆，不敢易去」云云，即此本也。〔2〕
最後附曾紘說一首云：親友范元羲寄示義陽太守公所開雕《陶集》，末
署宣和六年（1124），是北宋槧矣。宋宣獻〔3〕言校書如拂几上塵，旋
拂旋生，即此說中語也。

箋證：

〔1〕《文選・班孟堅・幽通賦》：「敻冥默而不周。」〈注〉：「敻，遠邈也。」

〔2〕《楹書隅錄》卷四：「此北宋槧《陶淵明集》，乃毛子晉故物，後與南宋
槧《湯東澗註陶靖節詩》並為吳門黃蕘圃所得，顏其室曰『陶陶』，而
以《施氏顧氏註東坡先生詩》之〈和陶〉二卷媵之，倩惕甫王先生（案：

即王芑孫）爲之記，蓋皆世間決無之秘籍也。」

〔3〕宋綬（991～1040），字公垂，宋・趙州平棘人（今河北趙縣）。大中祥符間，賜同進士出身，爲集賢校理，與父宋皋同在館閣。後官至兵部尚書、參知政事，諡宣獻。家富藏書，得自其外祖楊徽之及代州畢士安爲多，所藏與秘閣相等，且選擇甚嚴，校訂精審。

《夢溪筆談》卷二十五：「宋宣獻（綬）博學，喜藏異書，皆自讎校，嘗謂：『校書如掃塵，一面掃，一面生，故有一書每三、四校，猶有脫謬。』」

翰林歌詩，古香溢紙，擩染〔1〕亂真，對此色死（1）。

原注：

（1）元豐三年（1080）臨川晏氏本《李太白文集》三十卷〔2〕，行字之數與康熙中繆氏覆本同，繆嘗用以亂真，然特不可以對此耳。

箋證：

〔1〕擩、染複文，擩亦染也。《儀禮・公食大夫禮》：「取韭菹以辯，擩於醢上豆之間祭。」〈注〉：「擩，猶染也。」

〔2〕《四庫全書總目提要》卷一百四十九：「國朝康熙中吳縣繆曰芑始重刊之，後有曰芑跋云：得臨川晏氏宋本重加校正，較坊刻頗爲近古。」邵懿辰《四庫簡明目錄標注》卷十五：「康熙五十六年（1717）繆曰芑仿宋刊本。」

九家杜注，寶慶漕鋟〔1〕，自有連城〔2〕，蝕甚勿嫌（1）。

原注：

（1）殘本《新刊校定集注杜詩》，每半葉九行，每行十六字，所存五十五葉，即寶慶乙酉（元年，1225）曾靁子肅重摹淳熙成都本，刊于南海漕臺者也〔3〕。《敏求記》稱其開板宏爽，刻鏤精工〔4〕，洵然，惜缺損已甚耳。自有連城者，斷章於遺山詩〔5〕。

箋證：

〔1〕《廣韻》：「鋟，爪刻鏤版。」後用爲刻書之稱。

〔2〕「連城」典出《史記・廉頗藺相如傳》；〈張載・擬四愁詩〉：「佳人遺我雲中翮，何以贈之連城璧？」

〔3〕淳熙成都本，即郭知達於淳熙八年（1181）在成都所刊之本，書名《杜

工部詩集註》，《四庫全書總目提要》作《九家集註杜詩》，亦稱「蜀本」。
陸心源《儀顧堂題跋》卷十二：「曾噩，字子肅，福建閩縣人。紹熙四
年（1177）進士，尉上高，轉監行在惠民局，遷大理正。出知潮州，擢
廣東通判。寶慶二年（1226）卒。」

〔4〕《讀書敏求記》卷四之中：「《新刊校正集注杜詩》三十六卷目錄一卷。
淳熙八年郭知遠（當作達）以杜詩注牴牾雜出，因輯善本，得王文正公
（當刪正字，即王安石）、宋景文公（祁）、豫章先生（黃庭堅）、王源
叔（源當作原，即王洙）、薛夢符（舒蒼）、杜時可（田）、鮑文虎（彪）、
師民瞻（尹）、趙彥材（次公）九家注，讎校鋟板於成都。寶慶乙酉，
曾噩子肅謂注杜者挾偽亂眞，如偽蘇注之類，惟蜀士趙次公爲少陵功
臣，今蜀本引趙注最詳，重摹刊於南海之漕臺。開板洪爽，刻鏤精工，
乃宋本中之絕佳者。」此本亦稱「漕臺本」。

〔5〕元好問（遺山）〈論詩絕句〉之十：「排比鋪張各一途，藩籬如此亦區區，
少陵自有連城璧，爭奈微之識碔砆！」蓋評元積不識杜詩之佳處也，此
處僅借用其語，故云斷章。

王沿表進，移氣麻沙〔1〕，秀句半雨，夙假齒牙〔2〕（1）。

原注：

（1）《王右丞文集》十卷，每半葉十一行，每行二十字不等，「傳是樓」舊物
也。王縉搜求其兄詩筆，隨表奉進〔3〕。此刻是麻沙宋板，〈送梓州李
使君詩〉〔4〕亦作：「山中一半雨，樹杪萬重泉」云云，皆見《敏求記》
〔5〕。

箋證：

〔1〕《孟子·盡心下》：「居移氣，養移體。」〈疏〉：「所居足以移易人之氣
志。」移氣麻沙，謂宋版之精神爲麻沙本所移易也。

〔2〕齒牙，謂口頭之稱讚。《南史·謝朓傳》：「士子聲名未立，應共獎成，
無惜齒牙餘論。」

〔3〕王縉（701～782），字夏卿，與兄維早以文名，舉草澤、文辭清麗科，
官至太子賓客。本傳見《舊唐書》卷一一八、《新唐書》卷一四五。

〔4〕此詩見《全唐詩》卷一百二十六：「萬壑樹參天，千山響杜鵑，山中一
夜雨，樹杪百重泉。漢女輸橦布，巴人訟芋田，文翁翻教授，不敢倚前
賢。」高步瀛《唐宋詩舉要》卷二：「杜子美有〈送李梓州使君之任〉

詩，未知即此人否。」

〔5〕引文見《讀書敏求記》卷四。案：錢謙益《初學集》卷八十三〈跋王右丞集〉：「《文苑英華》載王右丞詩，多與今行槧本小異。如『松下清齋折露葵』，清齋作行齋；『種松皆作老龍鱗』，作『種松皆老作龍鱗』；並以《英華》爲佳。〈送梓州李使君詩〉：『山中一夜雨，樹杪百重泉』，作『山中一半雨』，尤佳！蓋送行之詩，言其風土，深山冥晦，晴雨相半，故曰一半雨，而續之以漢女巴人之聯也。」作手之言，更爲詳盡。

孟出史院，懂脫覆瓿〔1〕，抉剔其妙〔2〕，辰翁卻走〔3〕（1）。

原注：

（1）《孟浩然詩集》三卷，每半葉十二行，每行廿一字，有「翰林國史院官書」楷字鈐記，嘉定瞿中溶鏡濤甫見之曰：「此元時印也，存於今僅矣。」懂、僅同字〔4〕。予以校元刻《須溪先生批點孟集》，乃知辰翁強分門類，遂致全篇或脫或衍，字句間更不足言矣。

箋證：

〔1〕《漢書・揚雄傳》：「（劉歆）謂雄曰：吾恐後人用覆醬瓿也。」此處蓋言《孟集》雖爲宋刻元印，視眞宋版未差也，幸爲蕘圃所收，逃脫覆瓿之險。

〔2〕《說文》：「抉，挑也。」《集韻》：「剔，剗也。」抉、剔蓋複文，裴延翰〈樊川集序〉：「其抉剔挫偃，敢斷果行，若誓牧野，前無有敵。」

〔3〕《四庫全書總目提要》卷四十六《班馬異同評》：「劉辰翁，字會孟，廬陵人。景定壬戌（三年、1262）廷試對策，忤賈似道，置丙第。遂以親老請掌濂溪書院，後召入史館，及除太常博士，皆不就。宋亡後，隱居以終。辰翁人品頗高潔，而文章多涉僻澀，其點論古書，尤好爲纖詭新穎之詞，實於數百年前，預開明末『竟陵』之派。」《總目》卷一百六十五著錄《須溪集十卷》、《須溪四景詩集四卷》。

〔4〕《公羊傳・定公八年》：「公斂處父帥師而至，懂然後得免。」〈注〉：「懂，僅也。」僅，但也（參見　叔岷師《古書虛字新義》頁 228）。

昌黎數四，百衲之裔〔1〕，別加點勘，須茲起例（1）。

原注：

（1）殘大字本《昌黎先生文集》，每半葉十行每行十八字，所存卷二十二至

卷二十六而已,「傳是樓」舊物也。

又殘小字本《昌黎先生集》,每半葉十一行,每行廿字,所存卷一至十,字畫方勁而未有注,當是北宋槧〔2〕。

又殘本同前刻,所存第三十九、第四十兩卷。

又殘本《朱文公校昌黎先生集》〔3〕,每半葉十二行,每行廿一字,所存卷十一至末。予欲以四殘本相補完,故曰可作述古堂主人《百衲史記》〔4〕之流裔也。別加點勘者,郡前輩陳少章氏先已著有《韓集點勘》〔5〕也。又張古餘先生向得殘本,今年春曾許與南宋殘本《九章》及張邱建《孫子算經》〔6〕一併脫手見贈,介居士及袁壽皆甫易校予新得殘本《太平御覽》,助孫淵如先生星衍〔7〕付刻於山東,後經某人基〔8〕之不果,某人者,予舊學徒也。

箋證:

〔1〕百衲,本指「百衲衣」,即僧衣,百衲極言其補綴之多也。陸游《劍南詩稿》卷五九〈懷昔詩〉:「朝冠挂了方無事,卻愛山僧百衲衣。」

〔2〕《蕘圃藏書題識》卷四〈宋本史載之方〉:「至於板刻之為北宋,確然可信:字畫斬方,神氣肅穆,在宋槧中不多觀。」

《圖書版本學要略》頁七十七:「今傳世之北宋刻本,其字體率仿顏真卿,而微雜以歐陽率更筆意,厚朴古拙,穆然可愛。」

〔3〕《四庫全書總目提要》卷一百五十:「原本《韓文考異》,宋・朱子撰。其書因韓集諸本互有異同,方崧卿所作舉正,雖參校眾本,棄短取長,實則以館閣本為主,多所依違牽就。是以覆加考訂,勒為十卷,凡方本之合者存之,其不合者,一一詳為辨證。其體例本但摘正文一二字大書,而所考夾註於下,如陸德明《經典釋文》之例,於全集之外別行。至宋・王伯大始取而散附句下,以其易於省覽,故流布至今,不復知有朱子原本。」

〔4〕百衲本之名,始見於《廣川書跋》:「蔡君謨(襄)妙得古人書法,其書〈晝錦堂〉,每字作一紙,擇其不失法度者,裁截布列,連成碑形,當時謂『百衲本』。」後用以稱綴補殘缺善本而成之書為百衲本。《讀書敏求記》卷二:「予昔藏宋刻《史記》有四,而開元本亦其一焉。今此本乃集諸宋板共成一書,小大長短,各種咸備。李沂公取桐絲之精者,雜綴為一琴,謂之百衲。予亦戲名此為百衲本《史記》,以發同仁一笑焉。」

「晝錦堂」,為韓琦所建,歐陽脩為作記,蔡襄書石,時謂之三絕。

〔5〕陳景雲（1670～1747），字少章，清·吳縣人。康熙時諸生，游何焯門下，博通經籍，深於史學，尤長於考訂。性孤介，年甫四十，即以親老不復出。歿後，門人私諡「文道先生」。著有《讀書紀聞》、《綱目辨誤》、《兩漢訂誤》、《三國志校誤》、《文選校正》、《通鑑胡注正誤》、《紀元考略》等。

　　案：《四庫全書總目提要》卷一百五十：「《韓集點勘》四卷，國朝陳景雲撰。是編取廖瑩中『世綵堂』所註韓集，糾正其誤，因彙成編。卷首註曰：校東雅堂本，以廖註爲徐時泰『東雅堂』所翻雕也。今觀所校，考據史傳、訂正訓詁、刪繁補闕，較原本實爲精密。而於時事，辨別尤詳，可謂善本。」今北京圖書館藏有《韓集點勘》一部，四卷一冊，清·劉氏「味經書屋」鈔本。

〔6〕《四庫全書總目提要》卷一百七：「《張邱建算經》三卷：原本不題撰人時代，《唐志》載《張邱建算經》一卷，甄鸞註，則當在甄鸞之前；書前邱建自序，引及夏侯陽孫子之術，則當在夏侯陽之後也。《隋志》載此書作二卷，《唐志》一卷，甄鸞註外別有李淳風註《張邱建算經》二卷，又三卷。李淳風註《宋藝文志》、《中興書目》亦俱作三卷，則析爲三卷自淳風始。此本乃毛晉汲古閣影鈔宋槧，云得之太倉王氏。蓋猶北宋時，祕書監趙彥若等校定刊行之本。其書體例皆設爲問答以參校而申明之，几一百條，簡奧古質，頗類《九章》，與近術不同，而條理精密，實能深究古人之意。故唐代頒之算學，以爲顓業。」又：宋本《九章》，當指《九章算術》而言。

　　案：《故宮博物院善本書目》頁一百三十一，著錄《張邱建算經三卷三冊》，邱建未標朝代，注云：「北周甄鸞注、唐李淳風釋、劉孝孫撰細草。」

〔7〕孫淵如即孫星衍（1753～1818），字伯淵，一字季逑，號淵如、薇隱、芳茂山人等，陽湖人（今江蘇常州市）。早年以詩文著，袁子才稱其詩爲天下奇才。然星衍不欲限於文學，致力於經史、文字、音訓之學，尤精於校勘。乾隆五十二年（1787）進士，授翰林院編修，充三館校理，歷刑部直隸司、廣東司員外郎。入阮元幕府，主持杭州「詁經精舍」，晚年主講「鍾山書院」。性嗜藏書，頗多秘府未見之書。編著有《孫氏祠堂書目》、《平津館鑒藏記》、《廉石居藏書記》、《尚書今古文注疏》、《周易集解》、《孔子集語》、《寰宇訪碑錄》等。

〔8〕《說文》：「惎，毒也。」此處通「忌」。

盧山長慶，見取六丁〔1〕，金華太史，獨著精靈〔2〕（1）。

原注：

（1）殘本《白氏文集》，每半葉十一行，每行廿一字，所存十三至十六、又二十六至三十四、又五十五至五十八，凡十七卷。《長慶集》北宋時鏤諸版，所謂「盧山本」者〔3〕。庚寅一炬，種子斷絕，唯此金華宋氏景濂所藏小宋版，圖記宛然，古香可愛，推希世珍矣。事詳《敏求記》，其所數存卷有誤，今正之。〔4〕

箋證：

〔1〕六丁，道教稱火神也。《雲笈七籤》：「陽官六甲，陰官六丁。」

〔2〕宋濂（1310～1381），字景濂，號潛溪，明、浦江人，元末隱居金華龍門山中，歷十餘年。朱元璋起兵，應招至南京，任江南儒學提舉。後累官翰林學士、知制誥。家有「青蘿山房」，聚書萬卷。〈賦〉稱金華太史者，蓋以景濂嘗預修《元史》，且任總裁，故稱之。

〔3〕《讀書敏求記》卷四之上：「《白氏文集》七十一卷年譜一卷：樂天自杭州刺史以右庶子詔還，排纂其文，成五十卷，號《長慶集》，微之為之序。又成《後集》二十卷，自為之序。嘗錄一部，置盧山東林寺藏經院，北宋時鏤諸板，所謂『盧山本』是也。」

〔4〕同上又云：「予昔從婁東王奉常購得宋刻，卷次與世行本無異，後亦歸諸滄葦。此乃對宋本校寫者，其一之二、五之七、四十三、四十八之五十二，共宋刻十一卷，仍同奉常本；十三之十六、二十六之三十、三十三之三十八，共十七卷。」其卷數與蕘圃所記不同，且僅十五卷，故云「正之」也。

賓客碑文，受教名儒，以石攻錯〔1〕，乍彰其瑜〔2〕（1）。

原注：

（1）殘本《劉夢得文集》〔3〕，每半葉十二行，每行廿一字，所存一至四而已。曩者錢少詹大昕借讀明刻完本《劉集》於予，手校〈袁州萍鄉縣楊岐山故廣禪師碑〉〔4〕文，疏於別紙，云石刻與刻本不同者二十餘字，多五十餘字。今宋本雖未能盡爾，然與明刻異者必與石刻同矣。

箋證：

〔1〕《詩經·小雅·鶴鳴》：「它山之石，可以為錯。」〈注〉：「錯，石也，

可以琢玉。」〈釋文〉：「它，古他字。錯，七落反。說文作厝，云厲石也。」此處乃指用石刻校正書本文字之錯誤。

〔2〕《孟子·公孫丑上》：「今人乍見孺子將入於井。」〈趙注〉：「乍，暫也。」《史記·伯夷列傳》：「此其尤大彰、明、較、著者也。」《廣雅·釋詁四》：「較、彰、著，明也。」叔岷師《史記斠證》卷六十一：「彰、明、較、著，四字疊義。」

〔3〕劉禹錫（772～842），字夢得，唐·中山人。登貞元九年（793）進士、弘詞二科。官至集賢直學士、太子賓客，故世稱「劉賓客」。《郡齋讀書志》卷十七云：「禹錫少工文章，恃才而廢，老年寡所合，乃以文章自適。素善詩，晚節尤精，白居易推爲詩豪，嘗言其詩在處，應有神物護持。禹錫早與柳宗元爲文章之友，稱『劉柳』；晚與白居易爲詩友，號『劉白』，雖詩文似少不及，然能抗衡二人之間，信天下之奇才也。」

〔4〕何元錫編《竹汀先生日記鈔》卷二：「胥燕亭以萍鄉縣二唐碑見贈。一爲〈楊岐山禪師乘廣塔銘〉，劉禹錫撰并正書，元和二年（807）五月。」錢大昕《潛研堂金石跋尾》：「右〈楊岐山禪師廣公碑〉，廣公者，乘廣也。此文載於《劉賓客集》，以石刻校之，不同者二十餘字，皆當以石本爲正。碑文之末有：『時宜春得良守齊□（似是君字），理行第一，雅有護持之功。化被於邑之庶僚及里之右族，咸能回向如邦君之志，故偕具爵里名氏，列於其陰。』凡五十字，集本無之，當是夢得編定文集時刪去之耳。」

案：楊岐山，在今江西省萍鄉縣，相傳爲楊朱泣岐之所（事見《列子·說符》），故名。參見《讀史方輿紀要》卷八十七。乘廣禪師（717～798），俗姓張，容州人。

五言長城〔1〕，未隳文房〔2〕，雜著附見，知勝建昌〔3〕（1）。

原注：

（1）殘本《劉文房文集》，每半葉十二行，每行廿一字，所存五至十，凡六卷。《書錄解題》云：「《劉隨州集》，唐隨州刺史宣城劉長卿文房撰。詩九卷，末一卷雜著數篇而已。建昌本十卷，別一卷為雜著。」〔4〕予別藏臨何義門校，即據建昌本以相覆勘，知此為勝也〔5〕。

箋證：

〔1〕《郡齋讀書志》卷十七：「劉長卿，字文房，開元末中進士第（案：開

元二十一年、733），至德中監察御史。以檢校祠部員外郎爲轉運判官，知淮西岳鄂轉運使。留後觀察使吳仲孺誣奏，貶潘州南巴縣尉。會有爲之辨者，除睦州司馬，終隨州刺史。長卿剛而犯上，故兩逢斥廢，詩雖窘於才而能鍛鍊，權德輿嘗謂爲『五言長城』。」《唐才子傳》卷二：「長卿，字文房，河間人。少居嵩山讀書，後移家鄱陽。」《新唐書》卷一九八〈秦系傳〉：「權德輿曰：劉長卿自以爲五言長城，系用偏師攻之，雖老益壯。」則「五言長城」蓋長卿自詡，非定論也。

〔2〕墮即墮之俗變，《老子・二十九章》：「或強或羸，或挫或隳。」傅奕本、司馬光注本、范應元本並作「墮」。《廣韻》：「隳，墮也。」。

〔3〕「建昌本」未見著錄，《鐵琴銅劍樓藏書目錄》卷十九：「《劉文房文集》六卷，冊首有正書『翰林國史院官書』七字長印，蓋明時鈐記也。」此即蕘圃所藏不全宋本，今藏北京圖書館。

〔4〕引文見《直齋書錄解題》卷十六。

〔5〕日本「靜嘉堂文庫」藏有《何義門校宋本明正德刊劉隨州文集十卷》。

次道序後，貞曜增重〔1〕，彼哉玩物，廁諸古董〔2〕（1）。

原注：

（1）小字本《孟東野詩集》十卷〔3〕，每半葉十一行，每行十六字，北宋槧也。有集賢校理常山宋敏求後序〔4〕，及〈本傳〉、〈貞曜先生墓誌〉各一首。曾藏於延令季氏，亦入「傳是樓」，蓋疊爲真賞家所重矣。又有「安麓村」一印，安，賣古董者〔5〕。

箋證：

〔1〕《郡齋讀書志》卷十七：「《孟郊詩集》十卷。唐・孟郊東野（750～814），湖州人。貞元十二年（796）進士，調溧陽縣尉，辟爲興元參謀，卒。郊少隱嵩山，性介寡合，韓愈一見爲忘形交。爲詩有理致，然思苦澀，李觀論其詩曰：高處在古無上，平處下顧、二謝云。張籍諡爲貞曜（一作耀）先生，集宋次道編。」《唐才子傳》卷五：「有《咸池集》十卷，行於世。」

〔2〕《釋名・釋宮室》：「廁，雜也，言人雜廁在上，非一也。」《廣雅・釋言》：「廁，間也。」

〔3〕《士禮居藏書題跋記續編》：「又《孟東野詩集》十卷本，前有目錄，無前序，有後序，序爲集賢校理常山宋敏求題，末附〈孟郊本傳〉、〈貞耀

先生墓志〉二篇，眞古本也。余向藏洪武間人影寫書棚本，與此殊別，蓋此猶北宋舊刻矣。」〈孟郊傳〉，見《新唐書·附韓愈傳》。

〔4〕宋敏求（1019～1079），字次道，北宋、趙州平棘人（今河北趙縣）。寶元二年（1039），賜進士及第，歷官集賢院學士、同知太常禮院、西京通判、知亳州，治平中擢知制誥、龍圖閣直學士，卒贈禮部侍郎。生平無他嗜好，惟以藏書校書爲樂，蓄書達三萬卷，繼承其父宋綬及楊徽之所藏爲多，又多四朝賜札。《曲洧舊聞》稱其「藏書皆校三五遍，世之蓄書，以宋爲善本。居『春明坊』，時士大夫喜讀書者，多居其側，以便於借置故也。」常山，蓋宋氏郡望。

〔5〕案：安麓村即安岐（1683~1742?），字儀周，又號松泉老人，康熙朝權臣明珠之家臣。精鑑別，富藏書，著有《墨緣彙觀》等，並非賣古董者。參見《藏書紀事詩》卷四「安岐儀周」條，又王欣夫《藏書紀事詩補正》考辨甚詳。

敬輿中書，文饒一品，事涉經濟〔1〕，不厭其審（1）。

原注：

（1）殘小字本《陸宣公奏草》〔2〕五、六兩卷，又《中書奏議》五六兩卷，每半葉十二行，每行廿三字，汲古閣舊物也。

殘本《會昌一品制集》〔3〕，每半葉十三行，每行廿二字，所存一至十，凡十卷。此二種予悉嘗用以手勘他本，語人云：「不敢因其缺損已甚而忽之，豈特佞宋？亦以重二公也。」今爲賦所取。

箋證：

〔1〕經濟，謂經國濟民也。《宋史·王安石傳論》：「朱熹嘗論安石：以文章節行高一世，尤以道德經濟爲己任。被遇神宗，致位宰相。」

〔2〕《四庫全書總目提要》卷一百五十：「《翰苑集》二十二卷。唐·陸贄（754～805）撰。案：《藝文志》載贄《議論表疏集》十二卷，又《翰苑集》十卷，常處厚纂；陳振孫《書錄解題》載《陸宣公集》二十二卷，中分〈翰苑〉、〈牓子〉爲二集，其目亦與史志相同。惟晁公武《讀書志》所載，乃祇有〈奏議〉十二卷，且稱舊有〈牓子集〉五卷、〈議論集〉三卷、〈翰苑集〉十卷。元祐中，蘇軾乞校正進呈，改從今名，疑是裒諸集而成此書，與史志名目全不相合。今考尤袤《遂初堂書目》，所列實作〈翰苑集〉，而錢曾《讀書敏求記》載所見宋槧大字本二十二卷者，

亦作〈翰苑集〉。則自南宋以後，已合議論表疏為一集，而總題以〈翰
苑〉之名。公武所見乃元祐本，恐非全冊，而今世刊行贄集，亦有題作
《陸宣公奏議》者，則又沿《讀書志》而失之者也。」

案：《舊唐書》卷一百三十九、《新唐書》卷一百五十七並有〈陸贄傳〉。

〔3〕《四庫全書總目提要》卷一百五十：「《會昌一品集》二十卷別集十卷外
集四卷。唐・李德裕（787～849）撰。是編凡分三集：〈會昌一品集〉，
皆武宗時制誥；〈外集〉皆賦詩雜文；〈窮愁志〉則遷謫以後，閒居論史
之文也。」

案：《舊唐書》卷一百七十四、《新唐書》卷一百八十並有〈李德裕傳〉。

胡曾詠史，廣陵剩餘〔1〕，米評陳注，興歎翳如〔2〕（1）。

原注：

（1）《注胡曾詠史詩》三卷〔3〕，每半葉十一行，每行大廿二、小廿七字，
延令李氏舊物也。首題「前進士胡曾著述并序，邵陽叟陳蓋注詩，京兆
郡米崇吉評注并續序」，世罕知之者矣。此書江君藩〔4〕自揚州以之歸
予也。

箋證：

〔1〕廣陵，當用「廣陵散」之典。《世說新語・雅量篇》：「嵇中散（康）臨
刑東市，神氣不變。索琴彈之，奏廣陵散。曲終曰：袁孝尼（準）嘗請
學此散，吾靳，固不與，廣陵散於今絕矣！」後用以指事物成為絕響為
廣陵散。

〔2〕《廣韻》：「翳，隱也，蔽也。」

〔3〕《胡曾詠史詩》，「皕宋樓」藏舊寫本作一卷（靜嘉堂文庫藏）；《四庫全
書》本作二卷；《直齋書錄解題》、《宋史・藝文志》皆作三卷。

案：《四庫全書總目提要》卷一百五十一：「《詠史詩》二卷，唐・胡曾
撰。曾，邵陽人，陳振孫《書錄解題》稱其咸通末為漢南從事，何光遠
《鑑戒錄》『判木夾』一條，載高駢鎮蜀，曾為記室，有草檄論西山八
國事，蓋終於幕府也。是編雜詠史事，各以地名為題，自共工之不周山，
迄於隋之汴水，凡一百五十首。《文獻通考》載三卷，此本不分卷數，
蓋後人合而編之。每首之下，鈔撮史書各為之註，前後無序跋，亦不載
註者名氏，觀所引證，似出南宋人手。」其標目作三卷，提要內又稱不
分卷，可怪一也；蕘圃〈賦注〉引宋本首題，注者瞭然（即陳蓋、米崇

吉等），而不參之，可怪二也。又**案**：唐才子傳卷八作「長沙人」，並《詠史詩》一卷、《安定集》十卷行於世。

〔4〕江藩（1761～1830），字子屏，號鄭堂，晚號節甫，甘泉人（今江蘇揚州）。監生，受業於江聲、余蕭客，得「吳派」惠棟眞傳。博綜群經，尤精熟史事，爲「麗正書院」山長。阮元督粵，延其總纂《廣東通志》。收藏善本甚多，室名「炳燭室」、「石研齋」等。著有：《漢學師承記》、《宋學淵源記》、《周易補述》、《爾雅小箋》等。

雖小可觀，睦親之坊〔1〕，唐求味江，山人幼微，咸宜女郎。昭諫甲乙，用誨丁卯，洎朱慶餘〔2〕，一一妍好（1）。

原注：

（1）《唐山人詩》一卷〔3〕，《女郎魚元機詩》一卷〔4〕，《甲乙集》十卷〔5〕，《許丁卯集》二卷〔6〕，《朱慶餘集》一卷〔7〕，每半葉十行，每行十八字，皆「臨安府棚北大街睦親坊南陳宅書籍舖」印行，所謂「書棚本」是也。

箋證：

〔1〕睦親坊，在南宋臨安（今杭州），書肆集中地之一。《書林清話》卷二「南宋臨安陳氏刻書之一」條云：「睦親坊在御街西首。宋・周淙《乾道臨安志》二『坊市』：左二廂：睦親坊、官巷。又云：樂眾坊、南棚巷、定民坊、中棚巷。又施諤《淳祐臨安志》七『坊巷』：城內左二廂：定民坊、中棚巷、睦親坊、宗學巷。又潛說友《咸淳臨安志》十九府城：左二廂：睦親坊、定民坊相對，俗呼宗學巷；定民坊、戒民坊相對，俗呼中棚巷。并在御街西首一帶。吳自牧《夢粱錄》七、禁城九廂坊巷條：左二廂所管坊巷：定民坊即中棚巷、睦親坊俗呼宗學巷，以上在御街西首一代。據此，知陳宅書舖在御街西北，故其刻書印記稱睦親坊南。」又云：「《潛志》京城圖：睦親坊與近民坊平列，中隔御街。御街之對面即戒民坊一帶，戒民坊一帶之後即御河，河有棚橋，故此一帶街巷皆以棚名。其街甚長，故分南棚、中棚兩巷，尾至棚北大街。其時宗學多立於此，故近處多書坊，而陳姓尤盛。」

〔2〕洎，及也，至也。《莊子・寓言》：「後仕三千鍾而不洎，吾心悲。」〈成疏〉：「洎，及也。」

〔3〕《唐山人集》當即《唐求詩集》。《蕘圃藏書題識》卷七：「余檢《書錄

解題》，載《唐求詩》一卷，云：唐・唐求撰，與顧飛熊同時，《藝文志》不載。又檢《茅亭客話》卷第三，有『味江山人』一條，即論唐求事。」見《直齋書錄解題》卷十九。

案：唐求，性疏逸放曠，好吟詩，有所得即書大瓢中。後臥病，投瓢於江曰：「得之者方知吾苦心耳。」瓢至新渠江，有識之者曰：「此唐山人詩瓢也！」撈得十纔二三。參見《唐才子傳》卷十，《唐詩紀事》卷五十作「唐球」。

〔4〕魚玄機，唐長安女子，字幼微，又字蕙蘭。有才思，喜讀書，補闕李億納為妾。後以善嫉愛衰，入「咸宜觀」為道士。女僮綠翹因細故得罪，玄機笞殺之。事聞於京兆尹溫璋，乃繫捕之，下獄死。參見《唐才子傳》卷八。《士禮居藏書題跋記》卷五：「《唐女道士魚玄機詩集》，陳氏《書錄解題》載其名，其書則世未之聞也。此集無別本可對，偶取洪邁《唐人絕句》、韋縠《才調集》本證之，題句亦互異。是本出項墨林家，尤為可寶。」《直齋書錄解題》卷十九載其書。此書今藏北京圖書館。

〔5〕羅隱（833～1003），本名橫，字昭諫，唐末新城人。以貌甚寢，乾符中屢舉進士不第，遂更名。光啟中為錢塘令，有善政。吳越錢氏辟為從事，朱全忠篡唐，以諫議大夫招，辭不赴。在越累官鹽鐵發運使、著作佐郎、諫議大夫，終給事中。《郡齋讀書志》卷十八：「隱少聰敏，作詩著文以譏刺為主，自號江東生，其集皆自為序。」《四庫全書總目提要》卷一百五十一：「《羅昭諫集》八卷，唐・羅隱撰。考《吳越備史》隱本傳云：隱有《江東甲乙集》、《淮海寓言》及《讒書後集》，並行於世。鄭樵《通志藝文略》載《羅隱集》二十卷、後集三卷，又有《吳越掌記集》三卷。至陳振孫《書錄解題》，則《甲乙集》僅十卷，而後集反有五卷，又多《湘南集》三卷，且註：《甲乙集》皆詩，後集有律賦數首。《湘南集》乃長沙幕中應用之文。」

〔6〕許渾，字用晦，一作仲晦，唐・安陸人。許圉師之後，僑居丹陽。登太和六年（832）進士（案：《直齋書錄解題》卷十九作太和五年，此從《晁志》，《四庫總目提要》同），歷當塗、太平二縣令，潤州司馬。大中三年（849）進監察御史，遷虞部員外郎，睦、郢二州刺史，所至有善政。工於詩，《郡齋讀書志》卷十八「許渾丁卯集」云：「渾嘗分司於朱方，丁卯間自編所著，因以為名。」丁卯，蓋唐宣宗大中元年（847）。

案：《四庫全書總目提要》則云許渾因有別業在潤州丁卯橋，故詩集名

《丁卯集》。

〔7〕《直齋書錄解題》卷十九：「《朱慶餘集》一卷，唐・朱可久字慶餘撰。以字行，受知於張籍，寶歷（案：當作「曆」，唐敬宗年號）二年（826）進士。」《唐才子傳》卷六稱其為閩中人，此書今亦藏於北京圖書館。

若乃覯〔1〕溫國於徐盧，箴傳家之膏肓〔2〕（1）。

原注：

（1）《溫國文正司馬公文集》八十卷〔3〕，每半葉十二行，每行廿字。首為劉嶠序，次為〈進司馬溫公集表〉，表第一葉間有朱書一行云：「洪武丁巳（1377）秋八月收」，鈐以小方章一，文云：「徐達左印」，又大方章一，文云：「松雲道人徐良夫藏書」〔4〕。卷第八十後附葉，有墨書三行云：「國初吳儒徐松雲先生收藏溫公集八十卷，缺九卷，雍謹鈔補以為完書云。宏治乙丑（1505）秋九月望日，石湖盧雍謹記」。予得之，以嘉慶丁巳（1797）暇日偶校舊鈔《傳家集》，觸處見誤，近刻復何足道耶！書之可稱祖本者，唯此種是矣。

箋證：

〔1〕《爾雅・釋詁》：「覯，見也。」《論語・鄉黨》：「私覯，愉愉如也。」〈鄭注〉：「覯，見也。」

〔2〕膏肓之疾，典出《左傳・成公十年》：「疾不可為也。在肓之上，膏之下，攻之不可，達之不及，藥不至焉，不可為也！」此處用以形容版本上有嚴重的缺失。

〔3〕案：此書《郡齋讀書志》卷十九作《司馬文正公傳家集》八十卷（袁州本），《直齋書錄解題》卷十七作《傳家集》一百卷，《宋史・藝文志》作《司馬光集》八十卷（又有《司馬光全集》一百六十卷）；《四庫全書總目提要》卷一百五十二：「《傳家集》八十卷，宋・司馬光撰。是集凡賦一卷，詩十四卷，雜文五十六卷，題跋、疑孟史剡共一卷，迂書一卷，壺格策問樂詞共一卷，誌三卷，碑行狀墓表哀辭共一卷，祭文一卷。」

〔4〕徐達左（1333～1395），字良夫，一作良輔，號松雲道人，元末吳縣人。受《易》於鄱陽邵弘道，受《書》於天台董仁福。初隱居於光福山，築「耕漁軒」，所藏高編大冊甚富，一時名流群集。洪武二十二年（1389），起為建寧府學訓導，卒於官。著有：《顏子鼎編》、《孟子內外篇》、《耕漁軒詩》、《金蘭集》等。

眕石林之奏議〔1〕，鬱剝落而生芒〔2〕（1）。

原注：

（1）葉夢得《石林奏議》〔3〕十五卷，每半葉十行，每行廿字，每卷次行題模編二字。後有跋，末署：「開禧丙寅（1206）六月既望，姪孫朝奉大夫改差權知台州軍州兼管內勸農事借紫笺謹書」。此書陳直齋著於錄〔4〕，近《汲古閣秘本目》載影宋精鈔，此較勝之矣。居士頗惜其紙板有剝落也。

箋證：

〔1〕《說文》：「眕，目邪視也。」

〔2〕鬱，從徐刻本。芒通荒，《荀子·富國》：「芒軔侵楛。」〈注〉：「芒，昧也，或讀爲荒。」

〔3〕《四庫全書總目提要》卷一百五十六：「《石林居士建康集》八卷，宋·葉夢得撰。陳振孫《書錄解題》載夢得《總集》一百卷、《審是集》八卷，今俱不傳。又載《建康集》十卷，乃紹興八年再鎮建康時所著，此本八卷，與振孫所記不合，然末有其孫輅題跋，亦云八卷。其或《書錄解題》屢經傳寫，誤以八卷爲十卷；抑或舊本殘闕，亡其二卷，後人追改輅跋以僞稱完帙，則均不可考矣。」夢得生平已見前。

《直齋書錄解題》注云：「石林二字，本出〈楚辭·天問〉。」案：〈天問〉：「焉有石林，何獸能言？」

〔4〕《直齋書錄解題》卷十八著錄：《石林總集》一百卷、《石林建康集》十卷、《石林審是集》八卷等，「奏議」則見於卷二十二。

《鐵琴銅劍樓藏書目錄》卷九：「《石林奏議》十五卷，宋·葉夢得撰。舊不題名，亦無序，每卷次行題模編。案《宋史》本傳，模，公之子也。《建康集》百卷已佚，今傳八卷本無奏議，此本見陳氏書錄，知宋時亦單行於世者。郡中士禮居黃氏嘗得宋刊本，此從之影寫者，每半頁十行，行二十五字（〈百宋一廛賦注〉作每行二十字，脫去五字）。」

神子遹之渭南，叶告夢之殊祥〔1〕（1）。

原注：

（1）《渭南文集》五十卷〔2〕，每半葉十行，每行十七字，前有序一首，署：嘉定十有三年（1220）十一月壬寅，幼子承事郎知建康府溧陽縣主管勸農公事子遹謹書。此是家刻，故游字皆去末筆〔3〕。白堤錢聽默〔4〕，

書賈之多聞者也，語予曰：「相傳庚寅一炬之先，放翁示夢於汲古主人曰：有《渭南文集》一部在某所，可往借之，遂免於厄。」噫！文人結習〔5〕有如是哉！通體完好，中有闕葉，錢叔寶手鈔補足。

箋證：

〔1〕《說文》：「叶，古文協，从口十。」告夢，猶言託夢，謂神靈出現於夢中，有所囑託。《全三國文・曹子建・髑髏賦》：「慕嚴周之適楚，儻託夢以通情。」嚴周即莊周，託夢事見《莊子・至樂》。

〔2〕《四庫全書總目提要》卷一百六十：「《渭南文集》五十卷逸稿二卷。宋・陸游撰，游晚封渭南伯，故以名集。陳振孫《書錄解題》作三十卷，此本爲毛氏汲古閣以無錫華氏活字版本重刊。其五十卷與陳氏所載不同，疑三字五字筆畫相近而訛刻也。」
案：《文獻通考》作二十卷，《宋史・藝文志》與《總目》同。

〔3〕家刻避諱，參見清・周廣業《經史避名彙考》卷三。

〔4〕錢聽默，名時霽，字景開，號聽默，湖州人（今浙江湖州）。乾隆間於蘇州白堤設「萃古齋」，爲書賈中之巨擘，夙稱識古，精於鑑別，所見多異本，能由籤題裝訂便知爲某家之物，當時藏書家多向其問道。參見《藏書紀事詩》卷七附錄。

〔5〕結習，指積久難改的習慣，本出佛經。《維摩詰經・觀眾生品》：「（弟子）結習盡者，花不著也。」

撫劍南以作貳〔1〕，俾掍連之就匡〔2〕（1）。

原注：

（1）殘本《新刊劍南詩稿》〔3〕，每半葉十行，每行廿字。所存一至四、又八至十、又十五至十七，凡十卷。前有淳熙十有四年（1187）臘月幾望門人迪功郎監嚴州在城都稅務鄭師尹序一首，《書錄解題》云：「《劍南詩稿》二十卷，止淳熙丁未，續稿六十七卷，自戊申以及其終，當嘉定庚午，其幼子遹續刻之。」〔4〕今經汲古毛氏一概合刻，面目無復存焉者矣〔5〕。此雖殘帙，猶可考其初不掍連也。

箋證：

〔1〕《禮記・禮器》：「有順而撫也。」〈疏〉：「撫，猶拾取也。」作貳，謂《劍南詩稿》原有正、續二稿也。

〔2〕《說文》：「掍，同也。」《文選・班孟堅・西都賦》：「掍建章而連外屬。」

〈注〉：「捆與混同。」

《說文》：「匡，飯器也，又正也。」《論語·憲問》：「管仲相桓公，霸諸侯，一匡天下。」〈注〉：「匡，正也。」

〔3〕《四庫全書總目提要》卷一百六十有《劍南詩稿》八十五卷，《直齋書錄解題》卷二十作「《劍南詩稿》二十卷《續稿》六十七卷」，注云：「初為嚴州刻前集，稿止淳熙丁未（十四年、1187）。自戊申（十五年、1188）以及其終，當嘉定庚午（三年、1210），二十餘年，為詩益多。其幼子遹復守嚴州，續刻之，篇什之富以萬計，古所無也。」。案：嚴州，今浙江省建德縣。

〔4〕鄭師尹〈序〉略云：「太守山陰陸先生《劍南》之作傳天下，眉山蘇君林收拾尤富。適官屬邑，欲鋟本，為此邦盛事，迺以纂次屬師尹。獨念吾儕日從先生之門，間有疑闕，自公餘可以從容質正，幸來者見斯文之大全，用是不敢辭。」

〔5〕案：正、續二稿之合刻，非始於毛氏，今傳汲古閣刻本《劍南詩稿》，其後有陸游長子子虞跋文，略云：「戊戌春正月（1178），題其平生所為詩卷曰《劍南詩稿》，以見其志焉。後守新定，門人請以鋟梓，遂行於世。其戊申、己酉以後詩，命子虞編次為四十卷，復題其籤曰《劍南詩續稿》，而親加校定。自此至捐館舍，通前稿，凡為詩八十五卷。子虞守九江，刊之郡齋，遂名曰《劍南詩稿》，所以述先志也。」可知合刻始於陸游後人，蓋圉歸罪毛氏，失考之矣。

躋友林之逸品〔1〕，儷聲價於吉光〔2〕（1）。

原注：

（1）史彌寧《友林乙稿》〔3〕一卷，每半葉八行，每行十六字，予又有覆本，行字相同。《潛研堂題跋》中，在都門所見，即覆本耳〔4〕。真本流麗娟秀，兼饒古雅之趣，在宋槧中，別有風神，未容後來摹倣也。予跋之目為逸品。又考趙希弁《讀書附志》云：「《友林詩稿》二卷，有黃景說、曾丰序。」〔5〕今詩既一卷，又無此序，佚其甲稿無疑矣。

箋證：

〔1〕《說文》：「躋，登也。」一作隮。《梁書·武帝紀》：「六藝備閑，棋登逸品。」

〔2〕《廣韻》：「儷，並也。」吉光，即「吉光片羽」之省，謂僅存之極其珍

貴文物。吉光，傳說中之神獸，見《西京雜記》。

〔3〕《四庫全書總目提要》卷一百六十三：「《友林乙稿》一卷，宋・史彌寧撰。彌寧字安卿，鄞縣人，丞相浩之從子也。嘉定中以國子舍生蒞春坊事，帶閤門宣贊舍人，知邵陽。《宋史》無傳，其集亦不見於」〈藝文志〉。此本猶宋時舊刊，楷法頗爲工緻，凡錄詩一百七十首。」

〔4〕潛研堂，清・錢大昕藏書之所，錢氏之著作，總裒爲《潛研堂全書》。

〔5〕引文見《郡齋讀書附志》卷五下。

　　案：黃景說，字巖老，號白石，與姜夔齊名，人稱「雙白石」。著有《白石丁稿》，《宋志》著錄。曾丰，字幼度，樂安人，乾道進士，官至德慶知府。著有《樽齋緣督集》二十卷，《四庫全書》收錄（《宋志》作十四卷，四庫本自《永樂大典》輯出）。

裂梁溪之卅八，孰斯文之可喪〔1〕（1）。

原注：

（1）殘本《梁溪文集》〔2〕，每半葉九行，每行廿字，凡三十八卷。末有乾隆六年（1741），二十六世孫枚跋，稱：「雍正乙酉〔3〕，下榻衍聖公之九如堂〔4〕，詢知《梁溪文集》爲舊族高陽相公持去，高陽諱霨。越十餘年，過上谷所屬之地〔5〕，高陽府第半屬荒基，而是集猶在，因以歷歲所餘館穀與之，而是集始得返趙」云云，觀此可知其珍重也。然實經割移卷第，而跋未之知。今予就版心字跡釐正焉：〔6〕古律詩九、十兩卷爲第十三、十四；表劄奏議三至十四爲卷第四十一至五十二；又廿四至卅二爲第六十二至七十；又五十三至六十爲第九十一至九十八；又六十二爲第一百；迁論四爲第一百四十八；又九、十兩卷爲第一百五十三、一百五十四；題跋上中下爲第一百六十一至一百六十三。《書錄解題》云：百二十卷，趙希弁《讀書附志》云：百七十卷，此即百七十卷之本。

箋證：

〔1〕此句蓋本《論語・子罕》：「天之未喪斯文也，匡人其如予何？」

〔2〕《郡齋讀書附志》卷五下：「《梁谿先生文集》一百七十卷。右李忠定公綱之文也，公字伯紀，邵武人，寓於常州無錫之梁谿，因以爲號。政和初年進士乙科，宣和初爲起居舍人。靖康初爲右丞親征行營使，俄知樞密院、河東北宣撫使。卒贈少師，諡忠定。」《宋史》卷三五八、三五

九有傳。此書《四庫》著錄爲一百八十卷、附錄六卷，乃增加〈靖康傳信錄〉三卷、〈建炎進退志〉四卷、〈建炎時政記〉三卷而成。

〔3〕乙酉當作己酉，即雍正七年（1729），《蕘圃藏書題記》卷八，正作己酉。

〔4〕《宋史·仁宗本紀》至和二年（1055）：「三月丙子，封孔子後爲衍聖公。」又卷三百三十一《祖無擇傳》：「時封孔子後爲文宣，無擇言：『前代所封，日宗聖、日奉聖、日崇聖、日恭聖、日褒聖，唐開元中尊孔子爲文宣王，遂以祖謚而加後嗣，非禮也。』於是下近臣議，改爲衍聖公。」九如堂，蓋取自《詩經·小雅·天保》九如之意。

〔5〕上谷，今河北省易縣。

〔6〕《蕘圃藏書題記》卷八：「李綱《梁溪集》一百八十卷，《述古堂書目》載其名，全集世不多有，何論宋刻？惟此宋刻殘本，始十三終一百六十三，當是一百八十卷之舊而闕存三十八卷者。先是遭俗子割補卷第，取卷中文字有數目者，每卷填改，鈐以圖記，掩蓋其痕。余悉案舊鈔本更正，而以數目字還其原處，有失去者仍以素紙空其格，可謂愼之至矣！」書估作僞，亦可見一斑。

證擊壤於泰興（1），

原注：

（1）殘本《伊川擊壤集》〔1〕，每半葉十行，每行廿一字，所存三至六，凡四卷而已。泰興李氏舊物也，延令目云：「宋邵康節《擊壤集》二十五卷」，即此，彼時蓋尚完，然考晁、陳及馬氏著錄〔2〕，五乃衍字。

箋證：

〔1〕《四庫全書總目提要》卷一百五十三：「《擊壤集》二十卷，宋·邵子撰。前有治平丙午（1066）自序，後有元祐辛卯（案：當作丁卯，1087）邢恕序。晁公武《讀書志》云：雍邃於易數，歌詩蓋其餘事，亦頗近理。集爲邵子所自編，其隨手散佚，不復收拾，眞爲寄意於詩而非刻意於詩者矣。又案：邵子抱道自高，蓋亦顏子陋巷之志。而黃冠者流，以其先天之學出於華山道士陳摶，又恬淡自怡，跡似黃、老，遂以是集編入《道藏·太玄部》賤字、體字二號中，殊爲誕妄，今併附辨於此。」《宋史》卷四二七〈道學〉有傳。

〔2〕《郡齋讀書志》卷十九、《直齋書錄解題》卷二十、《文獻通考》卷二百四十四著錄。

讙乖崖於崇陽〔1〕（1）；

原注：

（1）殘本《乖崖先生文集》〔2〕，每半葉十行，每行廿，自所存一卷至六卷，以下至卷十二皆「賜書樓」舊鈔本也。《讀書志》十卷，陳直齋云：「近時郭森卿宰崇陽，刻此集舊本十卷，增廣并語錄為十二卷。」〔3〕今此本前有咸淳乙巳（案：當作己巳、五年，1269）中春朔，邑子朝散大夫特差荊湖安杭大吏司主管機宜文字權澧州軍州事賜緋龔夢龍序云：「前令君天台郭公森卿嘗刊實郡齋，己未（開慶元年、1259）兵燬，遂為煻爐。今令史左綿伊公賡以儒術飾吏，復鋟梓以壽其傳。」〔4〕是郭本之重刻於崇陽者也。

箋證：

〔1〕《說文》：「讙，流言也。」《管子‧宙合》：「讙充言心也。」〈注〉：「讙，音絢，有所求也。」崇陽，今湖北省崇陽縣。

〔2〕張詠（946～1015），字復之，濮州人（一作鄄城人）。太平興國五年（980）進士，累擢樞密院直學士、御史中丞、禮部尚書。卒贈左僕射，諡忠定。少好擊劍，兼通數術，為文尚氣，不事雕飾。自號乖崖，以為「乖則違眾，崖不利物」，其骨鯁謇諤，可見一斑。《宋史》卷二九三有傳。

〔3〕《郡齋讀書志》卷十九（《讀書後志》卷四中同）、《直齋書錄解題》卷十七並著錄。

〔4〕宋理宗開慶元年，蒙古大軍曾南下圍攻鄂州（今湖北武昌），崇陽亦被兵，故云兵燬。參見《續資治通鑑》卷一百七十五。

奇兩探於真魏〔1〕（1），

原注：

（1）《西山先生真文忠公文集》〔2〕五十五卷，每半葉十行，每行十八字。其卷八至十一、又二十五至二十八、又五十二至五十五皆鈔補，而第五十一全卷盡缺。考《書錄解題》、《經籍考》皆五十六卷，《延令書目》乃云五十一卷。今宋槧前後凡存四十二卷，而止於卷之第五十，鈔補未知所出，無以訂此也。

《鶴山先生大全集》〔3〕一百五十卷，每半葉十一行，每行廿二字。首有淳熙己酉（十六年，1189）宛陵吳淵序，第一卷首缺損一葉又四行，其第五行始為「寄題雅州脊園」云云，而明邛州刻本竟以此題為首，誤

甚矣。惜缺十八、十九、卅五至卅八、四十三至四十六、五十至五十三、七十五至七十七、一百八,凡十卷。西山與鶴山並稱,洵南宋之兩大儒也,予皆得其集之善本,亦足以豪矣。

箋證:

〔1〕《說文》:「探,遠取之也。」奇兩,謂兩種罕見之版本。

〔2〕眞德秀(1178~1235),字景元,一字景希,宋·浦城人(今福建省浦城縣)。慶元中進士,理宗時,歷知泉州、福州,召爲翰林學士,拜參知政事。卒諡文忠,學者稱西山先生。著有:《大學衍義》、《唐書考疑》、《文章正宗》、《四書集編》等。《四庫全書總目提要》卷一百六十二:「《西山文集》五十五卷。考《宋史》本傳,德秀有西山甲乙稿、對越甲乙集、經筵講義、端平廟議、翰林詞草、四六獻忠集、江東救荒錄、清源雜志、星沙集志諸書。此本爲明萬曆中,福建巡撫金學曾所刊,國朝浦城知縣王允元又補葺之。然馬端臨《通考》所載,亦作五十六卷,則此本所少僅一卷耳,殆宋時刊本即未嘗以諸書編入。」

〔3〕《四庫全書總目提要》卷一百六十二:「《鶴山全集》一百九卷,宋·魏了翁撰。此本乃後人裒合諸本,共次爲一編。其三十五卷下題渠陽集;三十七卷下題朝京集;九十卷下題自庵類稿,則猶仍其舊名,刊削未盡者也。其集原本一百卷,見焦竑《經籍志》。(此本)前有淳熙乙酉宛陵吳淵序,共成一百一十卷,十卷者皆註有新增字,蓋書坊刊版所續入。元明間集版湮廢,嘉靖辛亥(三十年、1551),四川兵備副使高翀等,始重刻於邛州。而校訂草率,與目多不相應,或書中有此文而目反佚之,疑有所竄改,已非其舊。又目凡一百十卷,而吳鳳後序稱一百七卷,蓋重訂時失於檢勘。」

異三　乎豫章〔1〕(1)。

原注:

(1)殘本《豫章黃先生文集》〔2〕,每半葉九行,每行十八字,所存一至十四、又十七至十九,凡十七卷。其第一卷末有「山房李彤、洛陽朱敦儒正是」一行。

殘本《豫章黃先生外集》,每半葉九行,每行十八字,所存一至六而已。第六卷末葉爲書賈所去,別以第十四卷末葉足之,因此葉後亦有山房李彤云云一行,自詭於全帙也〔3〕。《延令書目》載後集六卷,殆緣是歟?

然其所載《山谷集》三十卷則未缺，今不知在何所。

殘本《任淵山谷黃先生大全詩注》〔4〕，每半葉十一行，每行大廿字、小廿四字，所存卷一至十八，其後皆缺。每卷中復多缺葉，末葉有粘籤一條云：一本永樂二年（1404）七月二十五日蘇叔敬買到。抱沖道人得南城廢殿本《列女傳》有此，即載於《敏求記》者〔5〕，其外未聞更見於他書也。予嘗攜就「小讀書堆」驗之，字跡正出一手。

箋證：

〔1〕異三，謂三種不同之板本。搴，攓之俗字。《說文》：「攓，拔取也。」今通作搴。

〔2〕《郡齋讀書志》卷十九、《文獻通考》卷二百三十六、《宋史藝文志》並作：《豫章集三十卷外集十四卷》，惟《直齋書錄解題》卷十七作「五十卷」。《四庫全書總目提要》卷一百五十四：「《山谷內集三十卷外集十四卷別集二十卷》。宋·黃庭堅撰。葉夢得《避暑錄話》載黃元明之言曰：魯直舊有詩千餘篇，中歲焚三之二，存者無幾，故名〈焦尾集〉。其後稍自喜，以為可傳，故復名〈敝帚集〉。晚歲復刊定，止三百八篇，而不克成，今傳於世者尚幾千篇云云。然庭堅所自定者，皆已不存，其存者，一曰內集，庭堅之甥洪炎所編，即庭堅手定之內篇，所謂退聽堂本者也；一曰外集，李彤所編，所謂邱濬藏本者也；一曰別集，即 所編，所謂內閣鈔出，宋蜀人所獻本者也。三集皆合詩文同編，後人註釋，則惟取其詩。」

〔3〕《玉篇》：「詭，欺也，謾也。」

〔4〕《總目提要》（卷同上）：「《山谷內集註二十卷外集註十七卷別集註二卷》。任淵所註者內集，史容所註者外集，其別集則容之孫季溫所補，以成完書。〈庭堅年譜〉云：山谷以史事待罪陳留，偶自編〈退聽堂詩〉，初無意盡去少作。胡直孺少汲建炎初帥洪并類山谷詩文為《豫章集》，命汝陽朱敦儒、山房李彤編集，而洪炎玉父專其事，遂以退聽為斷。史容〈外集序〉亦云：山谷自言欲傚莊周，分其詩文為內外篇，意固有在，非欲去此取彼也。」又云：「註本之善，不在字句之細瑣，而在於考核出處時事。任註內集、史註外集，其大綱皆繫於目錄每條之下，使讀者考其歲月，知其遭際，因以推求作詩之本旨。」又云：「淵字子淵，蜀之新津人（四川省新津縣），紹興元年（1131）乙丑，以文藝類試有司第一，仕至潼川憲。容字公儀，號藥室居士，青衣人（四川省樂山縣）。

仕至太中大夫。其孫季溫，字子威，舉進士，寶祐中官祕書少監。」
案：《直齋書錄解題》卷十八著錄《訄庵集》四十卷，任淵撰（《文獻通
考》卷二百四十作《沂庵集》）。注云：「紹興乙丑類試第一人。」乙丑
爲紹興十五年（1145），《總目提要》作元年者誤，當據此改。

〔5〕《讀書敏求記》卷二之中：「《古列女傳》七卷。牧翁亂後入燕，得於南
城廢殿，卷末一條云：『一本，永樂二年七月二十五日，蘇叔敬買到。』
當時採訪書籍，必貼進買人名氏，鄭重不苟如此。」是書原爲明代內府
所藏，故有此制。

文考信於南卿〔1〕（1），

原注：

（1）殘本《王阮義豐文集》〔2〕，每半葉十行，每行十八字，所存五十八
葉。前有淳祐戊申（八年、1248）大梁趙希㙫敘，後有淳祐癸卯（1243）
吳愈敘，通體均遭割補，文僅末半葉與前半葉。「和淵明詞」云云，初
不連屬，缺損已甚矣。元書幾卷無從考見，惟《桯史》〔3〕以爲阮所
作詩號《義豐集》，刻江湴，校官馮椅爲之序者，有詩無文，決非此本
也。南卿，阮字。

箋證：

〔1〕《史記‧伯夷傳》：「夫學者載籍極博，猶考信於六藝。」

〔2〕《四庫全書總目提要》卷一百五十九：「《義豐集》一卷。宋‧王阮撰。
阮字南卿，德安人，王韶之曾孫，隆興元年（1163）進士，仕至撫州守。
召入奏，奉祠歸廬山以終。集首有淳祐癸卯吳愈序，謂其文無一字無來
處，今其文集未見，所存僅詩一卷，蓋傳錄者以全集之序，弁詩之首也。
劉克莊嘗跋其詩，謂高處逼陵陽、茶山。陵陽者韓駒，茶山者曾幾也。
岳珂《桯史》稱阮學於張紫微，紫微者張孝祥也。今觀阮詩於兩派之間，
各得一體，克莊及珂所述，固皆爲近實矣。」

〔3〕《四庫全書總目提要》卷一百四十一：「《桯史》十五卷，宋‧岳珂撰。
是編載南北宋雜事，凡一百四十餘條，其間雖多俳優詼謔之詞，然大旨
主於寓褒刺、明是非，借物論以明時事，非他書所載徒資嘲戲者比。所
錄詩文，亦多足以旁資考證，在宋人說部中，亦王明清之亞也。」

詞傳疑於立方〔1〕（1），

原注：

（1）殘本《侍郎葛公歸愚集》，每半葉十二行，每行廿二字，所存五至十三，凡九卷。漁洋山人《居易錄》〔2〕云：「宋葛立方常之《歸愚集》十卷、詩四卷、樂府一卷、騷賦雜文一卷、外制二卷、表啟二卷。」今宋槧無樂府，而予藏汲古毛氏精鈔宋人詞百種中有之，即刻入六十家者也〔3〕，或是傳鈔者取以附益耳。《書錄解題》二十卷〔4〕，此槧當與之同，但不識樂府在缺卷內否。

箋證：

〔1〕《穀梁傳・莊公七年》：「《春秋》著以傳著，疑以傳疑。」〈注〉：「明實錄也。」

〔2〕參見陳乃乾《重輯漁洋書跋》頁五十六。

〔3〕《宋六十家名詞》，九十卷，明・毛晉編。分六集，共收宋代詞人別集六十一家，以付刊先後為序，每集後附跋語，簡介作者生平與作品風格、特點，為宋以後大規模刊刻詞集之始。《書林清話》卷七：「彙刻詞集，自毛晉汲古閣刻六十家詞始，當時擬刻百家，後四十家未刻者，其鈔本流傳。見彭元瑞《讀書跋尾》。」

〔4〕《直齋書錄解題》卷十八：「《歸愚集》二十卷，吏部侍郎葛立方常之撰。勝仲之子，丞相邲之父也。以郎官攝西掖，忤秦相得罪，更化召用，言者又以為附會沈該，罷去，遂不復起。」《四庫全書》收錄尚有《韻語陽秋》、《歸愚詞》等。

諦欒城而小字〔1〕（1），

原注：

（1）殘本《欒城集》〔2〕，每半葉十一行，每行十八字，所存前集共八卷，後集所存九至廿一，凡十三卷。明刻於文中年月官銜任意刪削，殊不耐觀。予別從抱沖道人處，見一殘冊，其字較大，亦宋槧也。

箋證：

〔1〕《關尹子・九藥》：「諦毫末者，不見天地之大。」《說文》：「諦，審也。」

〔2〕《四庫全書總目提要》卷一百五十四：「《欒城集五十卷欒城後集二十四卷欒城三集十卷應詔集十二卷》」。宋・蘇轍撰。案：晁公武《讀書志》、陳振孫《書錄解題》載欒城諸集，卷目並與今本相同，惟《宋史・藝文志》稱《欒城集》八十卷、《應詔集》十卷、策論十卷、《均陽雜著》一

卷；焦竑《國史經籍志》則又於《欒城集》外，別出《黃門集》七十卷，均與晁、陳二家所紀不合。今考《欒城集》及後集共得八十四卷，《宋志》蓋統舉言之。策論當即《應詔集》，而誤以十二卷爲十卷，又複出其目。惟《均陽雜著》未見其書，或後人掇拾遺文，別爲編次，而今佚之歟？至竑所載《黃門集》，宋以來悉不著錄，疑即《欒城集》之別名，竑不知而重載之。《宋志》荒謬，《焦志》尤多舛駁，要當以晁、陳二氏見聞最近者爲準也。」

披益公而疏行〔1〕（1）。

原注：

（1）殘本《周益公集》〔2〕，每半葉十行，每行十六字。所存者為：〈省齋文稿〉一至八、又廿八至卅六；〈平園續稿〉一至十五、又廿七至卅、又卅六至四十；〈玉堂類稿〉六至八、又十一至十三；〈歷官表奏〉一至五、又十至十二；〈承明錄〉一至六；〈書稿〉九至十一；附錄五卷，凡六十九卷。疏行大字，軒爽悅目。予又嘗別見《歐集》於某所，款式悉同，此殆倣彼而為之也。

箋證：

〔1〕《韓愈‧進學解》：「手不停披於百家之書。」《廣韻》：「披，開也。」
〔2〕《直齋書錄解題》卷十八：「《周益公集》二百卷年譜一卷附錄一卷。丞相益文忠公廬陵周必大子充撰。一字宏道，其家既刊《六一集》，故此集編次一切視其凡目。其間有奉詔錄、親征錄、龍飛錄、思陵錄，凡十一卷，以其多及時事，託言未刊，人莫之見。鄭子敬守吉，募工人印得之，余在莆田借錄爲全書，然猶漫其數十處。益公自號平園叟。」蕘圃所見《歐集》，殆即直齋所云《六一集》也。

參寥歸攝六之物（1），

原注：

（1）《參寥子詩集》十二卷〔1〕，每半葉十一行，每行廿四字。驗其收藏，最先為「蓮鬚閣」舊物，有「黃子羽讀書小記」也。子羽名翼，攝六是其號〔2〕。此印前《湘山野錄》亦有之。凡各書圖記，唯涉賦文乃加詳述，餘或有偶及者，然多不盡也，如此書并有季滄葦、徐健庵名氏章。

箋證：

〔1〕參寥子，宋‧釋道潛別號。道潛（1043～約 1106），本名曇潛，俗姓何，於潛人。居杭州西湖之智果精舍，與蘇軾、秦觀等相友善，贈詩酬答，東坡稱其詩無一點蔬筍氣。崇寧末，歸老江湖，嘗賜號「妙聰大師」。《參寥子集》，諸家並著錄十二卷，蕘圃藏本今存北京圖書館。

參寥，本為人名，出自《莊子‧大宗師》：「玄冥聞之參寥」，〈釋文〉引李頤云：「參，高也。高邈寥曠，不可名也。」

〔2〕案：此處所指當是黃翼聖，作「名翼」者，乃據其藏書印記。翼聖（1596～1659），字子羽，號攝六，一號蓮蕊居士，明太倉人（今江蘇太倉）。崇禎中以諸生應聘，任四川新都知縣，官至安吉州知州。生平喜藏古銅磁器及宋元古書，致仕後，潛心修習佛法，取淨土經「花開見佛」之典，顏其室曰：「蓮蕊樓」（蕘圃云「蓮鬚閣」者，或當別有所據，此處依《藏書紀事詩》卷三）。

致道返淮東之藏（1）。

原注：

（1）《北山小集》四十卷，程俱致道撰〔1〕。每半葉十行，每行廿字，用故紙刷印。錢少詹有跋〔2〕云：「驗其紙背，皆乾道六年（1170）官司簿帳，其印記文可辨者：曰湖州司理院新朱記；曰湖州戶部贍軍酒庫記；曰湖州監在城酒務朱記；曰湖州司獄朱記；曰烏程縣印；曰監湖州都商稅務朱記，意此集板刻於吳興官廨也。紙墨古雅，洵是淳熙以前物」云云。〔3〕卷尾有「黃氏淮東書院圖籍記」印，未詳其為何人。上句曰歸，此曰返者，由吾宗以取義也。

箋證：

〔1〕《直齋書錄解題》卷十八：「《北山小集》四十卷。中書舍人信安程俱致道撰。以外祖鄧潤甫蔭入仕，宣和中賜上舍出身，為南宮舍人。紹興初，入西掖，徐俯為諫議大夫，封還詞頭，罷去。後以次對修史，病不能赴而卒。」《四庫全書總目提要》卷一百五十六：「俱天性伉直，其在掖垣，多所糾正。如〈高宗幸秀州賜對劄子〉，極言賞罰施置之當合人心；〈論武功大夫蘇易轉橫行劄子〉，極言朝廷之當愛重官職；又徐俯與中人唱和，驟轉諫議大夫，俱亦繳還錄黃，頗著氣節。今諸劄俱在集中。」又云：「其集傳世頗稀，此本乃石門吳之振得於泰興季振宜家，蓋猶從宋槧鈔存，故鮮所闕佚。」

〔2〕即錢大昕（1728～1804），官至少詹事，故云。此跋見《潛研堂文集》
卷三一。

〔3〕《書林清話》卷八〈宋元明印書用公牘紙背及各項舊紙〉條，列舉葉氏
所見宋代用公文舊紙所印刷之書，今條列於此，可補見聞：

《北山集》四十卷（黃書錄）

宋本《蘆川詞》二卷（黃書錄）

宋刻《花間集》十卷（楊隅錄）

呂祖謙《皇朝文鑑》一百五十卷（瞿目）

宋刊《洪氏集驗方》五卷（瞿目）

宋紹興本《集古文韻》五卷（莫錄）

宋本《方言》十三卷（陸續志）

馮贄《雲仙散錄》一卷（丁志）

宋巾箱本《歐陽先生文粹》五卷（丁志）

伊駢列以十數〔1〕，悉求是之康莊〔2〕（1）。

原注：

（1）言宋集而得宋槧，考信最確，不假他塗也。

箋證：

〔1〕駢，並也。《莊子·駢拇》〈釋文〉引《廣雅》：「駢，並也。」

〔2〕《爾雅·釋宮》：「五達謂之康，六達謂之莊。」《史記·驕奭傳》：「自
如淳于髡以下，皆命曰列大夫，爲開第康莊之衢。」

至於宣城之三謝（1），

原注：

（1）唐庚集《三謝詩》一卷〔1〕，每半葉十二行，每行廿二字，卷中有嘉
泰甲子（四年、1204）郡守譙令憲重脩云云，所謂「宣城本」者是也。
予得於蔣氏「貯書樓」，篁亭有手記數行在末葉。〔2〕

箋證：

〔1〕唐庚（1071～1121），字子西，眉州丹陵人。紹聖中登進士第，歷官利
州治獄掾、閬中令、宗學博士。張商英薦爲提舉京畿常平，坐事謫惠州。
大觀五年（1111）赦歸，卒於家。著有《唐子西集》、《三國雜事》等。

〔2〕《蕘圃藏書題識》卷十：「《三謝詩》一卷。」引蔣杲過錄唐庚序云：「江

左諸謝詩文見《文選》者六人：希逸無詩，宣遠、叔源有詩不工。今取
靈運、惠連、元暉詩合六十四篇爲《三謝詩》。是三人者，詩至元暉語
益工，然蕭散自得之趣亦復少減，漸有唐風矣，於此可以觀世變也。唐
子西書，康熙壬辰（1712）九月蔣杲錄。」

案：謝莊字希逸（421～466）；謝瞻字宣遠；謝混字叔源；元暉當作玄
暉（清人避康熙諱改），即謝朓（464～494）。《詩品》卷中：「宋豫章太
守謝瞻、宋僕射謝混：其源出於張華，才力苦弱，故務其清淺，殊得風
流媚趣。課其實錄，則豫章、僕射宜分庭抗禮。」卷下：「宋光祿謝莊
詩：希逸詩，氣候清雅，不逮於袁、王。然興屬閒長，良無鄙促也。」
據此，則《文選》雖只錄希逸之文，固非無詩；宣遠、叔源亦非不工也。

京兆之五竇（1）：

原注：

(1)《竇氏聯珠集》〔1〕，每半葉九行，每行十七字，淳熙五年（1178）刊
本也。昔見何義門校汲古閣刻，其跋云：「康熙辛卯（1711）春日，購
得葉九來所藏宋本，乃顧大有舊物，因改正五十餘字。中〈行杏山館聽
子歸〉一篇，諸本皆脫去。尤可笑者，和峴、王崧二跋中，大天字皆訛
爲大夫人，不通今古，其陋乃至此耶」云云，今覆案之，誠然。其〈聽
子歸詩〉乃竇常之末篇。〔2〕

箋證：

〔1〕《直齋書錄解題》卷十五：「《竇氏聯珠集》五卷，唐·褚藏言所序。竇
氏兄弟五人詩，各有小序，曰：國子祭酒常（中行）、國子司業牟（貽
周）、容管經略群（丹列）、婺州刺史庠（胄卿）、武昌節度使鞏（友
封），皆拾遺叔向之子也。」《四庫全書總目提要》卷一百八十六：「叔向有集
一卷，常有集十八卷，見《唐書藝文志》，今並不傳。此集五卷，《唐志》
亦著錄，而宋時傳本頗稀，此本爲毛晉汲古閣所刊。」《讀書敏求記》
卷四之下：「聯珠之義，蓋取一家偕列，即歷法五星如聯珠之義也。」
《舊唐書》卷一百五十五、《新唐書》卷一百七十五俱有〈竇群傳〉，常、
牟附見。

〔2〕案：《鐵琴銅劍樓藏書目錄》卷二十三：「《竇氏聯珠集》一冊。唐·褚
藏言輯，合竇氏五子爲集，不分卷、無目錄，析每人詩爲一種，詩前有
傳，即藏言所纂。後有潛夫題語及詩，又和峴跋，和皋題記，王崧跋。

潛夫，張昭字，峴、皋，和凝子也。刻於淳熙五年，詩作楷體，跋作行草，筆跡相似，極見古雅，疑即王崧所寫以刻者。板刻清朗，楮印俱佳，宋刻中最精善之本。汲古毛氏刻本，於竇常詩〈謁三閭廟〉下，脫去〈杏山館聽子規〉一首。云：楚塞餘春聽漸稀，斷猿今夕讓霑衣，雲理老樹空山裡，髣髴千山一度飛。」所述與堯圃稍異，亦可補其不足。

使君之才調（1），

原注：

（1）《才調集》〔1〕十卷，每半葉十行，每行十八字。卷二至卷五為宋槧，餘鈔補。第一卷有「季振宜藏書」一印，合諸《延令書目》云：《才調集》十卷四本，宋本鈔補，知其即此。

箋證：

〔1〕《四庫全書總目提要》卷一百八十六：「《才調集》十卷，蜀・韋縠編。縠仕王建為監察御史，其里貫、事蹟皆未詳。是集每卷錄詩一百首，共一千首。自序稱觀李杜集、元白詩，而集中無杜詩，馮舒評此集，謂崇重老杜，不欲芟擇。然實以杜詩高古，與其書體例不同，故不採錄，舒所說非也。其中頗有舛誤，然頗有諸家遺篇，亦足資考證也。」
案：《十國春秋》卷五十六〈韋縠傳〉，稱其「少有文藻，夢中得軟羅節纈巾，才思益進。仕孟氏父子為監察御史，遷尚書。」則其事蹟固非皆不可考。

衲子之宏秀〔1〕（1）；

原注：

（1）殘本《唐僧宏秀集》〔2〕，每半葉十行，每行十八字。缺後二卷，并缺第一卷一葉，又半葉。《敏求記》載元人鈔本十卷，云：寶祐第六春（1258），荷澤李龏和父編，蓋完帙也〔3〕。唯《汲古閣秘本目》影宋板精鈔，不著其完與殘，未知出何本耳。

箋證：

〔1〕出家僧人所穿者稱為百衲衣，故僧人稱為衲子。《格致鏡原》卷十五引《大智度論》：「五比丘曰：佛當著何等衣？佛言：應著衲衣。」黃庭堅《豫章集》卷七〈送密老住五峰詩〉：「水邊林下逢衲子，南北東西古道場。」

〔2〕《四庫全書總目提要》卷一百八十七：「《唐僧宏秀集》十卷，宋‧李龏編。此所選唐代釋子之詩，自皎然以下凡五十二人，詩五百首。前有寶祐六年龏自序，採摭頗富，而亦時有不檢，別裁去取亦未必盡諸家之長。然唐僧有專集者不過數家，其餘散見諸書，漸就漸滅，龏能裒合而存之，俾殘章斷簡一一有傳於後，其收拾散亡，要亦不能謂之無功也。」

〔3〕見《讀書敏求記》卷四之下。案：《四庫全書》另著錄《唐四僧詩》六卷，編者不詳，則裒集釋子之詩，蓋亦不始於李龏矣。

荊公之百家（1），

原注：

（1）殘本《唐百家詩選》〔1〕，每半葉十行，每行十八字，所存一至十一，凡十一卷。首有楊蟠序，商邱新刻所無，餘亦相去逕庭。又有分類宋槧殘本，在「小讀書堆」。

箋證：

〔1〕《四庫全書總目提要》卷一百八十六：「《唐百家詩選》二十卷，舊本題王安石編。是書去取絕不可解，自宋以來，疑之者不一，曲為解者亦不一，然大抵指為安石。惟晁公武《讀書志》云（案：卷二十）：『《唐百家詩選》二十卷，皇朝宋敏求次道編。次道為三司判官，嘗取其家所藏唐人一百八家詩，選擇其佳者，凡一千二百四十六首為一編。王介甫觀之，因再有所去取，且題曰：欲觀唐詩者，觀此足矣。世遂以為介甫所纂。』其說與諸家特異。案：《讀書志》作於南宋之初，去安石未遠；又晁氏自元祐以來，舊家文獻緒論相承，其言當必有自。」

洪氏之萬首（1）。

原注：

（1）殘本《萬首唐人絕句》〔1〕，每半葉九行，每行廿字，所存前後凡三十六卷，而序及目錄完好無恙。《敏求記》言：目錄二卷、七言七十五卷、五言二十五卷、六言一卷。趙宦光所刊，統而一之，譏其好自用，誠哉是言也。〔2〕明嘉靖時有覆宋本者〔3〕，規模未改，勝趙刻遠甚，然終不若此之可寶。

箋證：

〔1〕《四庫全書總目提要》卷一百八十七：「《萬首唐人絕句詩》九十一卷，

宋·洪邁編。邁於淳熙間錄唐五、七言絕句五千四百首進御，後復補輯，
得滿萬首，爲百卷，紹熙三年（1192）上之。陳振孫《書錄解題》謂其
中多探宋人詩，其尤不深考者爲梁·何遜。劉克莊《後村詩話》，亦謂
其但取唐人文集雜說，鈔類成書，非必有所去取。蓋當時瑣屑摭拾，以
足萬首之數，其不能精審，勢所必然，無怪後人之排詆。是書原本一百
卷，每卷以百首爲率，而卷十九至卷二十二皆不滿百首。又五言止十六
卷，合之七言七十五卷，亦不滿百卷。目錄後載嘉定間紹興守吳格跋，
謂原書歲久蠹闕，因修補以永其傳。此本當是修補之後，復又散佚也。」

〔2〕案：《讀書敏求記》卷四之下作：「《唐人絕句》一百二卷」，《述古堂藏
書目》則作一百四卷。《日本訪書志》卷十三：「《萬首絕句刊定》四十
卷。洪容齋《唐人萬首絕句》，前人議其多謬誤，此本爲明·趙宧光、
黃習遠重定。凡去其謬且複者二百十九首，補入六百五十九首，總得一
萬四百十九首，詩以人彙，人以代次，較原書實爲精整。蓋凡夫富藏古
籍，見聞廣博，與他人竄亂古書掩爲己有者有間。書刻於萬曆丙午、丁
未間（1606～1607）。」然則趙氏當亦非愚而好自用者，錢、黃二氏俱
失之武斷矣！

〔3〕明·嘉靖十九年（1504）、陳敬學「德星堂」仿宋刊本，一百一卷。今
藏北京圖書館。

唐粹則一朝（1），

原注：

（1）《文粹》一百卷〔1〕，每半葉十五行，每行廿六字不等。末題云：「臨
安府今重行開雕《唐文粹》一部，計貳拾策〔2〕，已委官校正訖。紹
興九年（1139）正月△日。」其名銜文繁不錄。嘗見何義門、小山〔3〕
兄弟皆用此以校明刻本，朱字爛然，至於盈紙。予近亦思手勘一副本，
而逡巡〔4〕未就，乃知前人用功之勤，亦有未可遽沒者。

箋證：

〔1〕《郡齋讀書志》卷二十：「《文粹》一百卷，右皇朝姚鉉（968～1020）
字寶臣編。鉉廬州人，太平興國中進士，文辭敏麗，善書札。藏書至多，
頗有異本，累遷兩浙漕使。課吏寫書，采唐世文章，分門編類，初爲五
十卷，後復增廣之。」《直齋書錄解題》卷十五：「《唐文粹》一百卷，
兩浙轉運使合肥姚鉉寶臣撰。鉉，太平興國八年（983）進士第三人。

在杭州與知州薛映不協，映摭其罪狀數條密以聞，當奪一官，特除名，貶連州文學。其自爲序稱吳興姚鉉者，蓋本郡望也。」

〔2〕策，通冊。杜預〈春秋序〉：「大事書之於策，小事簡牘而已。」〈釋文〉：「策，本又作冊，亦作筴，同。」

〔3〕何煌，字心友，號小山，又屬何仲子，焯弟。校勘古書亦有名於時。

〔4〕《說文》：「逡，復也。」《廣韻》：「逡巡，行不進也。」

宋選則眾手（1）。

原注：

（1）小字本《聖宋文選》三十二卷〔1〕，每半葉十六行，每行廿八字，無序目并撰錄人姓名。凡選十四家：歐陽永叔二卷、司馬君實三卷、范希文一卷、王禹偁一卷、孫明復二卷、王介甫二卷、余元度一卷、曾子固二卷、石守道三卷、李邦直五卷、唐子西一卷、張文潛七卷、黃魯直一卷、陳瑩中一卷。此書徐立齋〔2〕舊物也，近從武進趙司馬懷玉〔3〕所歸於予。又嘗別得殘本，同此一刻，缺卷七至十一：王禹偁、孫明復、王介甫三家，他日當影鈔補足之。〔4〕

箋證：

〔1〕《四庫全書總目提要》卷一百八十六：「《宋文選》三十二卷，不著編輯者名氏。所選皆北宋之文，自歐陽脩以下十四人。惟取其有關於經術政治者，詩賦碑銘之類不載焉。中無三蘇文字，而黃庭堅、張耒之文則錄之，豈當時蘇文之禁最嚴，而黃張之類則稍寬歟？又其中無二程文，蓋不以文士目之也。」又云：「宋人選宋文者，南宋所傳尚夥，北宋惟此集存耳，其賅備雖不及《文鑑》，然用意嚴慎，當爲能文之士所編。」案：《郡齋讀書志》卷二十著錄《聖宋文粹》三十卷。

〔2〕徐元文（1634～1691），字公肅，號立齋，昆山人（今江蘇昆山）。與兄乾學、秉義合稱「昆山三徐」。順治十六年（1659）狀元，授翰林院修撰，遷掌院學士。官至內閣大學士、戶部尚書。家有「含經堂」，藏書萬餘卷，皆手自校讎，卷帙精好。著有《含經堂集》、《明史稿》若干卷。

〔3〕趙懷玉（1747～1823），字憶孫，號牧庵，別署味辛、映川，武進人（今江蘇常州）。乾隆四十五年（1780），賜舉人出身，授內閣中書。官至青州海防同知、署兗州知府。晚年主講通州「文正書院」、陝西「關中書院」、 湖州「愛山書院」等。工詩，喜藏書刻書，藏書之所名「亦有生

齋」，著有《亦有生齋集》。

〔4〕《蕘圃藏書題識》卷十，載蕘圃後於嘉慶戊辰（十三年、1808）倩鈔胥
影寫補足。

遇其全可以樂，遭其缺可以守，冶金鐵而必精〔1〕，流纖洪而均受
〔2〕（1）。

原注：

（1）言總集類八種，全缺參半，其書亦非一致，特因宋槧並收也。

箋證：

〔1〕《漢書·董仲舒傳》：「金之在鎔，惟冶者之所鑄。」〈注〉：「鑄匠曰冶。」

〔2〕《說文》：「纖，細也。」《方言》：「纖，小也。」此二句意謂：藏書者當
如鑄匠，蒐求精刻之本；又當如河川之納小流，無論全、殘本均須收容。

其餘又有朱楊之易，徐解拾遺（1）。

原注：

（1）《朱子易學啟蒙》〔1〕上下卷，每半葉七行，每行十五字。卷首自序一
通，末署「雲臺真逸手記」，亦逸聞矣。〔2〕
《張先生校正楊寶學易傳》二十卷〔3〕，每半葉十行，每行廿一字。
張先生者，誠齋門人張敬之顯父也。前有淳熙戊申（案：十五年、1188）
誠齋自序及奏劄。此二種宋人說經之未入徐氏《通志堂經解》〔4〕者，
故曰拾遺也。

箋證：

〔1〕朱熹《易學啓蒙》，《讀書志》、《四庫總目》皆不載，《書錄解題》作一
卷（《文獻通考》同），《宋志》作三卷，均與蕘圃所見不同。又《四庫
全書》收錄宋·稅與權《易學啓蒙小傳》、胡方平《易學啓蒙通釋》；元·
胡一桂《易學啓蒙翼傳》等，而不收本書，蓋當時未見原本歟？《易學
啓蒙》有「通志堂經解本」、「守山閣叢書本」。

〔2〕《百宋一廛書錄》：「卷首序不直書姓名，而曰『雲臺眞逸手記』，曾質
諸錢竹汀先生，先生云：『朱子嘗爲雲臺之官，所謂雲臺眞逸者，猶諸
華陽眞逸之類。』據是則此六字正可見朱子仕蹟，而他處有削去之者，
何也？」
案：雲臺，本爲古代宮中之臺名，東漢時，有「雲臺二十八將」之圖，

此處則指華州雲臺觀。觀原在陝西，當時已陷金，只存其名。〈朱子年譜要略〉：「淳熙十二年乙巳（1185），祠秩滿（案：指淳熙十年主管台州崇道觀），復請祠，差主管華州雲臺觀。」眞逸，即眞隱，《南史·何尚之傳》：「袁淑乃錄古來隱士有跡無名者，爲《眞隱傳》以嗤焉。」竹汀亦一時失考耳。

〔3〕案：楊寶學即楊萬里（1127～1206），字廷秀，號誠齋，江西吉水人。紹興間進士，後官至寶謨閣學士，故稱「楊寶學」。

〔4〕《通志堂經解》，又名《九經解》（以三禮為一經、四書為一經），凡收唐、宋、元、明四朝解經之書一百四十六種，一千八百六十卷。題名納蘭成德纂，實出於徐乾學之手，故曰「徐氏經解」。

紅豆累跋，河汾表微（1）：

原注：

（1）《文中子》十卷，每半葉□□行，每行□□字〔1〕，「紅豆」舊物也。卷端有二跋，其一云：「此為宋刻善本，今世行本出安陽崔氏者，經其刊定，駮亂失次，不復可觀。今人好以己意改竄古書，雖賢者不免，可嘆也。」〔2〕其一云云乃論王通也，茲不具錄。〔3〕

箋證：

〔1〕蕘圃手書原本空格如此，徐刻本同。案：北京圖書館藏宋刊本，有錢謙益跋語，作「十四行、二十六、七字」，蓋即是書。

〔2〕紅豆指錢謙益「紅豆山莊」。此二跋見《有學集》卷四十六。

〔3〕《文中子》即《中說》。案：王通（584～618），字仲淹，絳州龍門人（山西省新絳縣）。隋初，遊長安，上太平十二策，見謀不用，乃退居河汾間教授，門生以千數。知名者如薛收、房玄齡、李靖、魏徵等，皆曾北面受王佐之道。所著惟《中說》流傳至今，歿後，門人謚曰文中子。

統和手鏡，方遼庶幾〔1〕（1），

原注：

（1）《龍龕手鑑》四卷〔2〕，每半葉十行，每行大小卅字不等。上聲一冊，汲古毛氏精鈔補足。相傳此書遼刻原名手鏡，宋刻改為鑑〔3〕，今驗此標題，是宋而非遼矣。《敏求記》所載與此正同，乃遵王仍以契丹鏤板說之〔4〕，豈因首列統和十五年（案：宋太宗至道三年、997）丁酉

七月初一癸亥燕臺憫忠寺沙門智光字法炬序，遂以為據耶？序云猶手持於鸞鏡，鏡字但缺一筆而不改，則又何也？

箋證：

〔1〕《論語・憲問》：「子貢方人。」〈何注〉：「比方人也。」《孟子・梁惠王下》：「王之好樂甚，則齊國其庶幾乎？」

〔2〕《四庫全書總目提要》卷四十一：「《龍龕手鑑》四卷，遼僧行均撰。行均字廣濟，俗姓于氏。晁公武《讀書志》（案：卷四）謂此書卷首僧智光序，題云統和十五年丁酉七月一日。沈括《夢溪筆談》乃謂熙寧中有人自契丹得此書，入傅欽之家，蒲傳正取以刻版，其序末舊云重熙二年（1033）五月序，蒲公削去之云云。今案此本為影鈔遼刻，卷首智光原序尚存，其紀年實作統和，不作重熙，與晁公武所說相合，知沈括誤記。又《文獻通考》載此書三卷，而此本實作四卷，智光原序亦作四卷，則《通考》所載，顯然誤四為三。括又謂契丹書禁至嚴，傳入別國者法皆死，故有遼一代之遺編，諸家著錄頗罕。」

〔3〕宋太祖之祖父名趙敬，故兼避竟、鏡、境、擎、檠、驚、儆等字。

〔4〕案：《讀書敏求記》卷一之下著錄此書。遵王所引契丹史事云云，蓋就其原刊本而言，非不明是書之為宋刻也。又《日本訪書志》卷四著錄「朝鮮古刊本《龍龕手鑑》八卷」，係增補行均原書而成，故卷數較多。

四六餘話，非槧猶稀（1）。

原注：

（1）《雲莊四六餘話》不分卷〔1〕，每半葉十一行，每行十九字。首題楊囷道深仲，末題慢亭黎夢庚秀伯校正。此書不見於諸家著錄，唯《述古堂書目》有之，云：一卷鈔〔2〕，益知宋槧之為罕秘矣。

箋證：

〔1〕《揅經室外集》卷三：「《雲莊四六餘話》一卷，宋、楊囷道撰。囷道字深仲，里居未詳。是編藏書家目錄未見，此依宋刊本過錄。凡宋人說部中之言四六者，若《玉壺清話》、《容齋隨筆》、《能改齋漫錄》、《文章叢說》之類，莫不廣搜博採。其論四六，多以翦裁為工；又云：制誥牋表，貴乎謹嚴，啟疏雜著，不妨宏肆。持論精審，固習駢體者之所必資也。」

〔2〕見《述古堂藏書目》卷二，作「楊深仲《雲莊四六餘話》一卷」。

一冊垂丞相之型〔1〕（1），廿葉感左徒之躅〔2〕（2）。

原注：

（1）《漢丞相諸葛忠武侯傳》一卷，每半葉十行，每行十七字。凡卅三葉為一冊，文三橋舊藏也〔3〕。此傳宋侍講張栻所為，其詳在《書錄解題》傳記類〔4〕。

（2）錢杲之《離騷集傳》一卷〔5〕，每半葉九行，每行十八字。凡廿一葉，云廿葉舉大數。鮑氏刊入叢書，即從此出，汲古閣舊物也，予得之桐鄉金主事德輿家〔6〕。卷首有畫蘭一幅，香草以配忠貞，其斯之謂歟？

箋證：

〔1〕《廣韻》：「型，模也。」《韻會》：「凡鑄式，以土曰型，木曰模，金曰範。」引申為典型、模範之意。

〔2〕《漢書·敍傳上》：「伏孔周之軌躅。」〈注〉：「鄭氏曰：躅，跡也。」

〔3〕文彭（1489～1573），字壽承，號三橋，明長洲人（今江蘇蘇州）。徵明長子，以貢生授秀水訓導，擢南京國子監博士。工詩、善畫、精鑒別，與弟文嘉同負盛名。藏書之所名「清白堂」、「悟言室」等。

〔4〕《直齋書錄解題》卷七：「《諸葛武侯傳》一卷，侍講張栻撰。以陳壽作史私且陋，裒集他傳及裴松之所注為此傳，而削去管、樂自許一則，朱晦翁以為不然。又為後論以達其意，謂其體正大而學未至，使得游洙泗之門，所就不止此。」《述古堂藏書目》卷一亦有著錄，或即此本。

〔5〕《揅經室外集》卷五：「《離騷集傳》一卷，宋·錢杲之撰。杲之，晉陵人，所注《離騷集傳》一卷，見《宋史·藝文志·楚辭類》。杲之以為古詩有節有章，賦則有節無章，乃分〈離騷〉三百七十三句為十四節。其名為集傳者，以王叔師曾有《離騷注解》，杲之不敢同於王注也。然其註旁採《爾雅》、《本草》、《淮南子》、《山海經》等書，其旨一稟於叔曾。惟不解昭明置騷於詩後之意，遂認騷為賦，未免隅見。」阮元所載，蓋據《讀書敏求記》卷四之上著錄。

〔6〕金德輿（1750～1800），字鶴年，號雲莊，又號鄂岩、少權，清·浙江桐鄉人。金檀從孫，官刑部主事。工詩、善畫，尤喜金石文字，家有「桐華館」，藏書甚富。乾隆南巡，獻宋版書數種，降旨褒獎。曾校定《文瑞樓書目》，並刊行《東觀漢記》等八種。

蔡撮鑑而甫知文子（1），劉苑詩而纔聞伯玉（2）。

原注：

（1）《袁氏通鑑紀事本末撮最》八卷〔1〕，每半葉十四行，每行廿三字。首列兩行，一云：建安袁樞機仲編，一云：建安蔡文子行之撮。各家書目所未載，有「毘陵周九松藏書」一印〔2〕。

（2）《詩苑眾芳》〔3〕，每半葉九行，每行十五字，無序目卷數。凡詩廿四家，首長樂潘氏，終古汴吳氏，署云：吳郡梅溪劉瑄伯玉敬編，亦各家書目所未載也。

箋證：

〔1〕案：《北京圖書館善本書目》史部，著錄《袁氏通鑑紀事本末撮要》八卷，凡二部：一為宋刻本，張敦仁校；一為清·咸豐六年（1856）瞿氏恬裕齋影宋抄本，有季錫疇、瞿熙邦校並跋。

〔2〕周良金，名誥，號九松，又號迂叟，明·毘陵人（今江蘇常州市）。嘉靖三十年（1551）貢生，官光祿寺屬丞。藏書甚富，尤嗜宋版。《楹書隅錄》卷二著錄宋王叔邊刊本《後漢書》，其中有「毘陵周氏九松迂叟藏書記」，當即良金所藏之書。

〔3〕《詩苑眾芳》，元·劉瑄編。《宛委別藏》、《十萬卷樓叢書》俱有收錄。《揅經室外集》卷三：「《詩苑眾芳》一卷，影元鈔本。首題吳郡梅谿劉瑄伯玉編，所選諸家詩：潘枋、章康……二十四人，一人之詩多不過十首，少或一二首，計僅八十二首。每人名著其字號、籍貫，所選之詩，近體較多，率皆清麗可誦，蓋《江湖小集》之流亞。而抉擇精當，似取法於唐人之選唐詩也。」則是書出於元人元刻，蕘圃定為宋刊，是其誤也。

愚齋增注之三賦（1）〔1〕，

原注：

（1）大字本《王十朋會稽三賦注》不分卷〔2〕，每半葉九行，每行大十八字，小卅二字不等，注中有注。三賦者，會稽風俗、民事堂、蓬萊閣也。前有嘉定丁丑（十年、1217）愚齋史鑄序云：「風俗一賦，雖有剡溪周君為之注，惟以表出山川事物為意，而公之文章，以經史百家之言，盤屈於筆下者，殊未究其根柢。暨民事、蓬萊之作，其注又闃然無聞，由是不揆蕪淺，輒皆為之注」云云。周名世則。

箋證：

〔1〕《四庫全書總目提要》卷七十：「〈會稽三賦〉三卷，宋・王十朋撰。十朋字龜齡，樂清人。紹興二十七年（1157）進士第一，官至龍圖閣學士，諡文忠。所著有《梅溪集》，此賦三篇，又於集外別行。一曰〈會稽風俗賦〉：仿〈三都賦〉之體，歷敘其地山川、物產、人物；一曰〈民事堂賦〉：民事堂者，紹興中添差簽判廳之公堂也。元借寓小能仁寺，歲久圮廢，十朋始重建於車水坊；一曰〈蓬萊閣賦〉：其閣以元稹詩『謫居猶得住蓬萊』句得名。皆在會稽，故統名曰〈會稽三賦〉。初，嵊縣周世則嘗爲註會稽風俗賦，郡人史鑄病其不詳，又爲增註，併註後二賦。末有嘉定丁丑鑄自跋。」

〔2〕《蕘圃藏書題識》卷三：「宋本〈會稽三賦〉，往余所見有三本：一得諸顧八愚（案：即顧應麟）家，一見諸顧五痴（案：即顧應昌）處（今歸潛研堂），一見諸顧抱沖所。八愚、五痴爲昆仲，其兩本悉屬舊藏，若抱沖則得諸他處，非郡中物也。然皆大字不分卷，此刻板式與前所見者異矣。」

梅山校正之尺牘（1）：

原注：

（1）《李學士新注孫尚書內簡尺牘》十六卷〔1〕，每半葉十二行，每行大廿字、小廿五字，無序文及刊刻年月，目後有「蔡氏家塾校正」六字。予向有趙靈均〔2〕用元・天歷庚午（案：歷當作曆，即至順元年、1330）本所校之明刻，其首有鈔補序一通云：「慶元三祀（1197）閏餘之月，梅山蔡建侯行父謹序」〔3〕，以之相證，即此本之序，而今失去之耳，元本蓋從之出也。

箋證：

〔1〕《四庫全書總目提要》卷一百五十七：「《內簡尺牘編註》十卷，宋・孫覿撰，其門人李祖堯編併爲之註。覿所撰《鴻慶集》，自三十七卷至五十卷皆書帖，然參校此本，時有不同。」《直齋書錄解題》卷十八：「《鴻慶集》四十二卷，戶部尙書晉陵孫覿仲益撰。大觀三年（1109）進士，政和四年（1114）詞科。生元豐辛酉（1081），卒乾道己丑（1169），蓋年八十有九，可謂耆宿矣，而其平生出處，至不足道也。嘗提舉鴻慶宮，故以名集。」《蕘圃藏書題識》卷八則著錄有《孫尙書大全文集》三十三卷。

〔2〕趙均（1591～1640），字靈均，明・吳縣人（今江蘇蘇州），趙宧光子。
　　繼承父業，喜搜求金石文字，家有「小宛堂」，貯藏甚富。著有《金石
　　林時地考》。

〔3〕《書林清話》卷三「宋私宅家塾刻書」條，著錄「梅山蔡建侯行父家塾」，
　　慶元三年（1197）另刻有《陸狀元集百家注資治通鑑詳節》一百二十卷。

文訣變其從同（1），

原注：

（1）殘本《迂齋先生標注崇古文訣》〔1〕，每半葉十二行，每行廿三字，
　　所存首至卷八、又卷十五至末、又鈔補四卷。元二十卷之中，仍少十二、
　　十四兩卷。有一印文曰：「吳郡西崦朱朩榮書畫印」，又有「朩榮、西崦」
　　各一印〔2〕。吾郡明初之藏書者也，頗不經見，《文訣》藉此增重矣。
　　予嘗欲搜訪藏書家，起元、明之交，終於所聞見，各撰小傳，合編一集，
　　然後如朩榮者，或不至有名氏翳如之歎，此亦好古者之責也。

箋證：

〔1〕《四庫全書總目提要》卷一百八十七：「《崇古文訣》三十五卷，宋・樓
　　昉撰。昉字暘叔，號迂齋，鄞縣人。紹熙四年（1193）進士，歷官守興
　　化軍，卒，追贈直龍圖閣。是集乃所選古文，凡二百餘首。陳振孫《書
　　錄解題》（案：卷十五，作《迂齋古文標注》）稱其大略如呂氏《關鍵》，
　　而所錄自秦漢而下，至於宋朝，篇目增多，發明尤精，學者便之，所言
　　與今本相合。惟《書錄解題》作五卷，《文獻通考》亦同，篇帙多寡迥
　　異，疑傳寫者誤脫三、十二字也。」案：呂氏《關鍵》，即呂祖謙《古
　　文關鍵》二卷，《書錄解題》、《四庫全書》均著錄。

〔2〕朱良育，字叔英，一字叔榮，號西崦，明・吳縣人。正德中貢生，性喜
　　聚書，藏書之所名「西崦草堂」。案：《藏書紀事詩》卷二著錄此人，並
　　有詩云：「草堂寂寞面湖開，林界山窩老此才，俯仰古今同一慨，鄭俞
　　姓字亦蒿萊。」則叔榮名氏尚不致翳如也。蕘圃手書作「朩」者，蓋據
　　印文，簡體也。

歷要矜於所獨〔1〕（1）。

原注：

（1）《三歷撮要》一卷，每半葉十行，每行十九字。竹汀錢少詹觀之曰：「所

引《萬通百忌》、《萬年具注》、《集聖》、《廣聖》諸書，皆選擇家言，司天監據以鋪注頒朔者也。劉德成、方摻仲、汪德昭、倪和甫蓋當時術數之士，今無能舉其姓名者矣。」〔2〕予謂陰陽伎術之書，本易亡失，《集聖歷》四卷，宋・楊可撰，載《晁志》；《百忌歷》二卷，稱唐・呂才撰，載《陳錄》，今皆未見。此歷亦載《陳錄》，云「一卷，無名氏。又一本名《擇日撮要歷》，大略皆同，建安徐清波宜翁云：其尊人尚書公應龍所集，不欲著名。」〔3〕今予所得，即直齋著錄之本也，外間絕未聞有傳之者。

箋證：

〔1〕《公羊傳・僖公九年》：「矜之者何？猶曰莫若我也。」即自傲之意。

〔2〕見《竹汀日記鈔》卷一。

〔3〕見《直齋書錄解題》卷十二。

以及硯石南宮（1），書法道人（2）；

原注：

（1）米芾《硯史》一卷〔1〕，每半葉十一行，每行廿字。白堤錢聽默曰：此《山林拾遺集》之一種也，錢嘗收得完本，今轉徙未詳所歸。

（2）陳思《書小史》十卷〔2〕，每半葉十一行，每行廿字，宋槧起卷第六，以上毛氏鈔本補足。有天台謝愈修序，稱道人趣尚之雅、編類之勤云云。

箋證：

〔1〕米芾（1051～1107），字元章，號海嶽外史、鹿門居士、無礙居士、襄陽漫士等，襄陽人，世稱米襄陽。為文奇險，尤妙於翰墨，沈著飛翥，得二王筆意。所繪山水人物，自成一家。又精於鑑別，遇古器物書畫，必竭力求取，得之而後已。好奇石，有潔癖，不能與世俯仰。累官禮部員外郎、知淮陽軍。著有《寶晉英光集》、《書史》、《畫史》等。《四庫全書總目提要》卷一百一十五：「是書首冠以用品一條，論石當以發墨為上。後附性品一條，論石質之堅軟；樣品一條，則備列晉硯、唐硯以迄宋代形製之不同。中記諸硯，自玉硯至蔡州白硯，凡二十六種，而於端、歙二石，辨之尤詳。自謂皆曾目擊經用者，非此則不錄，其用意殊為矜慎。芾本工書法，凡石之良楛，皆出親試，故所論具得硯理，與他家之耳食者不同。」

〔2〕陳思已見前。《四庫提要》卷一百一十二云：「《書小史》十卷，宋・陳

思撰。是書以歷代書家小傳纂次成帙，前有咸淳丁卯（1267）天臺謝愈修序。書中所載自庖犧迄五季，凡紀一卷，載帝王，爲五十一人；傳九卷，首后妃十人，附以諸女十三人；次諸王二十七人；次蒼頡至郭忠恕，共四百三十人。其排比薈粹，用力亦勤。自唐‧張彥遠，名畫法書，各有記錄。嗣後品錄畫家者多，品錄書家者少，思蒐羅編輯，彙爲斯編，亦足以爲考古者檢閱之助也。」陳思又著有《書苑精華》二十卷，《四庫》亦收。

忘憂清樂（1），梅花喜神（2）：

原注：

（1）《忘憂清樂集》不分卷〔1〕，板有上中下小數，行字不等，載足本《敏求記》中，稱為《李逸民棋譜》二卷，非也〔2〕。《書錄解題》云：《忘憂清樂集》一卷，棋待詔李逸民撰集，即此〔3〕。又考《讀書志》云：《忘憂集》三卷，宋朝劉仲甫編，故此集首題曰：前御書院棋待詔李逸民重編也。上中下小數，豈記劉之舊第耶？特拈出正之。〔4〕

（2）宋伯仁《梅花喜神譜》不分卷，自蓓蕾以至就實，圖形百，各係以五言斷句，景定辛酉金華「雙桂堂」重鋟〔5〕。此書亦載足本《敏求記》，予辛酉（嘉慶六年、1801）北游，得之琉璃廠〔6〕。伯仁字器之，湖州人，《江湖小集》載其〈雪巖吟草〉，歷官事行大略可見〔7〕，然世之有此人此書者鮮矣。其初刻在嘉熙戊戌（二年、1238）者，今當不復可得。

箋證：

〔1〕名爲《忘憂清樂集》者，以書首有宋徽宗御製詩云：「忘憂清樂在枰棋」之故。此書今存北京圖書館。

〔2〕見《讀書敏求記》卷三之下。章鈺〈校證〉云：「案：《輟耕錄》列棋譜十種，《清樂集》、《忘憂集》分爲二目。」

〔3〕見《直齋書錄解題》卷十四。

〔4〕是書李逸民〈自序〉云：「我朝善弈顯名天下者，昔年待詔老劉宗，今日劉仲甫。」案：章鈺《讀書敏求記校證》引《國史經籍志》有劉仲甫《忘憂集》。

〔5〕景定辛酉乃二年（1261）。《書林清話》卷三「宋坊刻書之盛」條亦著錄此本，即據〈賦注〉而云。

〔6〕清・李文藻《南澗文集》卷上有〈琉璃廠書肆記〉，撰於乾隆三十四年
（1769），所載書肆凡二十九家。案：南澗此文之手稿，現藏山東省圖
書館，內容與刊本多有不同，參見王獻唐《雙行精舍書跋輯存續編》。
又後之賡續記錄琉璃廠史事者有以下數種：
（一）〈琉璃廠書肆後記、補記〉繆荃孫撰。所記起自同治六年（1867）
至宣統三年（1911）。
（二）〈琉璃廠書肆三記〉孫殿起撰。所記為民國初年至三十年代廠肆之
情況，凡一百餘家。
（三）〈琉璃廠書肆四記〉雷夢水撰。乃承續〈三記〉而來，記載四十年
代以迄所謂「公私合營」之時，廠肆遷變之過程，所記亦百餘家。
〔7〕《蕘圃藏書題識》卷五：「宋伯仁，字器之，號雪巖，苕川人。舉宏詞
科，歷監淮、揚鹽課。器之銳意功名，有擊楫之慨，而祿位不顯。」《四
庫全書總目提要》卷一百六十四：「《西塍集》一卷，宋・宋伯仁撰。伯
仁字器之，湖州人。嘉熙中為鹽運司屬官，多與高九萬、孫季蕃唱和，
亦江湖派中人也。」案：苕川即苕溪，與湖州並屬浙江省吳興縣。
《攟經室外集》卷一：「《梅花喜神譜》二卷。此書《宋史・藝文志》及
諸家書目皆不載，惟錢曾《述古堂書目》中有之。曰喜神者，殆寫生之
意。」

夷堅片甲（1），類說一鱗〔1〕（2）。

原注：

（1）殘本《夷堅支甲》〔2〕，每半葉十二行，每行廿三字。所存一至三、
又七八凡五卷。又殘本《支壬》，每半葉十行，每行十八字，所存三至
十，凡八卷；《支癸》所存一至八，凡八卷，合兩刻僅廿一卷而已。文
惠〔3〕元書共四百二十卷，此缺損已甚矣。

（2）殘本《類說》〔4〕，每半葉十行，每行十六字，所存序及〈仇池筆記〉、
〈遯齋閒覽〉、〈東軒筆錄〉而已〔5〕。序末署紹興六年（1136）四月
望日溫陵曾慥引。《汲古閣祕本目》云：宋板《類說》真本首冊，即此
也。《讀書志》六十卷〔6〕。

箋證：

〔1〕片甲一鱗，通作一鱗片甲，比喻事物只存片段。趙翼《甌北詩鈔》卷五
〈題黃陶庵手書詩冊〉詩：「嗚呼公已騎騎去，故紙殘零亦何有；一鱗

片甲乃幸存，其字其詩遂不朽。」

〔2〕《四庫全書總目提要》卷一百四十二：「《夷堅支志》五十卷，宋·洪邁撰。是書所記皆神怪之說，故以《列子》夷堅事爲名。考《列子》謂：『大禹行而見之，伯益知而名之，夷堅聞而志之。』正謂珍禽異獸如《山海經》之類，邁雜錄仙鬼諸事，而取名於斯，非其本義。然唐·華原尉張愼素已有《夷堅錄》之名，則邁亦有所本也。陳振孫《書錄解題》稱：《夷堅志》甲至癸二百卷、支甲至支癸一百卷、三甲至三癸一百卷、四甲四乙二十卷，共四百二十卷。」夷堅，見《列子·湯問》。《挈經室外集》卷三：「案：《夷堅志》十集，每集二十卷；支志十集，每集十卷；三志十集，每集十卷；四志甲乙二集二十卷，共四百二十卷。邁每集各自爲之序，唯四乙未成，不及序，計序三十一篇，篇各出新意。趙與時嘗撮各序大旨，載于《賓退錄》。書中神怪荒誕之談，居其大半，然而遺文軼事可資考鏡者，亦往往雜出于其間。」

〔3〕文惠當作「文敏」，文惠乃洪适謚號。案：洪邁（1132～1202），字景盧，宋·鄱陽人。自幼穎慧，過目成誦，遂博極群書。紹興間中詞科，官左司員外郎。奉使金國，持節不辱。還，除知贛州，遷婺州，擢敷文閣待制。以端明殿學士致仕，卒謚文敏。邁與兄适、遵並有文名，號「鄱陽三洪」。著有《經子法語》、《容齋隨筆》、《夷堅志》等。

〔4〕《四庫全書總目》卷一百二十三：「《類說》六十卷，宋·曾慥撰。慥字端伯，晉江人，官至尚書郎、直寶文閣，奉祠家居，撰述甚富。此乃其僑寓銀峰時所作，成於紹興六年。取自漢以來百家小說，採綴事實，編纂成書。其二十五卷以前爲前集，二十六卷以後爲後集。其或摘錄稍繁，卷帙太鉅者，則又分析子卷，以便檢閱。其書體例，略倣馬總《意林》，每一書各刪削原文，而取其奇麗之語，仍存原目於條首。但總所取者甚簡，此所取者差寬爲稍不同耳。南宋之初，古籍多存，慥又精於裁鑒，故所甄錄，大都遺文僻典，可以俾助多聞。又每書雖經節錄，其存於今者，以原本相校，未嘗改竄一詞。」曾慥另著有《高齋漫錄》、《樂府雅詞》等。

〔5〕《郡齋讀書志》卷十三：「《東軒筆錄》十五卷、續錄一卷，右皇朝魏泰撰。泰，襄陽人，曾布之婦弟，元祐中，紀其少時公卿間所聞成此編。其所是非多不可信，又多妄誕。」《四庫總目》卷一百四十著錄。

又《讀書志》卷十三：「《遯齋閒覽》十四卷，右皇朝陳正敏撰。正敏自

號遯翁，錄其平昔所見聞，分十門爲小說一編，以備後日披閱。」
《四庫全書總目提要》卷一百二十：「《仇池筆記》二卷，舊本題宋・蘇
軾撰。今勘驗其文，疑好事者集其雜帖爲之，未必出軾之手著。此書陶
宗儀《說郛》亦收之，而刪節不完。明萬曆壬寅（1602）趙進美嘗刊其
全本，版已久佚。」

〔6〕殿本《郡齋讀書志》卷十三作「五十六卷」，袁州本作《類記》六十卷，
《文獻通考》作五十卷。

莫不附驥而服上駟〔1〕，在御而充下陳〔2〕（1）。摠無慮而筭目
〔3〕，頗踰數而多閏〔4〕（2）。

原注：

（1）自其餘、又有以下，居士第其品於乙〔5〕，故云爾也。

（2）通數所賦，不數重本，凡得百有九種〔6〕。

箋證：

〔1〕《史記・伯夷列傳》：「顏淵雖篤學，附驥尾而名益顯。」〈索隱〉：「譬
顏回因孔子而名彰也。」《說文》：「服，車右騎，所以舟旋。」上駟，
最良之馬，比喻精品，此處指宋版書。《蕘圃藏書題識》卷七：「《孫可
之文集》十卷，余友顧抱沖得宋刻本於華陽橋顧聽玉家，楮墨精良，首
尾完好，眞宋刻中上駟。」

〔2〕《戰國策・齊策四》：「（馮諼曰：）狗馬實外廄，美人充下陳。」〈注〉：
「下陳，謂後列也。」

〔3〕筭，俗算字。此句謂只計算種數而不計部數，即〈注〉所謂「不數重本」
也。

〔4〕數，謂整數。《說文》：「閏，餘分之月，五歲再閏。」故閏有多餘意。

〔5〕《廣韻》：「第，次第也。」此處謂品第。

〔6〕今經詳細計算，原有一百一十八種，附錄一種，當扣除元版一種。詳目
見第二章、第一節。

嗜遑遑其靡厭〔1〕，邑兼箱於劣僅〔2〕；馳香嚴与芳　，思計日而
取雋〔3〕；範居室於衛荆〔4〕，姑掩菡而一憖〔5〕（1）。

原注：

（1）香嚴，吾友同郡周君錫瓚書屋名，其家宋槧有殘本《太平御覽》等。芳

荼，歸安嚴君元照之堂也〔6〕。君字九能，居士與之稔，為予言其宋槧《儀禮要義》等，右皆銘心絕品，為之形於夢寐者也。居士既成此賦，予旋得《御覽》矣。又別得紹興本《管子》、《洪氏集驗方》、《秦隱君詩》、殘本《幼幼新書》、《揮塵錄》前錄、殘小字本《三蘇文粹》、殘本《續資治通鑑節要》、《皇朝中興繫年要錄節要》、殘本《王逸注楚辭》、衛湜《禮記集說》、錢佃本《荀子注》、殘本《資治通鑑》、李善注《文選》、殘本《東都事略》、《史載之方》、《韓文考異》、李復言《續幽怪錄》之屬，凡數十種〔7〕，倘符掩昀之頌，其請居士為後賦乎？〔8〕陌、二百也，見《說文》〔9〕。

箋證：

〔1〕《說文》：「厭，飽也。」引申有滿足義。《左傳・隱公元年》：「姜氏何厭之有？」〈會箋〉：「厭，同饜，滿足也。」

〔2〕《一切經音義》九：「邑，酌也。」引申有收取義。此句謂：雖然是不全不精之宋版書，也不惜蒐購極多。

〔3〕馳，謂神馳，即嚮往之意。亦作情馳、心馳。雋，同俊。《說文》：「俊，才千人也。」引申為傑出、難得之事物。

〔4〕衛，在今河南省；荊，在今湖北省。範居室於衛荊，比喻相距甚遠。

〔5〕《文選・張平子・西京賦》：「掩四海而為家。」〈薛注〉：「掩，覆也。」又有捕取義，《禮記・曲禮》：「大夫不掩群。」此處即用採取之意。《國語・晉語五》：「懋庇州犁焉。」〈注〉：「懋，願也。」通行本《國語》懋作整，誤，此從宋公序本。

〔6〕嚴元照（1773～1817），字修能，一字九能（亦作久能），號晦庵。歸安人（今浙江吳興），自諸生即受知大興朱珪、儀徵阮元，招至「詁經精舍」，治經史實務之學。酷嗜宋刻，建「芳椒館」以貯之。著有《娛親雅言》、《爾雅匡名》、《悔庵集》、《柯家山館詩詞》等。

〔7〕此數十種書，見於《蕘圃藏書題識》者，有：殘本《太平御覽》（卷六）、紹興本《管子》（卷四）、《史載之方》（卷四）、《續幽怪錄》（卷六）等。

〔8〕葉德輝《求古居宋本書目序》：「黃蕘圃主事丕烈《求古居宋本書目》一卷，此目宋本書一百八十七種，據其自題云：〈百宋一廛賦〉後所收，俱登此目，內有〈賦〉載而已易出者，茲目不列。今按目中見於〈賦〉載者，約居其半，則自題之語亦不盡然。〈賦〉成於嘉慶九年甲子冬，此目錄於壬申季冬（1812），相後七年，宜所得倍於前矣。」

〔9〕《說文》卷七、四篇上：「皕，二百也。」〈段注〉：「即形爲義，不言從二百。」清末陸心源名其藏書樓爲「皕宋樓」，蓋即取於堯圃之意云。

第六節　總　結

於是撰江夏之別錄〔1〕，彙無雙而作圃〔2〕，要擇精而語詳，竭兩端於我叩〔3〕；推尚友於延令〔4〕，覈名實之不售〔5〕；置敏求以絕塵〔6〕，肯卑之而或糅〔7〕（1）。

原注：

（1）予思撰《所藏書錄》，專論各本，以宋槧一、元槧二、毛鈔三、舊鈔四、雜舊刻五分列〔8〕，今宋槧粗就矣。昔人書目未有題以宋板者，有之自延令季氏始〔9〕，但其目後，仍廁他刻，此區區之未盡愜心者也。《讀書敏求記》則凡宋元鈔刻，雜糅並陳，又或騁其行文之便，一概略去弗言，致令不可識別，尤不能無憾耳！

箋證：

〔1〕別錄，謂劉向之《別錄》。向，西漢・沛人（今江蘇沛縣），楚元王劉交之後。年十二，以父蔭任輦郎，歷官諫大夫、給事中。元帝時，以蕭望之、周堪之薦，擢宗正。成帝即位，拜光祿大夫、中壘校尉。河平三年（26），與任宏、尹咸、李柱國等校閱中秘藏書，每校一書畢，乃撰敘錄一篇，撮述作者、內容、學述價值及校讎經過，彙而成書，即成《別錄》。是書今已不傳，清人有輯本。江夏，楚之別稱。

〔2〕無雙，取謝承《後漢書》「五經無雙許叔重」之典，以喻經書也。作圃，謂築室以藏之。

〔3〕《論語・子罕》：「有鄙夫問於我，空空如也，我叩其兩端而竭焉。」此二句蓋言賦文所舉雖簡要，然皆精華所在。

〔4〕《孟子・萬章》：「頌其詩，讀其書，不知其人可乎？是以論其世也，是尚友也。」

〔5〕《文選・張平子・西京賦》：「何以覈諸？」〈注〉：「覈，驗也。」售，通讎，借爲酬。《詩經・大雅・抑》：「無言不讎。」《韓詩外傳》引作酬。《漢書・高帝紀》：「酒讎數倍。」〈顏注引如淳曰〉：「讎亦售也。」

〔6〕《莊子・田子方》：「夫子奔逸絕塵，而回瞠若乎後矣。」比喻非常特出。

〔7〕屈原《離騷》：「芳與澤其雜糅兮。」〈注〉：「糅，雜也。」雜、糅複文，
《廣韻》：「糅，雜也。」

〔8〕繆荃孫《蕘圃藏書題識序》：「先生意欲輯《所見古書錄》，將所藏為正
編，所見而未藏者為附錄：一宋槧、二元槧、三毛鈔、四舊鈔、五雜舊
刻，並未編定。」則此處所云之「所藏書錄」，當即《所見古書錄》也。
《蕘圃藏書題識》卷五〈舊鈔本珩璜新論一卷〉云：「余向有《所見古
書錄》之輯，將所藏者為正編，所見而未藏者為附編，悉載諸家藏書源
流。而屬稿草創，卒以家累，故逐漸散佚，既使有簿錄可稽，第存其名，
其詳不可得而考也。」可知此書並未編成。

〔9〕即季滄葦《延令宋版書目》，有嘉慶乙丑（十年、1805）士禮居刊本，
書後黃蕘圃跋云：「余喜蓄書，於目錄尤所留意。晁、陳兩家之外，近
惟《讀書敏求記》敘述原委，最為詳悉。然第講論著書之姓名，與夫得
書之顛末，若為鈔為刻，未必盡載。故偶遇述古舊藏，取記中所載者證
之，一時無從得其面目，余竊病之。向得《汲古閣秘本書目》，以為得
未曾有，業已付梓。今春檢敝簏中有《季滄葦藏書目》一冊，其詳載宋
元版刻以至抄本，幾於無所漏略。余閱〈述古堂藏書目序〉有云：舉家
藏宋刻之重複者，折閱售之泰興季氏，是季氏書半出錢氏，而古書面目
較諸錢氏所記，更詳於今。滄葦之書已散失殆盡，而每從他處得之，證
諸此目，若合符節。方信藏書不可無目，且書目不可不詳載何代之刻、
何時之抄，俾後人有所徵信也。」

且其篋部福帙〔1〕（1），千積萬贏〔2〕，甄綜近時〔3〕，陶鑄元
明〔4〕，亦嘗雲而仍之〔5〕。至其遐稽幽討〔6〕，　豪攬芒〔7〕，
測量中古，傳聞漢唐〔8〕，固已高而曾之〔9〕。

原注：

（1）福即副貳字，顏氏《匡謬正俗》〔10〕詳之矣。

箋證：

〔1〕《左傳‧昭公十一年》：「僖子使助薳氏之篋。」〈注〉：「篋，副倅也。」
《廣韻》：「福，衣一福，今作副。」

〔2〕贏，通籯，竹器。《說文》：「籯，竹笭也。」〈段注〉：「《漢書》：遺子黃
金滿籯，不如教子一經。竹籠也。」《廣韻》：「贏，亦作籯。」所引《漢
書》，見前。

〔3〕《三國志・蜀書・龐統傳》注引張勃《吳錄》：「統曰：陶冶世俗，甄綜人物，吾不及卿。」甄綜，謂鑑別分析，綜合品評也。

〔4〕陶鑄，本為製陶鑄器之意，引申為培養、造就。《莊子・逍遙遊》：「是其塵垢秕糠，將猶陶鑄堯、舜者也，孰肯以物為事。」

〔5〕雲、仍，本義皆遠孫之稱，（見《爾雅・釋親》）此處意指元、明版亦自宋版書流衍而出。

〔6〕《爾雅・釋詁》：「幽，深也。」《說文》：「遐，遠也。」遐稽幽討，謂深入分析，廣泛研討。

〔7〕釽，同鈚。《文選・左太沖・蜀都賦》：「藏鏹巨萬，釽攡兼呈。」〈注〉：「裁木為器曰釽，裂帛為衣曰攡。」豪、芒皆言其細，此句蓋即脫胎自〈蜀都賦〉也。

〔8〕測量、傳聞皆不定之詞，此二句蓋意謂：版刻出現以前之漢、唐古書，多依靠手抄口傳，終不若刊本之確切有據。

〔9〕高、曾皆父、祖之稱，此句蓋承上「雲仍」句而言，謂宋版亦是祖述漢、唐古本而來。

〔10〕《四庫全書總目提要》卷四十：「《匡謬正俗》八卷，唐・顏師古撰。是書永徽二年（651）其子符璽郎揚庭表上於朝，揚庭表稱謹遵先範，分為八卷，勒成一部，則今本乃揚庭所編。宋人諸家書目多作《刊謬正俗》或作《糾謬正俗》，蓋避太祖之諱。錢曾《讀書敏求記》作《列謬正俗》，則刻本偶誤也。前四卷凡五十五條，皆論諸經訓詁音釋；後四卷凡一百七十二條，皆論諸書字義字音，及俗語相承之異，考據極為精密。古人考辨小學之書，今皆失傳，自顏之推《家訓》音證篇（案：當是指〈音辭〉、〈書證〉二篇）外，實莫古於是書。」

得其大則存亡起廢，憭惑條紛〔1〕，炙轂賢路〔2〕，擁篲聖門〔3〕；得其小則博物所效，多聞攸資〔4〕，秘帳助談，關市立師〔5〕。是故上徹下通，鉅函細入〔6〕，交讀藏以成其善〔7〕，此百宋之莫能及也（1）。

原注：

（1）存亡者晦而仍出也，起廢者壞而復善也，憭惑者疑而取決也，條紛者亂而獲理也，四者居宋槧之大端矣。聖賢經傳乃賴之以不墜，其為用亦巨矣哉！故博物多聞猶其小者耳。〔8〕

箋證：

〔1〕條有條理義，《尚書·盤庚上》：「若網在綱，有條而不紊。」《廣韻》：
「憭，明察也。」

〔2〕《史記·孟軻荀卿傳》：「齊人誦曰：談天衍，雕龍奭，炙轂過髡。」〈集解〉：「《別錄》曰：過字作輠。輠者車之盛膏器也，炙之雖盡，猶有餘流者。言淳于髡智不盡如炙輠也。」〈索隱〉：「謂盛脂之器名過。過與鍋字相近，蓋即脂器也。轂即車轂，過爲潤轂之物。」　叔岷師《史記校證》卷七十四有說。

〔3〕擁篲，一作擁彗，謂掃除以待貴客。《史記·孟軻荀卿傳》：「（鄒衍）如燕，昭王擁彗先趨驅，請列弟子之座而受業。」

〔4〕攸，猶所也。《爾雅·釋言》：「攸，所也。」《周易·坤卦》：「君子有攸往。」〈疏〉：「以其柔順利貞，故君子利有所往。」

〔5〕闤市，即闠市。《揚雄·法言·學行》：「一闤之市，不勝異意焉，必立之平；一卷之書，不勝異說焉，必立之師。」今賦所云，蓋即隱括此文。

〔6〕上下，即前所云漢、唐；鉅細即前所云大小。

〔7〕「交讀藏」三字含意不明，「藏」字上疑脫一字，當補「互」或「遍」字，句法乃協。以上三句乃稱讚蕘圃所藏之精且博也。

〔8〕注文乃標舉宋版書之五種價值：

（一）宋版書傳世甚稀，偶有一二秘本孤笈，彌足珍貴；此所謂「晦而仍出」。

（二）明、清以後傳刻之本，往往所據即已殘缺，若非宋本復出，難窺全豹；此所謂「壞而復善」。

（三）後世之人，重刊古書，常喜刪削舊文，致使古書面目，淹沒不全。幸有宋本，保存原貌，研索探求，胥賴於斯；此所謂「疑而取決」。

（四）明代萬曆以後，刻書者大率校勘不精，又好臆改古書，變亂舊章，惟據宋刊舊本，補闕刪正，而後始可讀；此所謂「亂而獲理」。

（五）若以藝術觀點，欣賞宋版書刊刻之精美、裝潢之典麗；或是但求罕見，炫奇耀博，雖無不可，然皆不免小道之譏矣。

夫洞庭廣樂，豈齊響於　咬〔1〕；豐人杍首，焉偶形於么麼〔2〕。狂簡不知所裁〔3〕，識者燭其弗可。而況顛倒白黑，錯亂是非，予兔園以徇曲〔4〕，奪鴻寶以挾私〔5〕。亦猶折衡而揣輕重，蹈表而

儗高卑〔6〕，必倍勞而倍拙，不足哈而足悲〔7〕。

箋證：

〔1〕《莊子・天運》：「帝張咸池之樂於洞庭之野。」廣樂，傳說中之仙樂名。《史記・扁鵲傳》：「與百神遊於鈞天廣樂，九奏萬舞，不類三代之樂，其聲動心。」黽，一作蛙，蛙咬，蓋謂蛙鳴也。

〔2〕《揚雄・方言》：「趙魏之交，燕之北鄙，凡大人謂之豐人。〈燕記〉曰：豐人杼首。杼首，長首也。」相傳長首爲富貴長壽之相。么麼，本指微小之物，引申爲不足道之人。《鶡冠子・道瑞》：「無道之君，任用么麼，動即煩濁。」〈注〉：「么麼，細人，俊雄之反。」

〔3〕語本《論語・公冶長》：「子在陳曰：『歸與！歸與！吾黨小子狂簡，斐然成章，不知所以裁之。』」

〔4〕兔園，本爲漢・梁孝王之園囿，此處爲書名，即唐太宗時，杜嗣先奉敕所撰之《兔園策》（王應麟《困學紀聞》卷十四作《兔園策府》）。因其內容乃模仿應試科舉之策問，製成問題，取經史之文以答之，作爲兒童啓蒙之課本，故爲士大夫所輕。

〔5〕鴻寶即大寶，比喻重要之人或物。《文苑英華》卷八九七〈權德輿・王府君神道碑〉：「王之莊、柳之辨、殷之介，皆希代鴻寶。」案：王，王崇術；柳，柳芳；殷，殷寅。

〔6〕《左傳・襄公十四年》：「與晉踳之。」〈疏〉：「前覆謂之踳。」《國語・晉語》：「置茅蕝設望表。」〈注〉：「謂立木以爲表，表其位也。」《禮記・曲禮》：「儗人必以其倫。」〈注〉：「儗，比也。」

〔7〕《說文》：「哈，蟲笑也。」《文選・左太沖・吳都賦》：「東吳王孫輜然而哈。」〈注〉：「楚人謂相調笑曰哈。」

用是略抒揚摧〔1〕，粗陳梗概〔2〕，冀蘇重悝之久迷〔3〕，請覺繆之常寐〔4〕。倘欲極其精微，窮其博大，逐字洞其癥結〔5〕，每篇斷其凡最〔6〕，鑽孳卒業〔7〕，竟壽畢世〔8〕，非僕倦談所能一二者也。

箋證：

〔1〕《漢書・敘傳》：「揚摧古今，監世盈虛。」〈注〉：「揚，舉也；摧，引也。揚摧者，舉而引之，陳其趣也。」

〔2〕梗概即大概。《文選・張平子・東京賦》：「不能究其精詳，故粗爲賓言

其梗概如此。」

〔3〕恑，即𥿠，錯誤也。《文選・左太沖・魏都賦》：「兼重恎以貤繆，偭辰光而罔定。」此下兩句即混用太沖之意。

〔4〕貤，同迆。《說文》：「重次第物也。」

〔5〕《史記・扁鵲傳》：「以此視病，盡見五臟癥結。」後用以比喻事物之疑難或關鍵。

〔6〕《廣韻》：「最，極也。」凡最，謂極劣與極佳。

〔7〕掔同研，《說文》手部掔字〈段注〉：「《易》：『極深研幾』，蜀才作掔。」案：蜀才，謂《周易蜀才注》，今佚，有清・馬國翰輯本。

〔8〕畢、竟複文，《廣韻》：「畢，竟也。」又云：「竟，窮也，終也。」

居士之言未終，客乃氣索神沮〔1〕，手積不能畫，舌強不能語〔2〕，忘乎其所詰，失乎其所據。敝罔靡徙，遷延而去〔3〕。於是主人曰：「善！願因筆墨，次第厥詞，答難應閒〔4〕，終身誦之〔5〕。」（1）

原注：

（1）始予請居士撰藏書賦，在己未、庚申間，許而未為也。後以今名重請，迨甲子冬杪〔6〕，此賦方就。時居士教讀於廬州府晉江張太守所〔7〕，又明年乙丑春，手書其稿見寄。及秋，居士以將往山東，應孫淵如先生之招，而歸家省母然後行，適予注賦竟，遂仍相商摧〔8〕，定之如右也。

箋證：

〔1〕《廣韻》：「索，盡也。」又：「沮，止也。」氣索神沮，謂意氣消盡，精神沮喪。

〔2〕強同彊，《左傳・宣公十五年》：「雖晉之彊，能違天乎？」《初學記》卷一〈天部〉引彊作強。此處則通僵，《廣韻》：「彊，屍勁硬也。」舌強即舌僵，口不能言也。

〔3〕《史記・司馬相如傳》：「敝罔靡徙，因遷延而辭避。」〈索隱〉：「敝罔，失容也；靡徙，失正也。」《左傳・襄公十四年》：「晉人謂之遷延之役。」〈注〉：「遷延，退卻。」

〔4〕此處蓋亦取於東方朔〈答客難〉、班固〈答賓戲〉之意也。

〔5〕語本《論語・子罕》：「不忮不求，何用不臧？子路終身誦之。」

〔6〕乙未、庚申即嘉慶四、五年（1799～1800），甲子為嘉慶九年（1804）。

江標輯《年譜》失載。

〔7〕張太守即張祥雲，號鞠園，福建晉江人，乾隆五十二年（1787）進士，官至廬江太守，身後其藏書多歸同里蔣氏「心矩齋」。

〔8〕搉，當從木作榷。《說文》「榷」字段注：「凡大榷、揚榷、辜榷，當作此字，不當從手。」鍾嶸〈詩品序〉：「隨其嗜欲，商榷不同。」「商榷」猶「商略」、「商量」，亦作「商確」。

第七章　結　論

第一節 後世藏書家對〈賦注〉之徵引

　　蕘圃雖然一生辛勤蒐書、校書，卻也不是個嚴肅古板的學究，其生活中依然充滿傳統讀書人的生活情趣，這可從《蕘圃藏書題識》中，連篇累牘的記載著與友朋、同好贈答唱和的作品，略窺一二。其每逢歲末，舉行「祭書」的活動，更為古今藏書家所無，可見蕘圃實亦性情中人。因此蕘圃最初請顧廣圻撰〈百宋一廛賦〉，其動機可能是想效法明代豐坊的〈眞賞齋賦〉，為自己的藏書，寫下藝術性的記錄（詳見第五章箋證，頁56）；同時所作的〈注〉，則具有豐富的學術性。

　　到了蕘圃晚年，〈賦注〉卻成為藏書家按圖索驥的書目，於是後人往往視〈賦注〉為藏書目錄，而不以文學作品待之。如《清史稿・藝文志》、《邵亭知見傳本書目》、《崇雅堂書錄》、《販書偶記》等，皆列入目錄類。至如各圖書館之藏書目，如中央圖書館、北京圖書館、臺大圖書館等，亦皆歸入書目類中。而後人對〈賦注〉之徵引利用，尤屢見不鮮，茲分述如下：（為省繁瑣，賦與注不復別出）

一、徵引〈賦注〉以考查藏書源流

《藏書紀事詩》卷五：

> 乾嘉以來藏書家，當以先生為一大宗，當時顧千里為作〈百宋一廛賦〉，訪百宋遺聞者，此其淵藪矣。

《楹書隅錄》卷四〈宋本韋蘇州集〉：

> 前收黃復翁藏本《唐山人詩》，款式正合，即〈百宋一廛賦注〉所謂臨安府睦親坊南陳氏書棚也。

二、徵引〈賦注〉以考證版本真偽

《滂喜齋藏書記》卷三〈宋刻昌黎先生集〉：

> 〈百宋一廛賦注〉云：「小字本《昌黎集》，每半葉十一行，行廿字。字畫方勁，而未有注，當是北宋槧。」此本行款，與蕘圃所言，一一吻合。

《拾經樓紬書錄》卷下〈批校本才調集〉：

> 檢吳縣黃蕘圃丕烈〈百宋一廛賦注〉，載《才調集》十卷，每半葉十行，每行十八字，卷二至卷五爲宋槧，餘鈔補。第一卷有季振宜藏書印，合諸延令目云。

三、徵引〈賦注〉以提高藏書價值

《寶禮堂宋本書錄》集部《友林乙稿》：

> 四庫著錄稱爲宋時舊刊，余嘗見明代覆本，摹印極精，不易辨爲贗鼎，館臣所見，殆亦明本。是爲黃氏士禮居舊藏，〈百宋一廛賦〉所云：「躋友林之逸品，儷聲價於吉光」，即指是書。蕘圃注：「眞本流麗娟秀，兼饒古雅之趣，在宋槧中別有風神，固目爲逸品」云云，展卷把玩，良不虛也。

四、對〈賦注〉之批評

雖然〈賦注〉有其不可忽視的客觀價值，但因觀點不同，後人對〈賦注〉加以批評或糾正的也不是沒有，如：

（1）、許廎颺〈楹書隅錄序〉：

> 嘉、道以來，吾吳黃氏士禮居聚蓄宋本，最爲精博，條舉件繫，詳於顧澗蘋〈百宋一廛賦〉。然循麗則之規，寓解嘲之義，第引其端，未暢厥旨。而欲奪席延令，陵駕遵王，蕘翁亦自謂有志未逮也。

案：《揚雄‧法言‧吾子》：「詩人之賦麗以則，辭人之賦麗以淫。」此處引用，是指〈百宋一廛賦〉以文學的形式談文獻問題，難免受到限制，無法暢所欲言。然而以此論〈賦〉尚可，以之評〈注〉，則有失偏頗。蓋蕘圃作〈注〉，正是爲了「多陳宋槧之源流，遂略鴻文之詁訓」，彌補〈賦〉文的闕失。

（2）、《楹書隅錄》卷二〈宋本漢書〉：

> 顧澗蘋〈百宋一廛賦〉著錄景祐本（恐亦弇州本之類，未必眞景祐原刻），有云『每之同而愈況，胡項背之敢望』，同訛作同。黃蕘圃注，並以爲元人。

　　案：楊氏此論，當是誤讀蕘圃原文，不足議也。

第二節　試論黃蕘圃在清代學術史之地位

　　王頌蔚〈藏書紀事詩序〉云：

　　　　三百年來，凡大江南北，以藏書名者，亡慮數十家，而既精且富，
　　必以黃氏士禮居為巨擘。蕘翁之書，有竹汀、澗蘋為之攷訂；香巖、壽
　　皆、仲魚諸君與之通假，故自撫刻以至校鈔，靡不精審。

強調蕘圃在藏書、校勘方面的重要成就。葉昌熾詩云：

　　　　得書圖共祭書詩，但見咸宜絕妙詞；翁不死時書不死，似魔似倭又
　　如癡。

顧廣圻詩云：

　　　　翁能傳書書傳翁，千秋不朽靡涯涘〔註1〕。

則是對蕘圃推崇至極點。

　　平心而論，蕘圃在清代學術史上之地位及貢獻，可從三個角度來看：

甲：藏書家的地位

（一）儲藏之富

　　蕘圃藏書之多而富，又可從三方面得證：

1、宋版書之多。

　　蕘圃自稱「倭宋」，一生也致力蒐訪宋版書，先有「百宋一廛」之名，後
　　有掩舖之願。據葉德輝統計，蕘圃所藏宋版書當在兩百部左右，掩舖之願，
　　誠非虛語。

2、藏書數量之富。

　　吳梅云：

　　　　江南藏書之富，以金陵、吳郡為最。吳郡自明吳文定、王文恪、都
　　元敬、文徵明、毛氏父子，清絳雲、述古、傳是而後，要以黃氏士禮居
　　為大宗。百宋一廛，形諸賦詠，海內好古之士，或未能先也〔註2〕。

3、所藏流傳之廣。

〔註1〕《藏書紀事詩》卷五引。
〔註2〕吳梅《群碧樓書目》序。

葉啓勳云：

> 南北藏書家琳琅插架，無非黃氏吉光片羽之留遺。至今舊籍中有士
> 禮居藏印之書，幾與宋元舊槧，同其珍貴。翁能傳書書傳翁，千秋不朽
> 靡涯涘，誠定論矣〔註3〕。

（二）愛護之深

蕘圃之藏書，實基於愛護古籍之誠篤，此又可從以下三點觀之：

1、失者必求其得。

《藏書題識》卷十〈宋本古文苑〉：

> 世之最不易得而又最易失者，莫如古書。其故安在？古書必貴，人
> 必寶守不輕棄，此不易得也；貴者人不樂收，輒以價昂中止。苟知其可
> 貴而購求之，爲財物所動，此又易失也。

又卷九〈放翁先生劍南詩稿〉：

> 余搜訪幾三十年，先後獲渭南、劍南宋刻。

2、缺者必求其全。

《藏書題識》卷八〈明刻鈔補本石屏詩集〉：

> 夫一集耳，越七年而始得全本，豈不難哉！

又卷五〈圖畫見聞志〉：

> 今所見雖殘本，幸得元鈔相合，差稱兩美。

又卷二〈舊鈔本契丹國志〉：

> 余抱殘守缺，喜爲古書補亡，乃丐諸顧氏，以家刻書易得，照鈔本
> 行款，補於元刻本後，雖未必盡如元刻，然差勝不知妄作者矣。

3、損者必求其完。

《藏書題識》卷一〈宋刊本禮記鄭氏注〉：

> 此殘本禮記鄭氏注，余得於任蔣橋顧月樵家。恐破爛不全之物，後
> 人視爲廢紙，故先加裝潢。

又卷二〈殘宋本後漢書〉：

> 如此種殘編斷簡，幾何不爲敝屣之棄，而裝潢什襲，直視爲千金之
> 比，可謂愛書如性命。

乙：校勘家的地位

〔註3〕《石經樓紬書錄》卷下〈舊鈔本石門集〉。

丁丙嘗云：

　　校勘之學，至乾嘉而極精，出仁和盧抱經、吳縣黃蕘圃、陽湖孫星
衍之手者，尤校讎精審，朱墨爛然，爲藝林至寶〔註4〕。

可以說蕘圃校勘家之地位，幾爲世所公認。

　　蕘圃在校勘方面之成就，又可從以下幾方面觀之：

（一）用志之專

《藏書題識》卷七〈校鈔本甫里先生集〉：

　　十三日往西山，在舟中校，舟行敧側，筆勢歪斜，手校幾不成字。

又卷九〈校本樂志園集〉：

　　初余校此書，未半即病，病且幾死，自謂校讎事絕矣。幸天憐余之
好古書，而不致與書永訣。新歲謝客，竟校畢此冊。

（二）見識之博

《藏書題識》卷十〈舊鈔本皇朝文鑑〉：

　　予所藏亦有是書，計得五部，皆係宋刻，有大字小字之別。互爲校
勘，各有佳處。

劉肇隅〈藏書紀事詩跋〉：

　　宋元明迄國朝藏書家，於是喜言校勘，並考辨目錄、版本，其學之
至精博者，至黃佞宋、顧思適兩家爲最大。

丙：出版家的地位

劉承幹嘗云：

　　吳縣黃駕部蕘圃，家富縹素，多宋元槧本，丹黃不去手。所刻《士
禮居叢書》，校勘精審，爲世所稱〔註5〕。

張之洞亦云：

　　刻書必須不惜重貲，延聘通人甄擇秘籍，詳校精雕，其書終古不廢，
則刻書之人，終古不滅。如歙之鮑（廷博）、吳之黃（丕烈）、南海之伍
（崇曜）、金山之錢（熙祚），可決其五百年中，必不泯滅〔註6〕。

蕘圃刻書之成就，又可從兩方面論之：

〔註4〕《善本書室藏書志》編輯條例。
〔註5〕劉承幹〈重印士禮居叢書序〉。
〔註6〕《書目答問》〈勸刻書說〉。

（一）抉擇之精

鄧邦述云：

> 世所珍《國語》、《國策》刊本，必以蕘翁士禮居繙刻宋本爲第一。
> 《國語》爲天聖明道刊本影鈔以入版者；《國策》則剡川姚氏紹興刻本，
> 與鮑本絕異，眞所謂善本也〔註7〕。

（二）刊刻之嚴

傅增湘云：

> 《宋楊太后宮詞》，其原本後人固未之見也，嗣雲間古倪園沈氏覆
> 刊之，言借士禮居本翻行。楮墨精麗，爲世寶貴〔註8〕。

山東大學古文獻研究所榮譽教授王紹曾先生指出：

> 黃丕烈是清代乾嘉之際著名的大藏書家，傑出的校勘學家、版本學
> 家，爲清代版本學的奠基和發展作出了不可磨滅的貢獻。然而從乾嘉時代
> 起，對黃丕烈的評價，就有著不同的看法：洪亮吉有意識地把他看成是藏
> 書家中的賞鑒家；自稱是黃丕烈的知己朋友的嚴可均，對他「蓄書多宋
> 本」，提出了異議。直到現代，如著名學者余嘉錫、張舜徽，都對黃丕烈
> 抱著很大的偏見，有意貶低黃丕烈在校勘學、版本學上的貢獻。……洪亮
> 吉眼裡的所謂「賞鑒家」，實際上是骨董家的別稱。這些學者都錯誤地理
> 解黃丕烈的「佞宋」是對宋本書的盲目崇拜。事實上，「佞宋」是在特定
> 時代條件下藏書家、校勘家追求的目標，並不是什麼壞事。……黃丕烈並
> 不盲目崇拜宋本，而且不諱言宋本的缺點，甚至說有些宋本還不如明本。
> 他主張衡量版本的優劣，必須取決於校勘的結果，堅決反對口說耳食以定
> 是非。證明黃丕烈在版本問題上具有實事求是的科學態度，應當從根本上
> 澄清對佞宋的誤解。另一方面，「黃校本」是影宋影元鈔本的一大發展，
> 爲版本學增加了新的內涵，在校勘學、版本學上有著重要的作用。總而言
> 之，黃丕烈是一代版本學宗師，是清代版本學的奠基人，在版本學史上起
> 著承先啓後的作用。在乾嘉以來將近兩百年中，有著深遠的影響〔註9〕。

王先生的說法，可以做爲黃丕烈一生事蹟的定論。

〔註7〕《寒瘦山房書目》卷二明嘉靖金李刻本國語。
〔註8〕《藏園群書題記》卷八〈校宋寫本楊太后宮詞跋〉。
〔註9〕中央研究院《中國文哲研究集刊》第九期（1966年）。關於洪亮吉評論黃丕烈之錯
　　　誤，筆者亦有專文論述：〈洪亮吉「藏書家有五等說」考辨〉（收入《張以仁先生七
　　　秩壽慶論文集》，臺灣學生書局，1999年）。

附錄：《蕘圃藏書題識》所見清代學術史料*

一、前 言

　　黃丕烈（1763～1825），江蘇長洲人（今江蘇省蘇州市），字紹武，一字承之，號蕘圃，又號復翁、佞宋主人等。為清代最著名的藏書家，因為生當乾、嘉承平之際，京師人文薈萃，吳門書坊興盛，形成蒐書、藏書的有利環境，加上其本身嗜書成癖，所謂「積風雨晦明之勤，奪男女飲食之欲，以沉冥其中〔註1〕。」如此孜孜不倦，終於成為「有清一代，藏書家第一〔註2〕。」

　　黃蕘圃藏書之處名為「士禮居」、「百宋一廛」等，每得一書，往往寫有題記，載於書之首尾。後人將其藏書題記收輯成《蕘圃藏書題識》、《續》與《士禮居藏書題跋記》〔註3〕。黃氏之藏書目錄則有《百宋一廛書錄》、《求古居宋本書目》等傳世，然而並非全貌〔註4〕。另有〈百宋一廛賦注〉，則是以賦的形式，專錄其所藏宋版書，在藏書目錄中可謂別開生面。

　　歷代藏書家的藏書目錄或藏書題跋，以往學者大都是利用於書籍卷帙的考辨、篇章存佚的探求等方面。其實古代的書目與題跋之中，還有許多寶貴的資料，有待後人發掘利用。筆者在撰寫博士論文期間，曾詳細披讀《蕘圃藏書題識》，並歸納其中相關材料，為〈百宋一廛賦注〉作箋證，當時所著重的是有關「士禮居」藏書流傳與相關典故考證的部分。現在再從《題識》中整理出一些有關蕘圃生平及其他的史料，略加詮釋，以補充〈箋證〉所未詳。文中一部分是對於藏書題跋運用的新嘗試，其成果希望能提供學界參考。

---

* 本文曾發表於〈成大中文學報〉第八期，現略加修正，附於書末，以供參考。
〔註1〕葉昌熾《藏書紀事詩》卷五「黃丕烈紹甫」條引王芑孫〈陶陶室記〉（臺北：世界書局1980年，頁314）。
〔註2〕葉德輝《書林餘話》卷下，引日本武內義雄之說（臺北：世界書局1983年，頁46）。
〔註3〕《蕘圃藏書題識》及《續》為繆荃孫、吳昌綬、章鈺、王欣夫等廣續輯成，有《書目叢編》影印民國八年刊本。《士禮居藏書題跋記》為潘祖蔭輯，有1989年書目文獻出版社排印本。
〔註4〕《百宋一廛書錄》有民國二年適園叢書本；《百宋一廛賦注》有嘉慶十年（1805）士禮居刊本。

—175—

二、黃蕘圃借閱流通藏書的心胸

　　古代藏書家收集宋元舊槧的時候，因為往往經過千辛萬苦、典衣縮食，才有一些可觀的成績，所以絕大部分藏書家都不太願意將所藏善本借給他人閱讀，即使肯借，一定也會訂出種種規定，避免損失。如唐玄宗時的藏書家杜暹，所藏書之卷末，都有題詩云：

　　　　清俸買來手自校，子孫讀之知聖道（一作教），鬻及借人為不孝〔註5〕。
愛惜珍重之情，溢於言表。

　　又如明代著名藏書樓范氏「天一閣」，訂有保護藏書的種種規定，其中就有：「（後世子孫）擅將書出借者，罰不與祭三年」的條例〔註6〕。凡此都顯示藏書家吝於借書的心理。難怪清代學者曹溶（倦圃）曾感慨的說：

　　　　書入常人手，猶有傳觀之望，一歸藏書家，無不綈錦為衣，旃檀作

　　室，扃鑰以為常，舉世曾不得寓目。使單行之本，寄篋笥為命〔註7〕。

　　但是身為「清代藏書家第一」的黃蕘圃，卻正好相反，不但喜歡借書給人閱讀，甚至發心廣勸其他藏書家共襄盛舉。如《蕘圃藏書題識》卷二「宋本新雕重校戰國策三十三卷」條下有詩云：

　　　　忽睹奇書至，來從五硯樓，歲闌驚客去，金盡動余愁；祕冊誰先購，

　　餘函待續收，所藏吾許借，好作浙東游。
《題識》卷二「明鈔本草莽私乘一卷」條下云：

　　　　其與人共也，遇祕冊必貽書以相問，有求假必朝發而夕至，且一經

　　名人繙閱，則書更珍重。此等心腸，非外人能曉其一二。安得世之儲藏

　　家盡如之，俾讀書種子綿綿不絕邪？
在《蕘圃藏書題識》中，記載蕘圃借書的情形不少，試舉出其中重要的例證如下。

　　錢大昕（1728～1804），嘉定人，字曉徵，號辛楣，又號竹汀。雖然大家都知道錢氏是清代重要的歷史學家，以撰寫《二十二史考異》著稱。卻很少有人注意到：竹汀史學成就的基礎，和其藏書之豐富是分不開的。更重要的是：與錢竹汀同時代的黃蕘圃，對於竹汀的歷史研究，曾有極大的幫助。《蕘圃藏書題識》（以下簡稱《題識》）中，就記載了錢、黃兩位學人的交誼。如卷二「元刊本元統元年進士題名錄」條下云：

〔註5〕楊立誠、金步瀛《中國藏書家考略》（上海：上海古籍出版社 1987 年增訂本），頁94。

〔註6〕同註1書，頁114。

〔註7〕曹溶《流通古書約》（臺北：成文出版社 1978 年《書目類編》本第 91 冊），頁 41015。

余雖知爲元代題名錄，然所載人名自余忠宣、劉青田外不甚悉，久
知錢竹汀先生熟於元代事，且有《元史稿》，必能悉其詳，遂攜示先生，
並乞其跋。既而先生來，欣喜殊甚，謂余曰：此錄於元史大有裨益，勿
輕視之，余已詳跋之矣〔註8〕！

案：余忠宣即余闕（1303～1358），劉青田即劉基（1311～1375）。

至於《題識》卷一「元刊本讀四書叢說」條下，更記載黃蕘圃曾協助錢竹汀
著書之事：

國朝《四庫書目》只收四卷，故嘉定錢竹汀撰《補元史藝文志》，
卷亦如此，今茲夏余爲竹汀先生訂《補志》一書，竹汀因余於元代藝文
頗多蒐羅，屬爲參校。適書友攜此書至，知多一卷，告諸竹汀，已採入
志中，改爲五卷矣〔註9〕。

現行的《二十五史補編》（中華書局重印本）裡所收的《補元史藝文志》前，
並未列出參校人士姓名〔註10〕，如果不是《題識》中的記載，我們就不會知道黃
蕘圃竟也出過一分力量。相對的，在錢竹汀的著作裡，也屢次提及黃蕘圃的協助，
如《竹汀先生日記抄》卷一就有如下記載〔註11〕：

黃蕘圃來，以唐秘書省正字徐夤《釣磯文集》見借。
黃蕘圃過談，借得《秘書監志》鈔本四冊。
借黃蕘圃《平水新刊韻略》五卷。
借黃蕘圃所藏宋刻《魏鶴山集》。

竹汀主動前往拜訪觀書的記錄也很多：

晤黃蕘圃，見其所得《三曆撮要》一卷。
晤黃蕘圃，見宋淳熙三年撫州公使庫本《禮記音義》。
答黃蕘圃，又見其所藏宋刻《周益公集》不全本，《李梁溪集》，亦不全。

綜計《竹汀日記鈔》卷一中所載觀書於蕘圃的記錄有三十二條，這還不包括
沒有明確說出所觀之書是蕘圃所藏的三條〔註12〕。

〔註 8〕《蕘圃藏書題識》卷二（臺北：廣文書局1967年《書目叢編》本），頁143。本文
中所引《蕘圃藏書題識》版本皆同此，不一一註出。

〔註 9〕《四庫全書總目提要》卷三十六著錄四卷，《補元史藝文志》則著錄「二十卷，今
存大學一卷、中庸二卷、孟子二卷」，共爲五卷，與《題識》合。

〔註10〕《二十五史補編》第6冊（北京：中華書局1991年重印本），頁8430。

〔註11〕《竹汀先生日記鈔》卷二，何元錫編次，《叢書集成新編》第二冊（臺北：新文豐
出版公司1986年）。

〔註12〕此三種書爲：宋刻《三曆撮要》，見於〈百宋一廛賦注〉；宋伯仁《梅花喜神譜》，

由以上的敘述可知：蕘圃與竹汀的過從是很密切的，而「士禮居」中豐富的藏書對於竹汀的研究工作也有重大的助益。

由這一例證推廣而言，受到蕘圃藏書沾溉的學者，當不只竹汀一人，例如據《題識》卷一「影宋本博雅」條的記載，清代另一位著名的考據學家王念孫也曾借閱過黃蕘圃所藏的善本書：

> 高郵王念孫著《廣雅疏證》，因及門宋學博假余家校本去取資，標影宋本者即此是也。

同卷「校宋本博雅」條所云較爲詳細：

> 此書於丙午年（嘉慶元年，1796），高郵宋定之曾借去，謂將攜至王懷祖處，助伊校勘之用也。閱一二載，懷祖先生《廣雅疏證》出，見其中所有影宋本，未知即此與否。定之久不來，書亦未歸。及歲辛酉（嘉慶六年，1801）入都，晤王編修伯申，伯申，懷祖子也，問其端的，云此書曾由定之借閱，已還之矣。後向定之蹤跡，今始見還。雖幾乎遺失，而影宋本佳處，《疏證》已掇之，亦一幸事。

從這段記載也可看出蕘圃心胸之寬大。

洪有豐《清代藏書家考》說：

> 有樸學之提倡，而藏書之需要亟；有藏書供其需要，而樸學乃益發揚光大〔註13〕。

又據羅炳綿先生的統計，乾、嘉時期與錢大昕有過交往的藏書家前後多達四十七人，正可以說明像黃蕘圃這樣不吝通假的藏書家，對清代學術發展必有其重要貢獻〔註14〕。

三、黃蕘圃蒐藏古書的特識

蕘圃在清代藏書史中特別受到重視，不僅在於蒐藏古書的數量及質量的驚人，更在於他對搜藏古書具備特殊的觀念。對此，可從三方面加以敘述：

（一）強調不全本（殘本）的價值

一般藏書家心目中的「善本書」，至少應包括三個條件：1、足本，2、精本，

見於《題識》卷五；孔傳《東家雜記》，見於《題識》卷二。

〔註13〕洪有豐〈清代藏書家考〉，《圖書館學季刊》一卷一期（臺北：學生書局 1969 年影印本），頁 42。

〔註14〕羅炳綿〈錢竹汀的校勘學與同時代藏書家〉，《清代學術論集》（臺北：食貨月刊社 1978 年），頁 451。

3、舊本〔註15〕。所謂「足本」，就包含了無缺卷、無刪削兩種因素。但是蕘圃特別重視「精而不全」的善本，可說是他獨到的見解。如《題識》卷十「舊抄殘本陽春白雪」條下云：

> 余生平喜購書，於片紙隻字皆爲之收藏，非好奇也，蓋惜字耳。往謂古人慧命，全在文字，如遇不全本而棄之，從此無完日矣。故余於殘缺者尤加意焉，戲自號曰「抱守老人」。

這是從愛惜字紙與珍重古人精神的角度而言。《題識》卷一「宋刊本禮記鄭氏注殘本」條下云：

> 此殘宋本《禮記》鄭氏注共九卷，余得之於任蔣橋顧月槎家，偶取〈月令〉與他本相對，注中「耒，耕之上曲也」，耕皆誤爲耕，惟此不誤，乃知其佳。……又有殘本，先係顧懷芳物，內〈曲禮〉石惡一條，足正諸本之誤，……書此以見斷簡殘編亦足珍惜云。

這乃是從校勘的角度，指出即使殘缺不全之本，也有其參考價值。筆者恩師 王叔岷先生曾指出：

> 「校勘時必須廣儲輔本，無論早、晚、全、殘，均須兼備〔註16〕。」

也如同黃蕘圃，是深識校書之道的體會。

（二）勤於將不全本補亡、聚合

不全本固然有其價值，但是如果能夠想辦法加以補足，甚至因緣際會，把佚失的部分找到，復合爲一，豈不是更好？因此蕘圃在著意蒐藏不全本之餘，也勤於爲古書補亡、聚合。如《題識》卷二「舊鈔本契丹國志」條下云：

> 余抱殘守缺，喜爲古書補亡，乃丐諸顧氏……復借諸書賈，倩友傳錄，照鈔本行款補於元刻本後，雖未必盡如元刻，然差勝於不知妄作者矣。

《蕘圃藏書題識續》「宋刻本事類賦」條下云：

> 竊謂古書難得，且兩本相得益彰，非錢本無以補宋本之缺，亦非宋本無以正錢本之誤。……因復購之，喜而書此，並以告世之藏書者，當爲古書作合計也。

《百宋一廛書錄》「殘宋本《周禮鄭氏注》〈秋官〉二卷」條下云：

> 余友顧抱沖收得小字本《周禮》，獨缺〈秋官〉，以鈔補刻，已稱難

〔註15〕見張之洞《輶軒語》·語學·通論讀書（臺北：成文出版社《書目類編》第93冊），頁41650。

〔註16〕見 王師叔岷《斠讎學》（臺北：中央研究院歷史語言研究所專刊之37，1995年補訂本）第五章，頁113。

得。適余友倚樹吟軒中有大字本《周禮》二冊，驗是蜀本，適爲〈秋官〉。

余曰：世間有此巧事，一本獨缺〈秋官〉，一本獨存〈秋官〉，何兩美不

相合邪？主人知余好之甚也，遂報贈余，余擬轉贈抱冲，而抱冲作古，

此舉遂廢。

這些則是爲古書聚合的具體實踐。黃蕘圃這種重視不全本而又勤於聚合的精神，
也影響了後來的藏書家。如瞿氏《鐵琴銅劍樓書目》卷十八「宋刊本讀教記二十
卷」條下云：

此書初得七卷於湖賈鄭慎齋，繼於邑中張芙川處，復得十三卷補

全，離而復合，即季氏所藏者，亦奇緣也〔註17〕。

案：張芙川即張蓉鏡，季氏即季振宜（1630～1674），二人也是清代著名藏書家。
此宋本《讀教記》，見於《季滄葦藏書目》〔註18〕。

（三）喜讀未見之書

《題識》卷二「殘宋本編年通載」：

余性喜讀未見書，故以之名其齋，自後所見，往往得未曾有，始信

天之於人，必有以報之。

所謂「未見書」，即是世間罕傳的孤本秘籍，未必都是宋、元古本。《題識》卷九
「鈔本鐵崖賦稿」：

書之未見者，非眞未見也，或當時有之，而後世無傳焉；或某家有

之，而行世鮮焉，此皆可以未見目之。

因爲罕見罕傳，所以蕘圃特爲留意蒐集，如《題識》卷二「宋咸平刊本吳志」：

始猶惜〈吳志〉爲國志之一，究是未全之書。及閱其目錄、牒文，

乃知此書非不全者，因檢毛汲古、錢述古兩家書目，皆載有《吳志》二

十卷本，益信其爲專刻本矣。特毛、錢未言專刻，而外間又少流傳，故

世人不知耳。余獲讀此未見書，何其幸耶？

案：蕘圃所謂毛、錢之書，當即毛扆《汲古閣珍藏秘本書目》、錢曾《述古堂
宋本書目》〔註19〕。

有時候，這種罕見書就成爲補充圖書史與輯佚的重要資料。如《蕘圃藏書題
識續》「題守黑齋遺稿」：

〔註17〕瞿鏞《鐵琴銅劍樓藏書目錄》卷18（同註8，第四冊），頁1034。

〔註18〕黃丕烈校刊《季滄葦藏書目》（同註7，第34冊），頁14971。

〔註19〕同註7，第32冊，頁14025、14405。

獨此《守黑先生文集》，為上虞夏時中著，自見之，始知之。求諸
向來藏書家目錄，為之佐證，無有也。……因識數語，以見書之幸，而
僅存者若此。

案：夏時中生平不見於《明史》，僅錢謙益《初學集》卷五十七有〈虞逸夏君
墓誌銘〉，稱夏時中字庸父，是一位隱居的高士，但是沒有提到他的文集，可
見此書真的很罕見〔註20〕。

重視不全本與未見書，而且構成一定理論，應當確是蕘圃的特見。

四、《蕘圃藏書題識》中所見的清代善本書價

葉德輝《書林清話》卷十「藏書偏好宋元刻之癖」一則有云：

自錢牧齋、毛子晉先後提倡宋元舊刻，季滄葦、錢述古、徐傳是繼
之，流於乾、嘉，古刻愈稀，嗜書者眾，零編斷葉，實若球琳。蓋已成
為一種漢石柴窯，雖殘碑破器，有不惜重貲以購者矣。

具體刻畫出清代藏書家酷嗜宋、元本書的情形。《書林清話》卷七又曾記載清
初毛晉如何重貲購求宋版書：

毛晉，原名鳳苞，字子晉，常熟縣人，以字行。性嗜卷軸，榜於門
曰：有以宋刊本至者，門內主人計葉酬錢，每葉出二佰；有以舊鈔本至
者，每葉出四十；有以時下善本至者，別家出一千，主人出一千二百。
於是湖州書舶雲集於七星橋毛氏之門矣。（「明毛晉汲古閣刻書之二」）

可見宋版書在清初已經是非常值錢了。

黃蕘圃在其藏書題識中，每每記載了購買善本書所花費的金額，尤其是宋版
書，更詳述了得書的來源及過程。關於這一點，前人也有頗不以為然的，例如余
嘉錫先生就說：

如黃蕘圃者，尤以佞宋沾沾自喜，群推為藏書大家。而其所作題跋，
第侈陳所得宋元本楮墨之精、裝潢之美，索價幾何、酬值幾許，費銀幾
兩、錢幾緡，言之津津，若有餘味，頗類賣絹牙郎〔註21〕！

余先生的批評顯然失之過苛，如果蕘圃的藏書題識真的如此不值，縱使能欺人於
一時，又怎能流傳於長久〔註22〕？其實，相同的材料，從不同角度去看，自然有

〔註20〕錢謙益《初學集》卷57（臺北：商務印書館1955年《四部叢刊》影印明刊本第12
　　　　冊），頁659。
〔註21〕見《藏園群書題記》序（上海：上海古籍出版社1989年），頁4。
〔註22〕如傅增湘《藏園群書題記》卷十二「題何義門校宋本李長吉詩集」：「近時風尚，宋

不同評價。余先生是從目錄學、學術史的立場，責備黃堯圃，然而《堯圃藏書題識》中記錄的書價，如果從經濟史、社會史的角度去看，就是彌足珍貴的資料。

《題識》中記載的書價，可以根據不同版本分別而觀，舉例如下：

（1）宋刊本

《題識》卷一「宋余仁仲刊本公羊解詁」：

> 今秋得此《春秋經傳公羊解詁》十二卷，完善無缺，實爲至寶。得之價白金一百二十兩。不特書賈居奇，亦余之愛書有以致此。

案：《說文》：「銀，白金也。」

《題識》卷二「宋本新雕重校戰國策」：

> 去冬，鮑淥飲來蘇，以金本介袁綬階示余，訂觀於鈕非石寓，遂議交易，以白鏐八十金得之。此本楮墨精好，殆所謂梁溪高氏本歟？

案：鮑淥飲即鮑廷博（1728～1814）；袁綬階即袁廷檮（1764～1810）；鈕非石即鈕樹玉（1760～1827），三人皆是清代藏書家。據《康熙字典》引《正字通》：「白鏐，金別名。」則這部以八十兩黃金成交的宋刊《戰國策》，大概是堯圃藏書中最昂貴的一部。

（2）元刊本

《題識》卷二「元刊本宋朝南渡十將傳」：

> 余因其爲秘本，出番錢二十枚購之。

案：所謂「番錢」，指由外國輸入的銀幣。遠自明代起，外國銀幣已經開始流入中國，到了清乾隆年間，因爲對外貿易日增，外國銀幣更加通行。當時流行的外國銀幣有三種：最大的是「馬錢」，每枚重八錢六七分；其次是「花邊錢（雙柱）」每枚約七錢二分；還有就是「十字錢」，重約五錢六分。此處若以「馬錢」計算，「二十枚」約重銀十七兩二錢〔註23〕。

《題識》卷二「元刊本國朝名臣事略」引張蓉鏡跋：

> 蘇伯修《名臣事略》十五卷，世間傳本絕少，祇近刻活字本，序文目錄俱未刊載。嘗見《汲古閣秘本書目》載有元刻本，卒未得見。此本月霄以銀六十餅易之於吳門黃氏士禮居，行列精整，眞元槧也。

案：張月霄即張海鵬（1775～1816），與張蓉鏡（號芙川）二人都是清代著名

元刊本之外，兼採名人校本，而黃氏堯圃最爲世重。……堯翁手跡，一冊入世，懸直千金，惟恐弗獲。」（同上註，頁 625 ）後人對堯圃題跋的重視，可見一斑。

〔註23〕見彭信威《中國貨幣史》（上海：上海人民出版社，1988 年），頁 781。

的藏書家。

「銀六十餅」，同書蕘圃題識作「五十餅金」。所謂「餅金」，又稱「銀餅」，即是銀幣，因為其形狀有時厚如圓餅而得名。清代初期仍延用銀錠、制錢等貨幣，未曾鑄造銀幣。乾隆以後，因為外國銀幣大量輸入，各地開始有仿造的銀幣出現，但流通並不廣泛，民間仍以其實際重量當成碎銀使用。此處的「銀六十餅」因重量不明，無法判斷其價格〔註24〕。

（3）舊鈔本

《題識》卷二「校舊鈔本紹興十八年同年小錄」：

> 去年殘臘，海鹽家椒升以此本來，易去青錢一千五百文。蓋猶是舊鈔，且傳本罕有，宜珍之。

案：家椒升指黃錫蕃（1761～1851），藏書之處名「醉經樓」。

所謂「青錢」，是清代制錢的一種，因為所含成分而得名。乾隆六年（1741），北京寶泉局鑄造的「青錢」，其成分：黃銅百分之五十、鋅百分之四十一點五、鉛百分之六點五、錫百分之二。清初曾規定銀與錢的兌換率是一兩銀值錢一千文（枚），但是後來並未必完全依此規定，而是隨時變動的。此處的「青錢一千五百文」（嘉慶三年，1798）即約合白銀一兩〔註25〕。

《題識》卷三「影鈔宋本輿地廣記」：

> 去年五柳主人進京師，首以此書為屬，今始帶回，已為余出百二十金購之。

案：五柳主人即陶珠琳，名蘊輝，與其父廷學以販書為業，精於目錄版本之學，當時藏書家多曾與其往來。陶氏藏書之所名「五柳居」，所以謂之「五柳主人」〔註26〕。

出「百二十金」以購舊鈔本，可見蕘圃重視鈔本的程度。他曾說：

> 大凡書籍，安得盡有宋刻而讀之？無宋刻則舊鈔貴矣。舊鈔而出自名家所藏，則尤貴矣。（《題識》卷七「校明鈔本李群玉集」）

下一個例子說明他對名家手稿本的重視。《題識》卷三「稿本天下郡國利病書」：

> 壬子秋（乾隆五十七年，1792），有五柳居書友攜是書來，亟以數十金易之。

從以上的敘述來看，無論是宋刊本、元刊本、舊鈔本，蕘圃都毫不吝惜的買下收藏。而蕘圃對於書價的忠實記錄，使我們可以探知清初善本書的價值，以及

〔註24〕同上註，頁 786。
〔註25〕同上註，頁 757。
〔註26〕同註1，卷七，頁 403。

書價在清初民生物價中的地位。這一點又可從兩方面來分析：

第一，是從書價的變動來看。

在書目中詳列書價，並不始於蕘圃，如清初毛斧季（扆）手鈔《汲古閣珍藏秘本書目》中，已經在每一書下標明價錢，類似今日書店的價目表。如果將兩者著錄相同的書比較其價格，便可看出善本書的價值變化。例如《題識》卷二「明鈔本草莽私乘」：

> 是書之直，幾六十倍於汲古所估，旁觀無有不嘆余為癡絕者。

此書亦載於《汲古閣珍藏秘本書目》史部，價格為「二錢」，那麼蕘圃收購時的價格當為「十二兩」。

再舉一個例子：《題識》卷五「舊鈔本珩璜新論」附詩原注：

> 余取時用番銀七餅，貴賤懸殊，一至於此。

此書亦載於《汲古閣秘本書目》子部，標價為「五錢」。「番銀」即前述外國銀幣，以當時較為流通的「馬錢」而言，每枚約重八錢六分，「七餅」即是「六兩二錢」，比汲古閣的標價還是多了十二倍〔註27〕。

毛扆就是前文引述的毛晉的幼子，他的生卒年是 1640～1713〔註28〕，距離蕘圃的出生年 1763 恰好五十年，從毛晉的「按葉計酬」到蕘圃的幾乎近於「按字計酬」，半個多世紀的善本書價變動，大致反映在蕘圃的題記裡。

第二，是從與其他物價的比較來看。

研究古代的物價，通常是以白米的價格做參考。清乾隆時期（1736～1795）的米價，每石大約是從八百五十文（制錢）至兩千七百文，換算成銀價，即是一兩左右至二兩七錢（銀價也在變動）〔註29〕。換句話說，一部定價在二兩銀子上下的善本書，乾隆中葉時大約可以買到兩石白米，這大概是一戶小戶人家一個月的口糧，也是一個私塾教書先生一個月的薪水。關於這一點，以清初社會為背景，作者吳敬梓（1701～1754）生存年代與黃蕘圃也很接近的《儒林外史》中，倒有一些資料可以做參考〔註30〕。

例如《儒林外史》第二回，講到薛家集的村民請老秀才周進當塾師，說好「每年館金十二兩銀子，每日二分銀子在和尚家代飯。」〔註31〕一天的飯錢不過約等

〔註27〕當然，善本書的售價並無一定，全看買賣雙方的意願。此處所言，僅就一般狀況推論而已。參見《汲古閣珍藏秘本書目》後敘。

〔註28〕同註1，卷三，頁180。

〔註29〕同註 23，頁 851。

〔註30〕參見莊練〈儒林外史雜談〉（《文壇》214 期，1978 年 4 月），頁 76～78。

〔註31〕《儒林外史》（臺北：文化圖書公司 1978 年）第二回「王孝廉村學識同科，周蒙師

於十七文錢；第十四回講到馬二先生遊西湖，「走進一個麵店，十六個錢，喫了一碗麵。」；第十七回，匡超人進了學，擺酒請客，「此番不同，共收了二十多吊錢，宰了兩個豬和些雞、鴨之類，喫了兩三日酒。」清代一吊錢是一千文，二十多吊錢約等於十幾兩銀子；第十八回，胡三公子主持詩酒會，買肉饅頭當點心，「那饅頭三個錢一個。」〔註32〕；等等，凡此都可以證明，清初的物價是很低廉的。相對的，藏書家花在收購善本書的財物，佔生活所需的比重就相當可觀了。

從上面的論述可知，黃莪圃的藏書，真的是已經到了「愛書如命，山澤之臞，槁項黃馘」的地步〔註33〕。難怪莪圃每每在買下心愛的古書之後，也不免大嘆「收書不惜黃金盡」，甚至於要面對「室人交遍謫我」的處境了〔註34〕。

五、結　語

綜合上面各節的分析敘述，可以得到以下兩點感想：

（一）古代藏書家對古書的收藏，並不完全只有為了自己的欣賞、保值、傳家等功用，實際上對一個朝代的學術發展有著或隱或顯的影響，藏書家與學者之間往往形成互助互利的關係，黃莪圃與錢竹汀只是其中一個例子而已。又如民國初年，王國維替吳興藏書家蔣汝藻（1877～1954）「傳書堂」整理藏書、撰寫提要時，就說：「余家無書，輒借諸居士（案：蔣汝藻自號樂庵居士），雖宋槧明鈔，走一力取之，俄頃而至。……余在海上時，視居士之書，猶外府也〔註35〕。」也可說是相同情形。

（二）目錄學、版本學的研究，以往著重的是所謂「辨章學術，考鏡源流」，也就是在學術史上的運用。今後還可以結合藏書史、學術史、社會史、經濟史等，從為數頗多的藏書目錄、藏書提要等資料中，分析、歸納出有用的各種線索，提供其他學科參考。本文所提出的清代善本書價，只是一個嘗試，論述引證或許還不夠周延，但是值得繼續努力〔註36〕。

　　　暮年登上第」，頁12。
〔註32〕同上註，頁118、169、184。
〔註33〕同註一，頁35。
〔註34〕見《題識》卷十「景金本蕭閒老人明秀集注」附詩，頁998。
〔註35〕蘇精《近代藏書三十家》引（臺北：傳記文學出版社1982年），頁212。
〔註36〕喬衍琯先生曾撰〈乾嘉時代的舊書價格及其買賣〉一文（原載《大陸雜誌》20卷11期，1963年，現收入《古籍整理自選集》，文史哲出版社，1999年），對此問題有論及，本文則是嘗試引用更多相關資料，進一步分析善本書價在清代民生所佔地位，與喬先生的重點不用。

參考書目

一

1. （清）孫希旦，《禮記集解》，（文史哲，民國73年標點排印本）。
2. （日）竹添光鴻，《左傳會箋》，（漢京，民國71年影印漢文大系本）。
3. （宋）朱熹，《四書集注》，（漢京，民國72年影印宋吳志忠本）。
4. （唐）陸德明，《經典釋文》，（漢京，民國69年影印清抱經堂本）。
5. （清）段玉裁，《說文解字注》，（藝文，民國68年影印清經韻樓本）。
6. （清）朱駿聲，《說文通訓定聲》，（藝文影印，清道光二九年刊本）。
7. （宋）陳彭年，《廣韻》，（黎明，民國67年影印清澤存堂本）。
8. （清）阮元，《經籍纂詁》，（文光，民國63年影印嘉慶四年刊本）。
9. （清）朱彝尊，《經義考》，（中華四部備要本）。
10. （清）皮錫瑞，《經學通論》，（河洛，民國68年影印標點本）。
11. （清）周廣業，《經史避名彙考》，（明文，民國75年影印清刊本）。
12. （漢）司馬遷，《史記》，（鼎文，民國75年影印標點本）。
13. （漢）班固，《漢書》，（藝文影印武英殿本）。
14. （宋）范曄，《後漢書》，（藝文影印武英殿本）。
15. （晉）陳壽，《三國志》，（藝文影印武英殿本）。
16. （唐）房玄齡等，《晉書》，（鼎文，民國75年影印標點本）。
17. （唐）李延壽，《北史》，（鼎文，民國75年影印標點本）。
18. （唐）魏徵等，《隋書》，（鼎文，民國75年影印標點本）。
19. （晉）劉昫等，《唐書》，（鼎文，民國75年影印標點本）。
20. （宋）歐陽脩等，《新唐書》，（鼎文，民國75年影印標點本）。
21. （元）托克托，《宋史》，（開明，民國51年縮印本）。

22. （明）宋濂等，《元史》，（開明，民國 51 年縮印本）。

23. （清）張廷玉等，《明史》，（開明，民國 51 年縮印本）。

24. （清）趙爾巽等，《清史稿》，（樂天，民國 70 年影印標點本）。

25. （清）畢沅，《續資治通鑑》，（文光，民國 64 年影印標點本）。

26. （元）馬端臨，《文獻通考》，（新興，民國 58 年影印本）。

27. （清）顧祖禹，《讀史方輿紀要》，（樂天，民國 70 年影印標點本）。

28. （明）黃宗羲，《宋元學案》，（河洛，民國 64 年影印標點本）。

29. （明）黃宗羲，《明儒學案》，（河洛，民國 63 年影印標點本）。

30. （清）孫從添，《藏書紀要》，（廣文書目叢編本）。

31. （清）葉昌熾，《藏書紀事詩》，（世界，民國 69 年影印標點本）。

32. （清）葉德輝，《書林清話》，（世界，民國 69 年影印標點本）。

33. （清）章學誠，《文史通義》，（仰哲，民國 79 年影印標點本）。

34. （清）紀昀，《四庫全書總目提要》，（藝文，民國 68 年影印清刊本）。

35. （清）紀昀，《續修四庫全書總目提要》，（商務，民國 61 年排印本）。

36. （清）錢謙益，《絳雲樓題跋》，（成文書目類編本）。

37. （清）錢曾，《述古堂宋本書目》，（成文書目類編本）。

38. （清）錢曾，《讀書敏求記校證》，（廣文書目叢編本）。

39. （清）季振宜，《季滄葦藏書目》，（成文書目類編本）。

40. （清）黃丕烈，《蕘圃藏書題識》，（廣文書目叢編本）。

41. （清）黃丕烈，《士禮居藏書題跋記》，（書目文獻，民國 78 年排印本）。

42. （清）楊紹和，《楹書隅錄》，（廣文書目叢編本）。

42. （清）瞿鏞，《鐵琴銅劍樓藏書目錄》，（廣文書目叢編本）。

44. （清）陸心源，《皕宋樓藏書志》，（廣文書目叢編本）。

45. （清）陸心源，《儀顧堂題跋》，（廣文書目叢編本）。

46. （清）莫友芝，《宋元舊本書經眼錄》，（廣文書目叢編本）。

47. （清）莫友芝，《邵亭傳本知見書目》，（廣文書目叢編本）。

48. （清）邵懿辰，《四庫簡明目錄標注》，（世界，民國 69 年影印標點本）。

49. （清）張之洞、范希曾，《書目答問補正》，（漢京，民國 79 年影印標點本）。

50. （清）潘宗周，《寶禮堂宋本書錄》，（文海，民國 52 年影印本）。

51. （清）趙宗建，《舊山樓藏書目》，（成文書目類編本）。

52. （清）葉德輝，《郎園讀書志》，（明文，民國 79 年影印澹園刊本）。

53. （清）楊守敬，《日本訪書志》，（廣文書目叢編本）。

54. （日）森立之，《經籍訪古志》，（廣文書目叢編本）。

55. （日）島田翰，《古文舊書考》，（廣文書目叢編本）。

56. （清）蔣錫昌，《老子校詁》，（東昇六九影印本）。

57. （清）郭慶藩，《莊子集釋》，（華正，民國 68 年影印標點本）。

58. （清）孫詒讓，《墨子閒詁》，（河洛，民國 69 年影印標點本）。

59. （清）王先慎，《韓非子集解》，（廣文，民國 60 年影印本）。

60. （漢）劉安，《淮南子》，（中華四部備要本）。

61. （秦）呂不韋，《呂氏春秋》，（中華四部備要本）。

62. （北齊）顏之推，《顏氏家訓》，（漢京，民國 79 年影印標點本）。

63. （宋）劉義慶，《世說新語》，（華正，民國 68 年影印標點本）。

64. （宋）王應麟，《困學紀聞》，（商務人人文庫本）。

65. （清）何焯，《義門讀書記》，（北京中華，民國 80 年排印本）。

66. （清）俞樾，《諸子平議》，（商務人人文庫本）。

67. （清）王念孫，《讀書雜志》，（樂天，民國 65 年影印清刊本）。

68. （唐）虞世南，《北堂書鈔》，（中國書店，1989 年影印清光緒十四年刊本）。

69. （唐）歐陽詢，《藝文類聚》，（文光，民國 63 年影印標點本）。

70. （宋）李昉，《太平御覽》，（明倫，民國 63 年影印標點本）。

71. （宋）王應麟，《玉海》，（大化，民國 67 年影印和刻本）。

72. （清）郝懿行，《山海經箋疏》，（漢京，民國 72 年影印清琅環仙館本）。

73. （宋）洪興祖，《楚辭補注》，（漢京，民國 72 年影印清刊本）。

74. （宋）洪興祖，《文選六臣注》，（漢京，民國 72 年影印元古迁書院本）。

75. （清）趙殿成，《王右丞集箋註》，（世界，民國 58 年排印本）。

76. （清）陶澍，《陶靖節集箋注》，（世界，民國 58 年排印本）。

77. （清）錢謙益，《初學集》，（商務四部叢刊本）。

78. （清）錢謙益，《有學集》，（商務四部叢刊本）。

79. （清）錢大昕，《潛研堂文集》，（商務四部叢刊本）。

80. （清）阮元，《揅經室外集》，（藝文，民國 68 年影印清刊本）。

81. （清）段玉裁，《段玉裁遺書》，（大化影印清道光間刊本）。

82. （清）盧文弨，《抱經堂文集》，（北京中華，民國 79 年排印本）。

83. （清）顧廣圻，《思適齋集》，（上海古籍影印適園叢書本）。

84. （宋）計有功，《唐詩紀事校注》，（巴蜀，民國 81 年標點排印本）。

85. （清）曹寅，《全唐詩》，（明倫，民國 65 年影印標點本）。

86. （明）趙琦美，《孤本元明雜劇》，（商務，民國 66 年影印重排脈望館藏本）。

二

1. 王先生叔岷，《斠讎學》，（《史語所專刊》三七，民國 61 年）。

2. 王先生叔岷，《校讎別錄》，（華正，民國 76 年排印本）。

3. 屈先生萬里，昌先生彼得，潘先生美月，《圖書版本學要略》，（華岡，民國 75 年增訂重排本）。

4. 昌先生彼得，潘先生美月，《中國目錄學》，（文史哲，民國 75 年排印本）。

5. 潘先生美月，《圖書》，（幼獅，民國 75 年彩色排印本）。

6. 潘先生美月，《宋代藏書家考》，（學海，民國 69 年排印本）。

7. 劉先生兆祐，《晁公武及其郡齋讀書志》，（師大，民國 58 年碩士論文）。

8. 劉先生兆祐，《宋史藝文志史部佚籍考》，（國立編譯館，民國 73 年排印本）。

9. 錢存訓，《中國古代書史》，（中文大學，民國 65 年排印本）。

10. 姚名達，《中國目錄學史》，（盤庚，民國 68 年影印本）。

11. 李曰剛，《中國目錄學史》，（明文，民國 70 年排印本）。

12. 許世瑛，《中國目錄學史》，（華岡，民國 71 年重排本）。

13. 呂紹虞，《中國目錄學史稿》，（木鐸，民國 75 年排印本）。

14. 來新夏，《古典目錄學》，（北京中華，民國 80 年排印本）。

15. 喬先生衍琯，《中國圖書版本學論文選輯》，（學海，民國 70 年排印本）。

16. 毛春翔，《古書版本常談》，（盤庚，民國 68 年影印本）。

17. 戴南海，《版本學概論》，（巴蜀，民國 78 年排印本）。

18. 趙萬里，《中國版刻圖錄》，（文物，民國 79 年增訂本）。

19. 楊繩信，《中國版刻綜錄》，（陝西人民，民國 80 年排印本）。

20. 曹之，《中國古籍版本學》，（武漢大學，民國 82 年排印本）。

21. 李致忠，《歷代刻書考述》，（巴蜀，民國 79 年排印本）。

22. 李致忠，《宋版書提要》，（書目文獻，民國 83 年排印本）。

23. 王重民，《中國善本書提要》，（上海古籍，民國 75 年排印本）。

24. 李書華，《中國印刷術起源》，（新亞書院，民國 51 年排印本）。

25. 張秀民，《中國印刷史》，（上海人民，民國 78 年排印本）。

26. （美）卡特，《中國印刷術的發明和它的西傳》，（北京商務，民國 80 年排印本）。

27. 陳垣，《元典章校補釋例》，（史語所專刊，民國 22 年）。

28. 蔣元卿，《校讎學史》，（盤庚，民國 68 年影印本）。

29. 程千帆，《校讎廣義目錄篇》，（齊魯，民國 77 年排印本）。

30. 管錫華，《校勘學》，（安徽教育，民國 80 年排印本）。

31. 王國良、王秋桂，《中國圖書文獻學論集》，（明文，民國 75 年排印本）。

32. 王欣夫，《文獻學講義》，（文史哲，民國 76 年影印本）。

33. 張舜徽，《中國文獻學》，（木鐸，民國 72 年影印本）。

34. 吳楓，《中國古典文獻學》，（木鐸，民國 72 年影印本）。

35. 周彥文，《中國文獻學》，（五南，民國 82 年排印本）。

36. 陳登原，《歷代典籍聚散考》，（盤庚，民國 68 年影印本）。

37. 蘇精，《近代藏書三十家》，（傳記文學，民國 71 年排印本）。

38. 鄭偉章、李萬健，《中國著名藏書家傳略》，（書目文獻，民國 75 年排印本）。

39. 顧志興，《浙江藏書家藏書樓》，（浙江人民，民國 75 年排印本）。

40. 楊立誠，《中國藏書家考略》，（上海古籍民，民國 76 年增補排印本）。

41. 譚卓垣，《清代藏書樓發展史》，（遼寧人民，民國 77 年排印本）。

42. 倫明等，《續補藏書紀事詩》，（遼寧人，民國 77 年排印本）。

43. 李希泌、張淑華，《中國古代藏書與近代圖書館史料》，（北京中華，民國 76 年排印本）。

44. 徐雁、王燕均，《中國歷史藏書論著讀本》，（四川大學，民國 79 年排印本）。

45. 江標、王大隆，《黃丕烈年譜》，（北京中華 1988 年標點本）。

46. 封思毅，《士禮居黃氏學》，（商務，民國 67 年排印本）。

47. 羅炳綿，《清代學術論集》，（食貨，民國 65 年輯印本）。

48. 陳伯海、朱易安，《唐詩書錄》，（齊魯，民國 77 年排印本）。

49. 萬曼，《唐集敘錄》，（明文，民國 78 年影印本）。

50. 周本淳，《唐才子傳校正》，（江蘇古籍，民國 76 年排印本）。

51. 楊震方，《碑帖敘錄》，（木鐸，民國 72 年影印本）。

52. 王壯弘，《增補校碑隨筆》，（上海書畫，民國 73 年排印本）。

53. 施蟄存，《水經注碑錄》，（天津古籍，民國 76 年排印本）。

54. 王獻唐，《雙行精舍書跋輯存續編》，（齊魯，民國 75 年排印本）。

55. 張舜徽，《清人文集別錄》，（明文，民國 78 年影印本）。

56. 上海圖書館，《中國叢書綜錄》，（上海古籍，民國 75 年增訂本）。

57. 宋慈抱，《兩浙著述考》，（浙江人民，民國 74 年排印本）。

58. 陳國符，《道藏源流考》，（明文，民國 64 年影印本）。

59. 陳垣，《釋氏疑年錄》，（鼎文，民國 66 年排印本）。

60. 李裕民，《四庫提要訂誤》，（書目文獻，民國 79 年排印本）。

61. 崔富章，《四庫提要補正》，（杭州大學，民國 79 年排印本）。

62. （日）岡西爲人，《宋以前醫籍考》，（古亭書屋，民國 64 年影印本）。

63. 尾崎康，《正史宋元版研究》，（汲古書院，民國 78 年排印本）。

64. 阿部隆一，《中國訪書志》，（汲古書院，民國 79 年增補排印本）。

65. 王國維，《兩浙古刊本考》，（《王國維先生全集》續編第一冊）。

66. 王國維，《五代兩宋監本考》，（《王國維先生全集》續編第一冊）。

三

1. 屈先生萬里，〈十三經版刻述略〉，（《學原》三卷三、四期，民國 40 年 4 月）。

2. 昌先生瑞卿，〈我國歷代版刻的演變〉，（《自由談》第十六卷一期）。

3. 錢存訓，〈論明代銅活字板問題〉，（《中央圖書館館刊特刊》，民國 57 年）。

4. 袁同禮，〈宋代私家藏書概略〉，（《圖書館學季刊》二卷二期）。

5. 袁同禮，〈清代私家藏書概略〉，（《圖書館學季刊》一卷一期）。

6. 汪闓，〈明清闈林輯傳〉，（《圖書館季刊》七卷一期、八卷四期）。

7. 洪有豐，〈清代藏書家考〉，（《圖書館學季刊》一卷一期）。

8. 高禩熹，〈清季四大藏書家考〉，（《教育科學資料月刊》，九卷二至四期、十卷一至三期）。

9. 孫欽善，〈古代校勘學概述〉，（《文獻》第八、九期，民國 70 年）。

10. 潘先生美月，〈宋代四川印刷之特色〉，（《中國圖書文史論集》，民國 81 年）。

11. 羅炳綿，〈黃丕烈研究〉，（《清代學術論集》，民國 67 年 5 月）。

12. 周少川，〈黃丕烈對古籍的收藏與整理〉，（《史學史研究》第四期，民國 78 年）。

修訂本後記：

　　本書是就筆者的博士學位論文：《黃丕烈〈百宋一廛賦注〉箋證及相關問題研究》加以修訂而成，比較重大的改動有兩個：一個是論文題目，因為原題目著重的是箋證的部分，當初在論文口試的時候，一些師長提出改正的意見，認為將「箋證」做為論文主體，不甚妥當。另一個就是章節的調整，為了配合論文主體的改變，章節次序也跟著做更動；研究的部分為主，放在前面，箋證的部分為輔，放在後面。其他細部的修改也不少，也增加了一些資料。1997 年來到成功大學服務後，曾發表過兩篇文章，是對這本論文的補充或延伸，現將其中一篇附於書末，提供學界參考。感謝潘美月老師以及杜潔祥先生的邀約，使這本不成熟的著作，有了面對學術界的機會，衷心期待方家先進的指正。

　　2005.8.15 於台南